Negotiation Genius
How to Overcome Obstacles
and Achieve Brilliant Results
at the Bargaining Table and Beyond

交渉の達人

ハーバード流を学ぶ

ディーパック・マルホトラ
Deepak Malhotra

マックス・H・ベイザーマン
Max H. Bazerman

森下哲朗 監訳　高遠裕子 訳

**NEGOTIATION GENIUS : How to Overcome Obstacles and Achieve
Brilliant Results at the Bargaining Table and Beyond**
by Deepak Malhotra and Max H.Bazerman

Copyright ©2007 by Deepak Malhotra and Max Bazerman
This translation is published by arrangement with Bantam Books,
an imprint of Random House, a division of Penguin Random House LLC.
through Japan UNI Agency, Inc., Tokyo

アイデアと励ましで大いに影響を与えてくれた
シーカとマーラに
そして
文字通り交渉の達人である
ジェイに捧ぐ

フェニックスシリーズのためのまえがき

　私達の生活は交渉に満ちている。人が他者に対して何らかの働きかけを行いたいと考えたとき、そこには程度の差こそあれ、交渉の要素があるのであって、いわゆるビジネス交渉や外交交渉に限らず、組織内での業務や会議、日常生活における友人や家族とのやり取りも、様々な交渉から成り立っていると言ってよい。

　だからこそ、交渉の達人であることの価値は大きい。交渉の達人は、秀逸なコミュニケーションを通じて、真の問題を発見し、無用な対立を回避し、自分だけではなく他者にとっても、より良い結果を導くことができる。真の意味での交渉の達人が増えれば、私達の社会は、より良いものになるだろう。

　世の中には、自分は交渉下手だと思いこんで上達を諦めている人や、逆に、限られた経験に基づく自己流の交渉観に凝り固まっている人も少なくない。しかし、より多いのは、自分も交渉の達人になりたいと思いながら、どうしたらよいのか分からないという人であると思われる。本書を手に取られている多くの方も、そのような思いを抱かれているのではないだろうか。

　交渉には、常に当てはまる正解や、どんな場面にも通用する必殺技のようなものは存在しない。問題、相手、局面等が違えば、適切なアプローチが異なってくるのは当然である。だからこそ、交渉の達人になることは簡単ではない。しかし、本書は、ハーバード大学などにおける充実した交渉研究の成果や、交渉の教師・アドバイザーとしての著者らの豊富な経験を裏付けに、実社会における現実の交渉を準備し、実践し、振返る際に活用できる様々な考え方・視点・スキルを、分かりやすく、かつ、深みをもって、豊富に提供してくれる。

　著者らは、「交渉の達人になるのに必要な素養は、ほぼすべての人々が持っている。交渉の達人とは、人間関係の達人であり、そうなるのに必要

な素質は、自分の考え方や想定、視点を変える能力だけである。読者にはこの能力がある。学んだことを実践に移す努力をすれば、交渉の達人になれる。」という。同感である。読者に求められるのは、本書に書かれたことを素直に吸収し、そして、実践することである。本書で紹介されている様々な事例からも明らかなように、ちょっとした考え方や想定、視点の違いが、大きな結果の違いをもたらす。本書を読みこみ、実践し、そして本書に立ち返り、改めて実践を重ねることによって、読者は、そういった違いを自ら体験し、必ずや交渉の達人に近づくことができるだろう。一回読んで終わりではなく、何度も読み返して欲しい。そうすることで、本書をより良く理解することができ、また、そのたびに新しい発見もあると思う。

そのような本書が、今回、パンローリング社からフェニックスシリーズとして復刊されることとなったのは、大きな喜びである。原著である"Negotiation Genius"が出版されたのは2007年であるが、本書の内容は時代を超えて通用するものである。本書が、より多くの交渉の達人を生み出し、より良い社会の実現に寄与することを心から願っている。

なお、本書は、いわゆるハーバード流交渉術に属するものであるが、ハーバード大学における交渉研究・交渉教育は常に進化している。本書を読み、更に勉強を続けたいと考える読者は、ハーバード大学、マサチューセッツ工科大学、タフツ大学のコンソーシアムとして設立されたProgram on Negotiation（本書の著者らも同プログラムのFacultyの一員である）のウェブサイトにあるDaily Blog（http://www.pon.harvard.edu/blog/）を読まれるのも良いだろう。英語ではあるが、交渉に関する記事が数多く掲載され、頻繁にアップデートされており、参考になる。

今回の復刊にあたり、訳者と監訳者は、改めて全体を見直し、より読みやすいものとするため、一部の訳を見直し、必要な改訂を行った。そうした作業のために本書を改めて通読する過程において、監訳者自身、幾つもの新しい発見があったことを告白しておきたい。

森下 哲朗

監訳者まえがき

　本書は、交渉術・交渉学を基本的な理論から実践まで体系的にわかりやすく解説した最新のテキストである。日頃から取引先と交渉を重ねるビジネスパーソンや、弁護士、外交官など交渉を職業をする人たちはもとより、より良い交渉者になりたい、人間関係をより良いものにしたい、と考えるすべての人が、一度は通読し、そして折に触れて参照すべき、交渉に関する決定版と言えるだろう。また、交渉学を学びたいと考える学生にとっての教科書としても絶好の良書である。

　本書の著者はいずれもハーバード・ビジネススクールで交渉学を教えており、本書の内容もいわゆる「ハーバード流交渉術」に属するものである。交渉研究・教育においてハーバード大学が世界をリードしていることは疑いがなく、そこで開発されたツールや理論は、わが国においても大いに有用である。

　本書には2つの特徴がある。

　第Ⅰ部では交渉の基本的な枠組み、第Ⅱ部では交渉における心理学、そして第Ⅲ部では実際の交渉で直面する重要な問題をカバーするという構成になっているが、それぞれが相互に関連づけられている点が本書の第1の特徴として挙げられる。交渉の基礎理論については、本書でも参照されているフィッシャー＆ユーリーの『ハーバード流交渉術（Getting to Yes）』が、また、心理学については、筆者のひとりであるベイザーマンがニールとともに書いた『マネジャーのための交渉の認知心理学（Negotiating Rationally）』が、代表的な翻訳書として挙げられるが、本書は基礎理論および心理学についての要点を1冊でカバーしている。加えて、実際の交渉で直面する様々な問題に対する明確な答えを提供してくれる。とりわけ第Ⅲ部は、ハーバード・ビジネススクールでの筆者らの教育経験も踏まえた特色あるもので、実際の世界で日々交渉にあたっている方にとっては、極めて有用なアドバイスを多く含んでいる。本書が1冊あれ

ば、「交渉の達人」になるためのスタートを切るうえで必要な基本的な知識を習得できることは間違いない。

　第2の特徴は、各項目について、具体的事例、専門家による研究の成果具体的戦略やアドバイスが豊富に盛り込まれている点である。具体的事例は、本書に書かれている理論や考え方を理解するうえで役立つのみならず自分も使ってみようという気を起こさせる。わかりやすく解説された研究の成果を学ぶことは、本書のアドバイスをより深く正確に理解するうえで有意義だろう。そして、戦略やアドバイスは、明確かつ具体的であり、時には話し方の例までもが紹介されている。このように具体的に解説された戦略やアドバイスによって、読者は本書で示された考え方を実社会で容易に活用することができるだろう。

　ただし、本書でも述べられているように、真に交渉の達人になるためには、本書を読んだだけでは不十分で、本書に従って準備し、実践し、評価し、それを次につなげるといった努力を繰り返すことが求められる。交渉は私たちの生活の至るところに存在しており、良い交渉がなされることの社会的意義は大きい。本書によって、わが国にも多くの交渉の達人が誕生してくれることを祈っている。

　なお、本書においては、読者にとってできるだけ読みやすい翻訳となるよう心がけた。本文中では、経済学、心理学等で用いられている専門用語の翻訳として研究者等によって一般に用いられているものとは必ずしも一致しない訳語を当てている場合もあるが、これはそのような理由による。こうした用語については、文中に英語表記を示すとともに、索引においても英語と日本語の対応を示している。

2010年4月

森下哲朗

目　　次

序　文　交渉の達人になる ———————————————— 1

第Ⅰ部　交渉のツールキット

第1章　交渉において価値を要求する ———————————— 15
第2章　交渉において価値を創造する ———————————— 52
第3章　調査交渉術 ——————————————————— 87

第Ⅱ部　交渉の心理学

第4章　合理性が崩れるとき——認知のバイアス ——————— 111
第5章　合理性が崩れるとき——心理的バイアス ——————— 132
第6章　不合理の世界で合理的に交渉する —————————— 147

第Ⅲ部　実社会での交渉

第7章　影響力の戦略 —————————————————— 167
第8章　交渉の盲点 ——————————————————— 185
第9章　嘘とごまかしに対峙する —————————————— 204
第10章　倫理的なジレンマを認識し、解決する ———————— 228
第11章　弱い立場からの交渉 ——————————————— 246
第12章　交渉が荒れたとき
　　　　——不合理、不信、怒り、脅し、エゴに対処する ——— 266
第13章　交渉してはならないとき ————————————— 290
第14章　達人への道 —————————————————— 307

用語集	315
原 注	321
謝 辞	329
索 引	332
著者について	344

序　文
交渉の達人になる

　交渉の達人とは、どのような人なのか？　交渉の達人は見ればわかるという単純な点から始めよう。交渉の戦略をどう考え、準備し、実行していくのか、そのやり方を見れば、交渉の達人であることがわかる。そう、絶望的に思えた状況を完全に引っくり返すやり方を見れば、交渉の達人であることがわかる。誠実さを保ち、相手との関係や自身の評判を強化しながら、つねに取引を上手くまとめているのを見れば、交渉の達人であることがわかる。そして、組織のなかで誰が交渉の達人かは、わかるはずだ。本書では、交渉の達人の秘訣を紹介していく。

　以下の逸話について考えてみてほしい。交渉者が大きな障害にぶつかり、それを解決してめざましい成功を収めた例だ。ただし、ここでは、どのような方法をとったのかはまだ明かさない。次章以降で、これらの逸話や同様の事例を数多く取り上げ、日常のあらゆる場面で達人のように交渉するのに必要な戦略と知見を伝授していこう。

独占販売権をめぐる争い

フォーチュン500のある企業の社員が、ヨーロッパの小規模のサプライヤーから新製品の原材料を購入する交渉を行っていた。1ポンドあたり18ドルで年間100万ポンドを購入することでは合意したが、独占販売権をめぐって対立した。ヨーロッパのサプライヤーは、原材料をアメリカ側に独占的に販売することには同意せず、アメリカ側は、ライバル会社がこの主要な原材料を入手できるのであれば、新製品の生産に投資するつもりはなかった。この問題で、交渉は決裂するかに見えた。アメリカ側の交渉者は、ヨーロッパの小さな企業が独占契約を渋ることに驚き、苛立った。自分たちのオファーは、公正なだけでなく寛大なはずだと考えていた。最終的に、取引条件で譲歩することにし、発注量に最低保証をつけ、1ポンドあたりの価格を引き上げようと申し出た。それでも独占契約を頑として拒否され、衝撃を受けた。アメリカ側は最後の手段として、社内の「交渉の達人」のクリスを呼び寄せることにした。アメリカから飛んで来たクリスは、すぐさま交渉に加わり、ものの数分で、双方が同意できる取引をまとめあげることができた。実質的な譲歩をしたわけでもなければ、小さなメーカーを脅したわけでもない。クリスはどのような方法で窮地を救ったのか？　この逸話については、第3章で取り上げよう。

外交の行き詰まり

2000年秋、アメリカ上院では、国連からの脱退を求める声があがり始めた。一方、国連では、アメリカが総会の議決権を失いかねない瀬戸際にあった。争いは、アメリカが延滞している15億ドルの分担金をめぐるものだった。アメリカは、長年たな晒しにされてきた一連の改革を国連が実施しない限り、分担金の支払いに応じない構えであった。何より重要な点として、「分担率」、つまり年間の通常予算に占めるアメリカの分担の割合を、25％から22％に引き下げることを求めていた。問題は、アメリカの分担金が減れば、ほかの国が穴埋めするしか

ない、ということだった。

　さらに問題を複雑にする要因があった。第1に、国連規約により、アメリカの要求を聞き入れてもらうには、リチャード・ホルブルック国連大使が、国連加盟190ヶ国すべての同意を取り付ける必要があった。第2に、ホルブルック大使には交渉期限が設定されていた。2000年末までに交渉をまとめられなければ、延滞金の支払いのために議会が確保した予算は失効することになっていた。第3に、アメリカに配慮するために、分担金の引き上げに応じる国はない。あらゆる国が不可能だと主張するなかで、ホルブルックはどうすれば1ヶ国でも分担金の引き上げに応じてもらえるのか。2000年の年末が近づくにつれ、ホルブルックは違う戦略を採ることにした。同意するよう各国を説得してまわるのはやめた。代わりに彼のしたことが奇跡を起こした。問題が解決したことで、ホルブルックは国連加盟国からも、アメリカ議会の民主、共和両党からも祝福を受けた。ホルブルックは、この対立をどのように解消したのか？　この逸話は、第2章で取り上げよう。

土壇場での要求

　ある建設会社のCEOが、中規模のオフィスビル数棟の建設について交渉していた。数ヶ月にわたる交渉の末、最終的に話がまとまり、契約書にサインする寸前になって、施主が唐突に、建設会社にとってコスト増となりかねない新たな提案を持ち出した。施主は、完工が1ヶ月以上遅れた場合、建設業者に巨額の違約金支払いを義務づける付帯条項を契約に含めるよう求めたのだ。建設業者は、この突然の要求に苛立った。施主が土壇場になって譲歩を引き出そうとしているように思えた。建設業者は、選択肢を天秤にかけた。施主の要求を受け容れ、契約をまとめるのか。施主の要求を拒否し、なおかつ、それで取引が壊れないことを期待するのか。提案された違約金の減額を交渉するのか。これらの選択肢を検討した後、建設業者は、まったく違うアプローチをとることにした。完工が遅れた場合の建設業者の違約金を引き上げるとともに、双方にプラスになるように契約内容を修正した

のだ。どのようにしたのだろうか？　この事例については、第3章で取り上げよう。

選挙戦での大失態

1912年、セオドア・ルーズベルト前大統領は、3期目を目指して大統領選に出馬した。選挙戦は厳しく、日々、新たな難題が持ち上がるかのようだった。だが、このときの問題は誰も予想できないものだった。遊説先で配るために、ルーズベルトの写真入りのビラ300万枚を印刷し終わったとき、選挙対策責任者は、大失態に気づいた。写真家にルーズベルトの写真の使用許可をとっていなかったのだ。悪いことに、著作権法によれば、写真家は写真1枚につき最大で1ドルの使用料を請求する権利があることが判明した。300万ドルの損失だが、1912年の300万ドルは現在の6,000万ドルに相当する。選挙戦で負担できる額ではない。300万枚のビラを新たに刷り直すという代替案も、コストがかかり、深刻な遅れが出るため、同じくらい魅力に乏しかった。選挙対策責任者は、写真家に使用料を下げてもらう交渉をしなければならない。一体、どうすればいいのか？　すべてのカードは写真家が握っているように思えた。だが、選挙対策責任者は妙案を思いつく。効果的な戦略を使って、信じられないような取引をまとめたのである。どのような取引、そして戦略を使ったのかは、第1章で明らかにしよう。

本書を読めば納得していただけると思うが、生まれながらの「交渉の達人」は滅多にいるものではない。達人らしく見えるものの背後には、入念な準備と、交渉の概念的な枠組みに関する理解、ベテラン交渉者ですら犯しやすい間違いやバイアスを避ける方法についての洞察、交渉を戦略的、体系的に組み立て、実行する能力がある。本書は、この枠組み、そして、すぐに実践に使える交渉戦略と戦術のツールのすべてを伝授する。ビジネスでも政治でも、あるいは日常生活でも、今後直面する多くの交渉において、この枠組みや戦略を適用することで、あなたは交渉の達人だという評

判を獲得することだろう。

本書のアプローチ

わずか25年前には、MBAや企業幹部の研修プログラムで、交渉術のコースはほとんどなかった。それが今では、世界中のビジネススクールでとくに人気の高いコースのひとつになっている。交渉術コースは、ロースクールや公共政策大学院でも人気が高い。なぜなのか。交渉術は、ますます複雑化、多様化し、ダイナミックに移り変わる社会において、資源を配分し、競合する利害のバランスをとり、あらゆる種類の対立を解消するのに、もっとも実用的で効果的なメカニズムだと見られるようになってきたからだ。現在および将来の経営者、法律家、政策立案者、消費者はこぞって、それぞれの交渉と紛争において、より良い結果を得るためのノウハウを必要としている。今や交渉術は、おそらくかつてなかったほどに生活のあらゆる分野で成功するために必要不可欠なスキルとなっている。

ではなぜ、相変わらず交渉が下手な人がこれほど多いのだろうか。筆者らが教育者、コンサルタントとしての仕事のなかで直面する大きな問題のひとつは、人には交渉が得意か不得意かのどちらかしかなく、それを変えるためにできることはほとんどない、という一般通念である。こうした考えには到底、同意できない。さらに、ベテランの交渉担当者も含めて、交渉術は「アートであって科学ではない」と考え、その結果、交渉の際は本能や直感に頼る人が多すぎる。だが、本能や直感は戦略ではない。「腰だめ」や「即興」も、戦略とは言えない。

本書では、より体系的で効果的なアプローチを伝授していく。このアプローチは、交渉や紛争の解決に関する最新の研究や、数千人に及ぶクライアントや企業幹部受講者の経験、そして、交渉者、コンサルタント、教育者としてのわれわれ自身の経験を生かしたものだ。ハーバード・ビジネススクールのMBAコース、企業幹部向けコースで教え、25ヶ国以上の50社あまりの大企業と仕事をするなかで、検証され、磨かれてきたものだ。こうしてできあがった枠組みは、直感に頼ることを最小限に抑え、定評のあ

る戦略を理解し、活用し、交渉でつねに優れた成果をあげるのに役立つはずである。

本書ではまた、効果的な交渉とは「ウィン・ウィンの合意」を得ることである、という単純な見方を一掃したいと考えている。筆者らが仕事をともにした企業経営者の多くがそうだが、読者もまた、互いにプラスになるような誠実な取引を目指していたのに、相手はあくまで強硬で、非倫理的な行動をとり、もっぱら自分の利益だけを主張してきた経験があるだろうあるいは、自分自身が弱い立場から交渉しなければならなかった経験、効果的な交渉ができるほど洗練されていない人を相手にした経験、交渉相手がこちらの求めるような取引を交渉する権限を持っていなかったという経験があるかもしれない。こうした状況で、「ウィン・ウィン」の原則がどう役立つというのだろうか。当事者が複数いて、不透明要因が多く、訴訟の恐れがあり、感情が高ぶり、不合理に思える複雑な交渉では、そもそも「ウィン・ウィン」の意味すらはっきりしない。こうした複雑さは、ごく当たり前のことなので、これらを体系的に扱わなければならない。本書はまさにそのために必要なツールを提供する。言い換えれば、「ウィン・ウィン」の思考様式の利点は残しつつ、「ウィン・ウィン」では上手くいかないときのため、効果的な戦略の立案方法を理解する手助けをするつもりである。

以下で、本書の概略を簡単に示そう。

第Ⅰ部　交渉のツールキット

第Ⅰ部では、ほぼすべての交渉について、分析し、準備し、実行するために使える枠組みを構築する。また、最初のオファーが提示される前から最終的な合意に達するまで、取引の各段階を進める助けとなる包括的な原則、戦略、戦術のツールキットを提供する。筆者らのクライアントである企業幹部が直面する難しい問題のほとんどは、冒頭の３つの章で示す枠組みで上手く解決できている。枠組みとツールキットは体系的に論じているため、第Ⅰ部は順序通りに読むことをお奨めする。

第1章　交渉において価値を要求する　まず、きわめて重要であり、あらゆる交渉者にアピールするテーマに焦点をあてる。自分にとって最善の取引をするにはどうすればいいか、である。価格というひとつの論点をめぐって、売り手と買い手が交渉する単純な二者間交渉を分析することによって、交渉の枠組みを組み立てる。この章でとくに取り上げているのは、つぎの点である。交渉の準備、交渉者に共通する間違い、自分から先に条件提示をすべきか否か、相手のオファーに対する反応、最初のオファーの組み立て方、どこまで相手を攻めるべきか、効果的な駆け引き戦略、自分自身の成果だけでなく、両者の満足度を最大化する方法である。

第2章　交渉において価値を創造する　ここでは、より難しく、より重要な「価値創造」（value creation）の作業を検証することによって、「価値を要求する」枠組みを拡大する。この章の最大の知見は、価値要求だけを重視する交渉者の場合、相手と協力して双方の利益になるように取引を改善する交渉者に比べて、成果が芳しくないということである。この点を示すために、論点が複数あり、先行きが不透明な、より複雑な交渉について検討する。この章で取り上げるトピックは以下の点である。価値創造のための戦略、効率的な合意を交渉するための枠組み、複雑な交渉の準備と実行、いつ、どのように譲歩すべきか、相手方の真の利害を把握する方法、契約書にサインした後にすべきことなどである。

第3章　調査交渉術　価値を創造し、確保するために交渉者がすべきことのほとんどは、相手からどれだけ情報を入手できるかにかかっている。この章では、情報収集のための強力なアプローチ──「調査交渉術」を提示する。調査交渉術の原則と戦略は、相手の利害と優先事項、ニーズ、制約を突き止め、利用するのに役立つ。相手方がこうした情報の提供を渋る場合でも有効である。

第Ⅱ部　交渉の心理学

　ベテラン交渉者でも、交渉の戦略を準備し、実行する際には間違いを犯すものだ。結局のところ、百戦錬磨のディールメーカーと言えども人間であり、人間は誰しも心理的バイアス（psychological biases）の影響を受けやすい。心理的バイアスとは、誰もが陥りやすい、予測可能な合理性からの逸脱であり、健全な交渉戦略を頓挫させかねないものである。第Ⅱ部は交渉と意思決定の心理学に関する最新の研究を下敷きにしている。ここでは理論から実用的なツール——高くつく間違いを回避し、相手が間違いを犯したときにそれに気づき、利用するのに必要なツール——を導き出している。

　第4章　合理性が崩れるとき——認知のバイアス　この章では、認知のバイアス（cognitive biases）——最高の交渉者ですら、思考様式のために犯してしまう間違い——に焦点をあてる。本書が明らかにするように、人間は近道を通るのに慣れている。この近道は迅速な意思決定には有効な場合が多いが、交渉においては戦略上の悲惨な展開につながりかねない。

　第5章　合理性が崩れるとき——心理的バイアス　つぎに、動機のバイアス（motivational biases）——世の中をありのままではなく、こうあってほしいと思うように見たいがために犯す間違い——を見ていく。残念ながら、交渉戦略が貧弱なのにもかかわらず、自分に自信を持ち、成功の可能性を楽観的に予想することはあり得る。間違った道をどんどん進み、いつ、どのように戦略を変えることが重要なのかに気づかないこともあり得る。第5章は、こうした落とし穴に気がつき、回避するとともに、より客観的で現実的なレンズで世の中を見るのに役立つはずである。

　第6章　不合理な世界で合理的に交渉する　この章では、自分自身のバイアスを克服し、相手のバイアスを利用する戦略を提供する。また、相手

方のバイアスを是正する手助けをするのが、自分の利益に適うのはどのようなときかについても説明する。相手の不合理によって、相手だけでなくこちらも傷つく場合が多いからである。

第Ⅲ部　実社会での交渉

　最後に、交渉術のセミナーや書籍では無視されがちだが、実社会の交渉で成功するために重要なトピックを幅広く取り上げる。誰かが嘘をついているとき、どうやって見破るか？　こちらの要求や提案に同意することを渋っている相手をどう説得するか？　力がないに等しいとき、どのように交渉すべきか？　交渉戦略に倫理的な要素をどのように採り入れるべきか？　競争相手や敵対者とどのように交渉すべきか？　第Ⅰ部と同様に、これらのトピックに関する筆者らの知見やアドバイスは、実社会での多数の交渉者の経験や、交渉術、戦略的意思決定、心理学、経済学の体系的、科学的な研究の長年にわたる蓄積から引き出したものである。各章は独立した読み物になっているので、読者は自分の状況にとくに関連したトピックから読んでいただいても構わない。

第7章　影響力の戦略　良いアイデア、上手く組み立てられた提案、すばらしい製品やサービスがあっても、それだけでは十分でない。それらを相手にどう売り込むかを知る必要がある。この章では、こちらの要望や要求、オファー、提案が受け容れられる確率を高める、定評のある影響力戦略を8つ紹介する。注意してほしいのは、これらの戦略は、自分の主張の中身を強化するものではなく、自分の立場を変えずに、相手から「イエス」を引き出す確率を高めるものである。当然ながら、自分も相手の影響力戦略の標的になり得ることから、相手がこちらの選好や利害を操作しようとしたとき、その力を弱める防衛戦略についても詳しく論じている。

第8章　交渉の盲点　交渉の問題を狭く捉えすぎて、状況や相手の判断、交渉ゲームのルールが、戦略や成功の見通しに与える影響を十分に検討で

きていない交渉者が少なくない。こうした交渉者はまた、より良い成果を得るために、ゲームのルールを変えるチャンスを逃している。この章では交渉に関係し得るすべての要素を考慮できるように、視野を広げるための具体的なアドバイスをしていく。

第9章　嘘とごまかしに対峙する　多くの人が「正直こそ最善の策」という考えに賛同しつつも、ほとんどの人が、交渉で嘘をついたことがあると認め、ほぼすべての人が、交渉相手から嘘をつかれたことがあると考えている。この章では、つぎのような問いに答えていく。交渉で嘘をつきたくなる動機は何か？　嘘をついたときに、戦略上どのようなコストが発生するか？　誰かが嘘をついているとき、どうやって見破るか？　嘘をつかれないようにするには、どうすればいいか？　誰かの嘘を突き止めたときに、どうすべきか？　真実を言いたいが、交渉で損をしたくないとき、嘘をつくこと以外の賢明な選択肢はあるのだろうか？

第10章　倫理的なジレンマを認識し、解決する　倫理観は個人的なものであり、各人各様なので、幅広く断定的に論じることはできない、と考えている人が少なくない。この考え方が、ある程度まで正しいのは間違いない。だが、最近の研究によれば、人は、自分の倫理観で見て適切だと思うよりも非倫理的に行動していることが多いようだ。また、自分がある戦略を追求することによって他人に打撃を与えてしまうことに気づきもしない場合もある。相次ぐ大企業の不祥事を受けて、高潔さを保ちながら、なおかつ交渉で成功を収めることが改めて重視されている。こうした問題について慎重かつ包括的に考える枠組みを提供する。

第11章　弱い立場からの交渉　この章では、力について、あるいは力がないことについて論じている。交渉者のほとんどは、どこかの時点で、弱い立場——選択肢がないに等しい立場に立たされることがあるはずだ（実は、企業幹部の受講者やクライアントの多くが、顧客や上司、配偶者（！）との関係で、つねに弱い立場から交渉しているとこぼす）。こうし

た交渉では、どうすれば状況を好転させられるかについて、慎重に分析し、クリエイティブに考え、深く考察することが必要である。力がないときに効果的に交渉する方法、力関係を覆し、弱い立場から強い立場に移行する方法を伝授する。

第12章　交渉が荒れたとき——不合理、不信、怒り、脅し、エゴに対処する

相手がおよそ不合理に思えるとき、どのように交渉すればいいのだろうか？　信頼が失われ、相手が交渉のテーブルにつこうとしないとき、どのように交渉すればいいのだろうか？　相手の最後通告や脅しなどの強硬な戦略を弱めるには、どうすればいいのだろうか？　怒っている相手や、自尊心が強すぎて戦略の誤りを認められない相手にどう対処すべきだろうか？　この章で論じるアプローチは、重要な交渉には少なくともこれらの問題の一部が含まれている場合がほとんどで、これらを無視するのは極端に非効率なだけでなく、ほぼ不可能であるという認識に基づいている。

第13章　交渉してはならないとき

交渉が解決策にならない場合がある。わずかな力しかなく、成功する可能性が低いとき、なけなしの力を放棄することによって、意外なほど上手くいく場合がある。あるいは、交渉のコストが高い場合、取引を成立させるか、紛争を解決するために、もっとコストの低い方法を使いたいと思うこともあるだろう。交渉を行うこと自体が、相手との望ましい関係を築く妨げになる場合もある。では、代わりに何をすべきなのか？　この章では、交渉のゲームを戦うべきときと、ゲームそのものを変えるべきときを見分ける枠組みを提供する。

第14章　達人への道

交渉の達人となるために必要なのは、知識と理解と意識的な練習である。本書は、読者に知識を授け、理解の手助けをするが、3番目の意識的な練習は、読者自身にかかっている。読者が最後のページを閉じ、実社会に戻ったときに何が起きるかを考えることで、本書の締めくくりとしよう。学んだことを実践に生かす能力を最大化するのは、どのような思考様式だろうか？　この先数週間、あるいは数ヶ月、どんな

習慣を身につけたいだろうか？　自分自身に、そして他人に、どんな期待を持つべきだろうか？　組織の仲間が上手く交渉できるようになるためにどんな手助けができるだろうか？

　ラルフ・ウォルド・エマーソンの言葉、「人は希望し、達人は創造する」は、本書のメッセージの本質を捉えている。作業が難航したとき、障害が起きたとき、交渉がご破算になりそうなとき、取引を失いかけたとき交渉者のほとんどはパニックに陥るか、祈るだけだ。これに対して交渉の達人は、健全な交渉戦略を立案し、実行する意志をますます固める。筆者らは、本書を読んだ読者が達人のように行動することを願いながら、交渉のテーブルでも、それ以外の場所でも、達人のように交渉するのに必要な知見とツールを伝授する。

第Ⅰ部

交渉のツールキット

Negotiation Genius
How to Overcome Obstacles
and Achieve Brilliant Results
at the Bargaining Table and Beyond

第1章

交渉において価値を要求する

　1912年、アメリカ大統領選は佳境を迎えていた。セオドア・ルーズベルト前大統領は、後任のウィリアム・ハワード・タフト現大統領の舵取りに我慢ならず、政界への復帰を決意していた。選挙戦は厳しく、日々、新たな問題が持ち上がるかに思えた。だが、このときの問題は誰も予想できないものだった。演説文にルーズベルトの写真を添えたビラ300万枚が刷り上がったところで、選挙対策責任者は大失態に気づいた。写真の使用許可をとっていなかったのだ。さらに悪いことに著作権法では、写真家が1枚につき最大1ドルの使用料を請求できる権利があるとされていた。1912年当時の300万ドルは、現在の価値に直すと6,000万ドル強に相当する。とても選挙を戦いながら負担できる額ではない。300万枚のビラを刷り直すことも考えられたが、これも巨額のコストがかかり、深刻な遅れが出ることになるため、同じようにいただけない。そうなると、写真家と交渉して有利な取引に持ち込むしかない。あなたが選挙対策責任者だとしたら、どのようにこの交渉に臨むだろうか。

　ルーズベルトの選挙対策責任者が、実際に、この状況にどう対処したの

か見てみよう。彼は問題を慎重に分析した後、つぎのような電報を写真家に送った。「写真付きの遊説用ビラを300万部配布する計画がある。写真家にとってまたとない宣伝の機会だと思われる。貴殿の写真を使用した場合、いくらなら払う用意があるのか、至急連絡されたし」。

件の写真家は間髪をいれず回答してきた。電報にはつぎのように記されていた。「ありがたい機会ですが、250ドルまでしか払えません」[1]。

この逸話を紹介すると、たいていの人は驚く。選挙対策責任者は、これほど絶望的な状況を、どうやって逆転できたのか、と。こうした反応をするのは、経験豊富な交渉者ですら、交渉について体系的に考えたこともなければ、戦略的に準備して、交渉を進めているわけでもないからだろう。本書の狙いは、この選挙対策責任者の交渉解決術を、読者に当然のものとして身につけてもらうことである。この章で取り上げる価値要求の原理と戦略を理解し、応用すれば、ルーズベルトの選挙対策責任者ばりの達人的手腕で、難しい交渉に対処できるようになるだろう。

交渉において価値を要求する際の戦略

本書全体を通して、価値について多くを論じるつもりである。そもそも、価値の正確な定義とは何だろうか。価値とは、人々が有用だと思うもの、あるいは望ましいと思うものである。価値は、金銭や効用、幸福度など、さまざまな尺度で測ることができる。交渉は、合意が成立しなかった場合に比べて両当事者が得をするような合意を通じて、価値の創造に寄与する。だが、各当事者はどれだけ得をするのだろうか。これは、どちらの当事者が、生みだされた価値のうち、より多くを要求できるか（あるいは確保できるか）による。たとえば売買交渉では、買い手は低い価格を提示することで、より多くの価値を要求する一方、売り手はより高い価格を提示して、取引によって生み出される価値の多くを要求する。

多くの人々にとって、効果的な交渉力を身につけることとは、「自分自身にとって有利な取引を成立させるにはどうすればいいか」、言い換えれば、「交渉で、価値のうち圧倒的なシェアを要求するにはどうすればいい

か」を知ることを意味している。本書では交渉をはるかに幅広い観点から捉えているが、まずは基本的な目標——自分自身にとって最善の取引を成立させることから始めることにしよう。

最初に、ほぼすべての交渉で直面する主要な問題を網羅した、不動産売買の交渉から見ていこう。ハミルトン・リアルエステートの事例は比較的単純であり、2人の当事者(買い手と売り手)が、ひとつの論点(価格)をめぐって交渉する。この枠組みのなかで、以下に挙げる交渉のあらゆる側面を論じていく。すなわち、交渉の準備をする、交渉者に共通する間違いを回避する、自分から先に条件提示をするかどうかを決める、相手のオファーに応える、最初のオファーを組み立てる、相手をどれだけ攻められるか見極める、効果的に駆け引きを行う、関係を損なうことなく最大限の価値を要求する、自分自身の満足を管理する、などである。

経営幹部やMBAの学生を対象にした交渉術のコースでハミルトン・リアルエステートの事例を活用する際には、参加者を2つに分け、一方に「売り手」、もう一方に「買い手」になってもらう。各グループには、それぞれのニーズや利害に関する秘密情報を与え、交渉の戦略を準備するよう求める。その後、両者が顔を合わせて、価格交渉を行う。

読者には、売り手の立場で、どのように交渉に臨むのかを考えながら、読み進めてもらいたい。

ハミルトン・リアルエステート[2]

あなたは、不動産投資専門の持株会社パール・インベストメント社の上級副社長である。同社は数多くの案件に投資しており、ハミルトンの街に広大な土地を所有している。この土地を売却して、投資を回収することになり、あなたは売買交渉に責任を負うことになった。

買い手がこの土地に支払う価格は、買い手の支払い能力や土地の利用計画など、いくつかの要素に依存する。いずれの要素も重要である。たとえば、社内の専門家によれば、土地がオフィスビルなど商業用に開発された場合には、アパートなどの住宅用に開発された場合に比べて、価格が1.5

倍から2倍になると見込まれるという。ただし、残念ながら、ハミルトンの用途地域規制で、この地区の商業開発は禁じられていることから、商業開発業者が関心を持つ可能性は低い。一部の地元の政治家が最近、商業開発の認可について議論しているが、何ら具体策はとられていない。このためハミルトンは、商業開発業者の関心の対象外となっている。

　過去数週間、土地購入の申し込みが数件あった。その金額は、1件を除いて、期待を大幅に下回っていた。もっとも興味をそそられたのがクインシー・ディベロプメント社からのオファーである。同社はこの土地で高級アパート建設を計画しており、希望購入価格は3,800万ドルである。

　このオファーに興味を持ったのは、希望価格がもっとも高かったことに加え、クインシー・ディベロプメント社は誠実な交渉を行うとの前評判があるからだ。この点から、価格がある程度適正であるとの自信は持てるがだからといって、そのままの条件で受け容れるつもりはない。この話を進めるにしても、交渉によって価格を10%から15%引き上げる余地があると踏んでいる。クインシー・ディベロプメント社がそれ以上出すとは思われない。

　だが、現時点では、クインシー・ディベロプメント社と交渉しないことにした。なぜか。この地域の一流不動産会社エステート・ワン社が、ハミルトンの土地に関心があると伝えてきたからだ。同社の開発物件は、ほぼ100%が高級コンドミニアムなので、ハミルトンでも高級コンドミニアムを開発すると見られる。アパートではなく高級コンドミニアム用の土地となれば、高値で交渉できるはずである。

　そこで、エステート・ワン社のCEO、コニー・ベガと会って売買交渉を行うことにした。この交渉が不調に終われば、クインシー・ディベロプメント社との交渉に戻って、取引を成立させるつもりである。2社以外からのオファーは待たない。クインシー・ディベロプメント社は、交渉の期限は3日後と言ってきている。

　エステート・ワン社に関して現時点でわかっている情報は、以下の通りである。中規模の企業であり、住宅開発では地域の大手である。CEOは、創業以来20年間その地位にある。政界に顔が利くことで知られ、州および

地方政府のあらゆるレベルで情報通のブローカーと通じている。パール・インベストメント社とは競合関係にない。

交渉の準備として、できる限りのデータを集めた。以下は一般に公開された情報であり、当然、エステート・ワン社のCEOも知っているものである。

●パール・インベストメント社はハミルトンの土地を7年前に2,700万ドルで購入した。
●購入時に比べて、ハミルトンの地価は大幅に上昇している。最近の類似物件の売買事例を基に計算すると、住宅用に開発された場合、3,600万〜4,400万ドルの価値があると見られる。
●アパートではなく高級コンドミニアムが建設された場合、さらに20%上乗せできる。

交渉が迫るなか、多くの疑問が湧いてくる。交渉で最初に何をするのか。エステート・ワン社のCEO、コニー・ベガに、どのように接するのか。こちらが最初に価格を提示するのか。それとも相手に提示させるのか。情報を提供するとすれば、どの情報を提供するのか。相手から情報を収集するとすれば、どんな情報を収集するか。ハミルトンの土地の売却収入をどの程度と見込むのか。良い取引であったのかどうか、どうすればわかるのか。

交渉の準備をする

筆者らは、大勢の交渉者やディール・メーカーを訓練し、コンサルティングをするなかで気づいたことがある。交渉において、ありがちで高くつく間違いは、交渉を始める前の段階に起きているということだ。興味深いことに、間違った準備をしていたわけではなく、そもそも準備などしていないのが問題なのだ。交渉とは「アートであって科学ではない」という誤った思い込みの下、交渉に備えて適切な準備を行わない人がほとんどなの

だ。「実際の行動」は交渉のテーブルについたときから始まる、との見方と相俟って、賢明で思慮深く、意欲的な人たちですら、十分に準備をしないまま実質的な交渉に臨んでいるのである。

したがって、徹底した方法論を採用して、交渉の準備をするのが肝要である。本書で紹介する交渉の準備についての5段階の枠組みは、シンプルながら効果的なアプローチである（より複雑な交渉のアプローチは、次章以下でさらに論じていく）。

ステップ1　自分のBATNA（不調時対策案）を見極める。どんな交渉でも、「この交渉が不調に終わったらどうするのか」を自分に問いかけることが最初の一歩となる。言い換えれば、自分のBATNA（best alternative to a negotiated agreement 現在の交渉が袋小路に陥った場合に、とるべき最善の代替案）を見極める必要がある[3]。自分のBATNAを明確に把握していない限り、最終案をいつ受諾すべきか、いつ席を蹴ってほかの選択肢を追い求めるべきかを知ることはできない。BATNAを見極めるのに必要なステップは、以下の3段階である。

1．交渉相手と合意に達することができないとした場合に、考えられる妥当な選択肢をすべて把握する。
2．それぞれの選択肢の価値を推計する。
3．最善の選択肢を選ぶ。これがBATNAとなる。

ハミルトンの事例では、コニー・ベガとの交渉が行き詰まった場合、いくつかの選択肢がある。他社のオファーを待つこともできるし、クインシー・ディベロプメント社に再度接触し、契約をまとめる手もある。売却計画そのものを白紙に戻すという選択肢もある。入手可能な情報では、クインシー社との契約をまとめることがまず確実にBATNAであると言える。

ステップ2　自分の留保価値を計算する。自分のBATNAの分析が重要なのは、それによって留保価値（reservation value:RV）、つまり交渉の

テーブルを離れるべきポイントが計算できるからだ。ハミルトンの事例で言えば、あなたの留保価値が、コニー・ベガが提示する価格のうち受け容れられる下限の価格ということになる。これはいくらになるのか。コニーとの交渉が行き詰まった場合、もう一度、クインシー社と交渉し、取引をまとめるつもりである。クインシー社の提示価格は3,800万ドルであった。この3,800万ドルが留保価値なのだろうか。必ずしもそうではない。というのは、クインシー社とはさらなる価格交渉の余地があるからだ。具体的には、10%から15%引き上げる余地があり、4,180万〜4,370万ドルの間にもっていけるだろう。留保価値はこのレンジ内に落ち着くはずである。

　このレンジ内で正確な留保価値を決める要因は何か。リスクを避けたいのであれば、レンジの下限に近づくかもしれない。だが、クインシー社との交渉に自信を持っているのであれば、レンジの上限に近づくかもしれない。仮に、留保価値はレンジの中間の4,265万ドルだと考えたとする。コニー・ベガが最終的に示した価格がこの額を下回った場合、交渉を打ち切ることになる。提示価格が留保価値を上回っていて、これ以上、交渉で価格を引き上げる余地はないと確信すれば、提案を受け容れることになる。留保価値の計算方法としては、自分にとって提案を受け容れるのと拒否するのとで違いがなくなる点を考える、という方法もある。コニーの最終的な提示価格がちょうど4,265万ドルであれば、これを受け容れることと、拒否してBATNAを追求することの違いはなくなる。

　おわかりいただけると思うが、選択肢の現実的な評価に基づいて合理的な留保価値を計算しようとするなら、自分のBATNAを慎重に見極めることが不可欠である。ところが残念ながら、自分のBATNAと交渉のほかの要素を混同して、戦略を間違える人が少なくない。自分のBATNAとは、自分が適正だと思う価格ではないし、売却の対象を購入したときの価格でもなく、自分が実現したい価格でもない。BATNAとは、現在の交渉がまとまらなかった場合に直面することになる現実なのである。

ステップ3　相手のBATNAを見極める。
自分のBATNAを評価し、留保価値を計算したので、自分が受け容れ可能な下限の価格がわかったこと

になる。もちろん、安値で手を打ちたいとは思わないので、交渉でどれだけ価格を吊り上げられるかを見極める必要がある。言い換えれば、相手の留保価値を見極めなければならない。コニー・ベガの留保価値とは、エステート・ワン社がハミルトンの物件に払ってもよいと考える上限の価格である。どうすれば、これがわかるのか。どこまで相手を攻められるかは、どうすればわかるのだろうか。相手のBATNAを評価することによって、見極めるのである。このステップは決定的に重要であり、まずまずの取引となるか、すばらしい取引となるかの分かれ目となる。ときには、驚異的な成功と完全な失敗の分かれ目にすらなる。

　ルーズベルト大統領の選挙対策責任者を思い出していただきたい。自分のBATNA（300万枚のビラを刷り直す）と留保価値（写真家に数千ドル支払う）だけに気をとられていたら、交渉は悲惨な結果に終わっただろう彼を交渉の達人と呼べるのは、写真家のBATNAを吟味した点にある。つまり、「この交渉が行き詰まった場合、写真家はどうするか」を考えたのだ。交渉がまとまらず、ルーズベルトが写真を使わないと決めたら、写真家は何の報酬も得られないし、全国的に知られるチャンスを失うことにもなる。言い換えれば、選挙対策責任者のBATNAはきわめて貧弱だったが写真家のBATNAもまた貧弱だったのだ。このため、写真家がごく少額か無報酬を受け容れるようにもって行くことができたのである。

　これと同様に、ハミルトンの交渉では、コニー・ベガの選択肢を考え抜くことが、彼女のBATNAを見極めるのに役立つ。ハミルトンの土地を購入できない場合、コニーは別の開発プロジェクトに資金を投ずると考えられる。高級コンドミニアムを建設するために別の土地を探すことが、優先的な選択肢かもしれない。ハミルトンの街でそうした土地が不足しているとすれば、コニーのBATNAは、ほかのどこかで建設するか、あるいはほかの用地が確保できるまで待つことになるかもしれない。これらの選択肢のひとつひとつを、コニーの視点から慎重に検討したい。さしあたって、あなたの分析によればコニーのBATNAは待つことだと考えられると仮定しよう。つまり、この交渉で合意できなければ、エステート・ワン社は投資を控え、将来、新たなチャンスが訪れるのを待つことになる。

ステップ4　相手の留保価値を計算する。コニーのBATNAを見極めたので、今度は彼女の留保価値を計算することになるが、その場合、彼女が土地をどうしようとしているのかを検討するのが妥当な方法である。エステート・ワン社は、主に住宅建設を目的に土地開発を行ってきたことがわかっている。さらに、賃貸アパートではなくコンドミニアムの建設を計画していると見られる。これは、アパート建設のクインシー社にとってよりも、エステート・ワン社にとってのほうが土地の価値が高いことを意味する。具体的に言えば、コンドミニアム建設用に開発すれば、土地の価値は20％は上がるはずである。エステート・ワン社の留保価値（支払っていもよいと考える上限価格）を評価するには、以下のような論理展開が妥当であると見られる。

- アパートを建設する場合の土地の評価額は、3,600万〜4,400万ドルであると推定される。
- このレンジの中間値は、4,000万ドルである。
- コンドミニアムを建設する場合、評価額は4,000万ドルに20％上乗せした4,800万ドルになる。
- したがって、コニー・ベガの留保価値は4,800万ドルと予想するのが妥当である（評価額は、開発コストを考慮したものだと仮定する）。

ステップ5　ZOPAを計算する。それぞれの当事者の留保価値がわかれば、ZOPA（zone of possible agreement:合意可能領域）を計算できる。ZOPAとは、両当事者が受け容れることのできる取引の集合である。言い換えれば、売り手の留保価値と買い手の留保価値の間の領域である。現在の交渉でのZOPAは、4,265万ドルと4,800万ドルの間のすべてのオファーである。

ZOPAは、可能な取引のすべてを網羅している。というのは、このレンジ内であれば、どちらの当事者も最終的に合意できるからである。このレンジを外れると、一方の当事者によって拒否されると考えられる。4,265

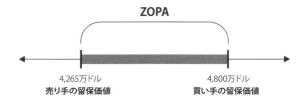

図1-1 合意可能領域

万ドルを下回ればあなたが拒否し、4,800万ドルを上回ればコニー・ベガが拒否するだろう。

ZOPAで土地のおおまかな価値はつかめるが、交渉が最終的にどこに落ち着くのか正確なことはわからない。あなたはできるだけ、コニーの留保価値に近い高値で取引をまとめたいが、コニーのほうはできるだけ価格を抑えたい。そこで交渉が始まる。交渉においてすべきことは、ただ取引をまとめるのではなく、できるだけ多くの価値を要求することである。入手できる価値（4,800万ドル－4,265万ドル＝535万ドル）がわかったので、この大半を獲得すべく最善を尽くす準備ができたことになる。

取引をまとめる

筆者らの交渉術のコースでは、売り手と買い手がペアを組んで模擬交渉をしてもらうが、この交渉に通常20分程度を与える。これは価格だけが争点の比較的単純な交渉なので、これだけの時間があれば合意に達するのは十分に可能である。20分経ったら、すべてのペアから、合意した価格を書いた紙を集め、全員に見られるようにボードに貼り出す。クラスで議論する際に、どの戦略が上手くいったのか、あるいは上手くいかなかったのかを考えることができるからだ。だが、結果を公表する利点はほかにもある。MBAの学生も経営幹部も、仲間に評価されるとなると、俄然、驚くほど真剣に取り組むのだ。

この事例について、本書における分析の基礎にするため、コニーとの交渉が以下のように展開したとしよう。

コニーと顔を合わせ、少し話をする。ハミルトンの土地に強い関心を持っているようで好感触だ。実質的な議論に移ると、あなたが主導権を握り、高値で売るための根拠を説明する。ほかにも購入の打診が何件かあり、そのうちの１件については真剣に検討しているとほのめかす。勢いに乗って、思い切った価格を最初に提示する。「この物件に興味をお持ちの方が複数いること、またコンドミニアム用に開発すると地価の評価額は20％高くなるという事実を勘案すると、4,900万ドルが適正価格であり、納得いただけるのではないかと考えています」。驚いた様子のコニーは、かぶりを振りながらこう答える。「それは、私どもの予想価格とは違いますね」。吹っかけすぎただろうかと思い始めたところ、コニーが、「4,500万ドルでいかがでしょう」と対案を言ってきたのでホッとする。4,500万ドルであれば、こちらの留保価値を上回っている（上出来だ！）。だが、できるだけ儲けを大きくしたいので駆け引きを続ける。その日の終わりに、4,600万ドルという売値を呑ませることができた。

　交渉が終わった後、どんな気持ちだろうか。上手くできた点はどこだろうか。もっと上手くできた点があるとすれば、どこだろうか。まずまずの取引だったのか、大成功だったのか、失敗だったのか、どうやって評価すればいいのだろうか。

交渉の事後分析

　交渉の出来を評価する方法のひとつは、留保価値を上回ったかどうかを見ることだ。明らかに留保価値は上回っている。これは確かに良いことに違いないが、交渉の出来を評価するうえで最大の尺度とは言えない可能性がある。なぜなのか。留保価値を上回っても、全体の価値のごく一部しか確保できていない場合もあり得るからだ。もうひとつの評価法として、ZOPA全体を検討する方法がある。成立した売買価格（4,600万ドル）は、

あなたよりもコニーの留保価値に近い。ということは、獲得できる可能性のある価値の全体ではないにしろ、50％を大きく上回る価値を要求したことを意味する。交渉結果に満足するのか、落胆するのかは、交渉を始めた時点の意欲によって決まる。

　以上の2つの評価法は有用だが、どちらも重大な欠点がある。交渉が始まる前に知っていたことを基準に評価しているにすぎないのだ。交渉の最中に知り得たことを基準に評価するのが、より完全な評価法になる。コニーの留保価値が、4,800万ドルではなく4,600万ドルだとわかったら、どう思うだろうか。おそらく、当初思っていたよりも、良い出来だったと思うだろう。ZOPAのすべてを確保できたのだから。逆に、コニーの留保価値がもっと高く、5,500万〜6,000万ドルだとわかったらどうだろうか。この場合、コニーが価値の大部分を確保したことになる。おわかりいただけると思うが、あなたがどれだけ上手くできたかは、あなたがどれだけ上手くやり遂げる可能性があったかの評価にかかってくる。

　そこで今度は、交渉の開始時点でコニーだけが知っていた情報を見てみよう。

- ●エステート・ワン社は、ハミルトンの土地を住宅建設向けに開発することには興味がない。この土地を利用して、商業開発事業への参入を狙っている。
- ●コニー・ベガは政治的に強力なコネを持っているので、ハミルトンの用途利用規制が近々緩和され、商業開発が可能になることをいち早く知る立場にあった。
- ●エステート・ワン社は、ハミルトンの土地取得に最大で6,000万ドルまで払う用意があった。

　これらの新たな情報を基にすると、先ほどまとめた交渉をどう評価すべきだろうか。4,600万ドルという売値が、かなり見劣りするのは明らかである。新たな観点から見ると、交渉結果は、コニーではなくあなたの留保価値に近い。獲得可能な価値のうち、大半を獲得したのはコニーのほうだ

と思える。あなたは、はるかに上手い交渉ができたかもしれないのだ。だが、この場合、交渉の最中ですら知りえなかった情報と比較して、交渉結果を評価するのは本当に公正だと言えるだろうか。

　筆者らは公正だと考えている。交渉の達人は、状況に縛られるわけではないし、与えられた情報の範囲でしか考えられないわけではない。交渉の達人は、既知の情報に基づいてどう動くべきかを知っていて、未知の情報を手に入れようと努力し、入手できない情報から自分たちを守っているのである。交渉の達人は、交渉の結果をもっとも厳しい基準に基づいて評価するのである。

交渉者に共通する間違い

　コニー・ベガを取り巻く状況がわかってきたところで、先ほどの交渉をもう一度見てみよう。振り返ったとき、どんな間違いを犯したことがわかるだろうか。違うやり方ができたのは、どの点だろうか。どうすれば、ZOPAのシェアをもっと要求できただろうか。

　まずは、明らかな間違いを以下に挙げよう。

1. 強い立場にないのに、自分から最初に価格を提示した。
2. 十分に強気とは言えない価格を最初に提示した。
3. 自分が一方的に話して、相手の話を聞いていなかった。
4. 相手に影響を与えようとはしたが、相手から情報を引き出そうとはしなかった。
5. 相手に関する仮定を検証しなかった。
6. ZOPAの計算が間違っていたが、交渉の最中に計算し直そうとしなかった。
7. 相手が譲歩した以上に譲歩した。

　これらは、交渉において価値を要求しようとする際に、どの担当者も犯しがちな間違いである。以下のセクションでは、経営幹部や学生、クライ

アントから繰り返し聞かれた質問に答える形で、ハミルトンの交渉、さらには一般的な交渉に臨む際のより良いアプローチを伝授していこう。それによって、効果的な交渉戦略を身につけてもらうだけでなく、交渉相手の行動を予想し、対応を考えるうえで役に立つ心理学の原理をも理解してもらうことを目指している。

最初の条件提示を自分からすべきか

　授業でこの質問を経営幹部にぶつけると、絶対に自分から最初に提示すべきでないという意見が大半を占める。最初に相手に提示させれば、貴重な情報を得られ、相手の狙いがわかるという。だが、最初の条件提示はつねに自分からすべきだと主張する幹部も大勢いる。そうすれば、議論の主導権を握り、「自分の言葉」で交渉を進められるというのだ。この質問のトリックがわかれば意外でもなんでもないのだが、実は、「状況による」というのが正解である。

　交渉において、最初に条件を提示することの最大の利点は、アンカー（anchor）を設定できる点にある。アンカーとは、交渉相手の関心や期待の拠りどころになる数字である。とくに、相手が、交渉の正しい結果、公正な結果、あるいは適切な結果とは何かについて確信がない場合、不確実性を取り除ける数字なら、どんな数字を出しても、それに傾く傾向がある。最初に条件提示することは、この目的によく叶うことがわかる、交渉の拠りどころとなり、最終結果に強く影響を与えるのである。

　たとえば、あなたはコニーの留保価値を4,800万ドルだと見積もり、最初に約4,000万ドルという強気の価格を出してくると予想していたとする。ところが、コニーの最初の提示価格が3,200万ドルであれば、コニーの留保価値についてのあなたの見積もりが間違っていたのではないかと不安になってくるだろう。4,800万ドルまで払えるときに、これほど低い価格を出してくるだろうか。エステート・ワン社は高級コンドミニアムではなく、アパートを建てようとしているのではないか。だとすれば買値の上限は、4,800万ドルよりはるかに低くなる。相手がアンカーを設定した場合、影

響を受けるのは、相手の留保価値(そして、ZOPA)に対するあなたの認識だけではない。こちらからの対案も影響を受ける。5,000万ドルから交渉を始めようと思っていたのだが、コニーの最初の提示価格が驚くほど低かったので、少し引き下げようと考え始める。5,000万ドルでは高すぎて、交渉が行き詰まるリスクがある。3,200万ドルに対抗するのにより妥当な価格として、4,500万ドルではどうかと対案を出す。コニーのアンカーが機能したわけだ。

アンカーの威力は絶大である。経験豊富で専門知識のある交渉者ですら、アンカーに影響を受けることが研究で示されている。アンカーの威力の大きさを見せつけた実験がある。グレッグ・ノースクラフト教授とマーガレット・ニール教授は、複数の不動産業者を招いて、1軒の住宅の売り出し価格を鑑定してもらうことにした[4]。業者らは家の内部や近所を見て回り、広さや間取り、築年数、設備などを記した書類一式を渡される。近隣の物件の詳細な情報ももらう。各自に伝えられる情報は、1点を除きすべて同一だ。違っているのは、書類の表示価格の欄で、ⓐ11万9,000ドル、ⓑ12万9,000ドル、ⓒ13万9,000ドル、ⓓ14万9,000ドルのなかから無作為に選んだ数字が記入されている。

不動産取引での表示価格とは、売り手が「最初に提示する価格」である。したがって、この実験は、最初の提示条件を操作して、ベテラン不動産業者に影響が出るかどうかを見たものだ。不動産業者は物件を見て回り、書類にすべて目を通し終わると、4つの観点から物件を評価するよう求められた。

1. この住宅の適正な表示価格はいくらか(適正表示価格)
2. この住宅の鑑定価格はいくらか(鑑定価格)
3. 買い手の立場で、この住宅に出してもいいと思える妥当な価格はいくらか(支払い意欲)
4. 売り手の立場で、売ってもいいと思える価格の下限はいくらか(受け容れ可能な最低価格)

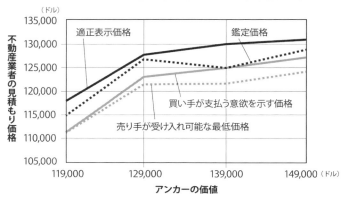

図1-2のグラフは、これらの質問に対する回答を、表示価格ごとに示したものである。恣意的な表示価格に、不動産業者が強い影響を受けていることが一目瞭然である。どの質問についても、高い表示価格を示された不動産業者のほうが、低い価格を示された不動産業者を上回る評価をしているのだ。さらに、不動産業者に対して、質問に答える際にいさかかでも表示価格が影響したかどうかを尋ねたところ、80％以上の不動産業者はノーと答えている。

アンカーの影響力の大きさを考えると、交渉では最初に強気の条件を提示するのが有利であることが明らかになる。では、最初に相手に条件を提示させたほうがよい場合があるのはなぜなのだろうか。

拙速な条件提示は、極端に高くつきかねない。ハミルトンの交渉で何が起きたのかを検討してみよう。コニーの留保価値は4,800万ドルであるとの仮定に基づいて、あなたは最初に「強気」の4,900万ドルを提示した。だが、そもそもの推定が間違っていて、当初の提示額が悲惨なほど低すぎたのだ（最初に価格を提示したとき、コニーが驚いたように見えたのは意外ではない）。コニーの実際の留保価値は6,000万ドルだったのだから、もっと高い売り値で交渉することができたはずだ。だが、最初に4,900万ドルという数字を出したことで、入手可能な金額の上限をみずから決めてしまったのである。言い換えれば、相手の留保価値を大幅に下回る価格を

最初に示したことで、ZOPAのかなりの部分を要求する権利を失ったのである。口を開いただけで1,100万ドルも失うのは、尋常ではない。とはいえ、どれほどベテランの交渉者でも、数千ドルあるいは数百万ドル失いかねないような場面で、賢明な提案ができる立場でないにもかかわらず、最初に条件を提示してしまうという間違いをしばしば犯すものである。

　この議論が示唆する通り、自分が最初に条件を提示すべきかどうかは、どれだけの情報を持っているかにかかってくる。相手の留保価値について十分な情報を持っていると思えるのであれば、最初に妥当な（十分に大胆な）条件を提示し、自分に有利になるアンカーを設定しようとするのは理に適っている。ZOPAに関して十分な情報を持っていると確信できない場合は、もっと情報が手に入るまで最初の提案をしないのが賢明である。この場合、相手に最初の条件提示をさせたほうがさらに賢明かもしれない。交渉のアンカーを設定する機会は逃してしまうかもしれないが、その反面、弱気すぎるアンカーを設定する失敗を回避できる。情報が不足している場合、強気すぎるアンカーを設定し、法外な要求をして相手を不快にし、交渉をご破算にする可能性がある点にも注意が必要である。言い換えれば、要求が小さすぎれば確保できる価値は小さくなり、要求が大きすぎれば取引が成立する可能性が小さくなる、という懸念がある。すぐ後で論じるが、交渉の達人は、こうした2つの懸念のバランスをいかにとるかを知っており、自分の側からの最初の提示条件を組み立てる際に、どの要素を考慮すべきかを知っているのである。

相手の最初の提示条件に、どう反応すべきか

　では、相手が最初に条件を提示してきた場合はどうだろうか。今度はあなたがアンカーの影響を受けやすくなる。アンカーの影響はきわめて捉えにくいので、自覚しているときですら、影響を受けやすくなっていると言えよう。しかしながら、相手のアンカーにふりまわされないように、自分を守る方法がいくつかある。

戦略1　アンカーを無視する

　高値でも安値でも、相手が最初に強気の提案をしてきた場合、無視するのが一番である。聞こえないふりをしろ、という意味ではない。つぎのように応じるのである。「あなたの提示額から判断しますと、この取引に対する私どもの見方とはかなりの隔たりがあるようです。今後の話し合いでこの隔たりを埋めていきましょう……」。こうした言い方で、自分が主導権を確保できる話題に転換させるのである。

戦略2　情報と影響力を分離する

　あらゆる提案は、情報と影響力の組み合わせである。相手の提案は、相手の考え方や要望（情報）を伝えるだけでなく、こちらの戦略を狂わせる力（影響力）を持っている。そこですべきことは、提案の具体的項目（および提示のされ方）に含まれる情報と、こちらの認識に影響を与えようとする相手の狙いを切り離すことである。相手の影響力を抑えるための最善の方法は、自分の当初の戦略を維持することである。最初の提案を準備して交渉に臨んだのであれば、相手のアンカーによってそれが弱められるのを許してはならない。これは、実際のZOPAに関する見方を変えるような重要な情報を無視せよ、という意味ではない。たとえば、競合企業の提案のほうが魅力的である、と相手が確かな証拠を示したとすれば、あなたからの対案を調整する理由になる。とはいえ、何の情報も提供しない場合であっても、アンカーは、あなたの認識や対案に影響を与えるという点を認識しておくことが重要である。たとえば、交渉者は時として、以下の2つの発言の区別をつけられない場合があり得るのである。

情報と影響力　「X社のほうが高い金額を提示しています。御社の当初の提示額は低いと考えています。700万ドルまで引き上げていただきたい」

影響力のみ　「ご存じのように、取引があるのは御社だけではありません。ほかの企業とも話をさせていただきました。その結果、御社の当初の提示額は低すぎると考えています。700万ドルまで引き上

げていただきたい」

　最初の発言は、多くではないにせよ、ある程度中身のある情報を提供しており、要求を受け容れるべきか、反論すべきか、質問すべきか、検討を迫られる。これに対して2番目の発言は、こちらがすでに知っていることのたんなる繰り返しであり、表現を工夫することで相手のアンカーを強調しているにすぎない。したがって、この発言は無視して当然である。

戦略3　相手のアンカーをじっくり検討するのを避ける

　相手が強気のアンカーを設定した場合、根拠を示すように求め、法外な要求であることをわからせるべきだと考えている交渉者は少なくない。これは危険な戦略である。なぜか。交渉においては、アンカーが議論されればされるほど、その影響力が強まるからである。「どうやって、その数字を出したのですか」などと質問して、相手に根拠を示すよう求めたり、相手の案について突っ込んだ議論をしたりしていると、相手のアンカーの影響力が強まり、交渉がそれにとらわれることになる。交渉相手はほぼつねに、提案に少なくとも一理あるように思わせる方法を見つけるものだ。

　一方で、取引や相手の見方に関する新たな情報を入手する機会は逃したくはない。このジレンマを解消するには、以下のことを試すといい。相手の提示価格が予想外だった場合、いくつか質問して、新たに入手できる実質的な情報があるのかどうかを確かめる。そうした情報が出てこなければ、自分自身の見方を示したり、交渉を自身の言葉で提示し直したりするなどして、アンカーから関心を逸らす。

戦略4　対案（カウンター・アンカー）を示し、つぎに条件の緩和を提案する

　最後に、相手のアンカーを無視したり退けたりできないとすれば、大胆な対案を示すことによって、相手のアンカーの影響力を打ち消すべきである。それによって、ZOPAのうちできるだけ多くを確保する能力が維持できる。しかしながら、大胆な対案を示すことについては、リスクがつきま

とう。双方が自分の立場に固執するようになり、袋小路に陥るリスクである。このリスクを緩和するには、まず大胆な対案で相手方のアンカーを打ち消し、そのうえで、互いに溝を埋める努力をしようと提案することである。さらに、大胆な対案の根拠を説明するなど、自分の考え方を示すことによって、条件緩和に向けた最初の一歩を踏み出すべきである。これにより、相手のアンカーの影響力を抑えつつ、強硬な主張の応酬から落としどころを探る段階へと移行できる。たとえば、相手の強気のアンカーに対して、つぎのように応じるのである。

御社が提示された価格は予想外で、それを基にすると、かなりの議論が必要なようです。当社としては、適正価格をXに近いと見ています（Xがカウンター・アンカー）。当社の計算方法についてはご説明しますが、交渉を成立させるには、双方の努力が必要だと思われます。

戦略5　相手が面目をつぶさず、条件を引き下げられるように、時間的猶予を与える

相手が最初に提示した価格がおよそ想定外で、ZOPAからかけ離れているのであれば、議論の出発点にすらならないと伝える必要があるかもしれない。その場合、あなた自身の考えに関わる情報を伝え、まったく違う出発点から交渉を再開しようと率直に話すべきである。

もちろん相手にしてみれば、最初の提示額がポーズにすぎなかったと暴露することになるので、ただちに提示額を大幅に下げるわけにはいかないだろう。そこで、相手に「検討する」ための時間を与えることを考える。相手が提示額を下げるつもりなら、体面を保つために時間が必要である。相手は、1日後あるいは1週間後に、「取引を成立させるための打開策が見つかった」とか「数字を計算し直した」「利害関係者との調整に苦労した」などと言って交渉のテーブルに戻ってくるだろう。要するに、話にならない金額を提示された場合、何よりすべきなのは、改めてアンカーを設定することであって、怒りを露わにすることではない。そして、首尾よく

アンカーを設定し直すことは、相手の当初の要求や議論を撤回する道を相手が見つける手助けをすることを意味する。

最初の条件提示はどうあるべきか

　交渉の前や交渉の最中に、こちらから適切な最初の条件を提示できるだけの十分な情報が収集できているとしよう。どの程度、強気に出るべきだろうか。検討すべき要素は4つある。

　1．ZOPA全体を交渉対象とする。ZOPA全体を交渉対象とするには、どうすればいいか。ZOPAから外れた提案、相手が承諾するはずがないとわかっている提案をするのである。この方法をとることによって、実質的な交渉が始まったとき、可能な限り最大の価値を要求する能力を維持できる。狙いは、ZOPA内に収まるようにするための交渉を相手にさせることにある。初めにZOPA内の金額を提示したのでは、自分の提示価格と相手の留保価値の間の価値を確保する能力を最初から放棄したことになってしまう。ハミルトンの事例では、最初のあなたの提示価格（4,900万ドル）は、事後的に明らかになったように、実際のZOPAのかなり内側にあり、したがって、4,900万〜6,000万ドルの間で合意に至る可能性を排除していた。

　2．自分の提示価格の正当性を示す。提示価格は、ZOPAからどれだけ外れているべきだろうか。ハミルトンの交渉で妥当な提示価格は、6,100万ドルなのか。7,000万ドルなのか。それとも1億ドルだろうか。ひとつには、最初の提示価格が高ければ高いほど、合意した場合の価格は、こちらではなく、相手の留保価値に近くなる可能性が高まる（したがって、こちらの利益が大きくなる）。しかしながら、最初の提示価格が強気であればあるほど、相手が気分を害し、こちらが本気でないとか、合意はあり得ないと思う可能性が高まる。

　どうすれば、このバランスがとれるだろうか。第1は、どの程度、強気に出るのが適当なのか、状況を読むことである。現実の交渉では、ZOPA

からあまりにかけ離れたくない、そんなことをすれば信頼を失うという場合がほとんどである。その一方で、調停者がいるビジネス紛争や敵対的な労使交渉、露天商との駆け引きなど、双方が極端な要求を突きつけるのが当たり前であり、かつ期待されている場合もある。こうした状況では、自分の要求をあまりに控え目にするのは得策ではない。そうしても、相手はなおも強気に出てくる可能性があるからである。

正確な提示額を決めるには、「正当だと主張できる価格のうち、もっとも強気の金額はいくらか」と自問することである。「金額Xを提案したいなぜなら……だからです」と言えないとすれば、おそらく提示金額が高すぎるのだ。そのような極端な金額を提示してはならない。

ハミルトンの交渉では、さまざまな情報を駆使し、つぎのような言い方で、コニー・ベガに対してもっと強気の数字を正当化する主張ができた可能性がある。

●当社では適正価格を4,800万ドルと見ています。なぜなら、この地域の最近の売却価格の平均を基準にすると、土地の評価額は4,000万ドルであり、コンドミニアム開発で評価額が20％上乗せされると考えられるからです。
●当社では適正価格を5,280万ドルと見ています。なぜなら、この地域の最近の売却価格の上限を基準にすると、土地の評価額は4,400万ドルであり、コンドミニアム開発で評価額が20％上乗せされると考えられるからです。
●当社では適正価格を6,000万ドルと見ています。なぜなら、この土地は商業開発に利用でき、その場合の土地評価額は、少なくとも住宅開発の場合の1.5倍になると考えられるからです（住宅開発した場合の平均評価額は4,000万ドル）。
●当社では適正価格を8,800万ドルと見ています。なぜなら、この土地は商業開発に利用でき、その場合の土地評価額は、住宅開発の場合（4,400万ドル）の2倍を下回らないと考えられるからです。

それぞれの提示価格に、コニーはさまざまな反応や理解を示すだろうが、正当性の根拠を示してあるので、提案を無碍に断るのは難しくなる。あなたの主張の前提条件に疑問を投げかけるかもしれないが、それは問題ではない。それによって、あなたが自分の見方やアンカーを詳しく説明するために割ける時間が増えるのだから。また、コニーが大幅に価格を下げてくるかもしれないが、それも構わない。当初に提示した価格が十分高いので、コニーは交渉によってZOPAに収まるようにすべきなのだ（そして、彼女がそうするのを容認すべきである）。

最後に、土地が商業開発に利用されないと考えていたとしても、あるいは双方がその事実をわかっていたとしても、強気の価格（6,000万、8,800万ドル）を提示するのは賢明である。ともかくアンカーは設定されたのであり、相手の対案は、アンカーが設定されなかった場合に比べて強気でなくなるからである。

3．高めだが、現実的な目標を設定する。われわれの交渉術セミナーでは、交渉を始める前に、目標価格（target price）——参加者が確保したい金額を書いてもらう。模擬交渉が終わると、目標価格と交渉で決まった最終価格の相関関係を分析する。実は両者には高い相関性がある。つまり、より高い目標価格を設定した人のほうが、控え目な目標を設定した人よりも、より望ましい結果を手に入れる傾向があるのだ。

なぜなのか。第1に、高い目標を設定する人は、それを達成するために、最初に強気の額を提示するからである。つまり、意欲が最初の提示価格に影響を与え、最初の提示価格が最終価格に影響を与えるのである。第2に、強気の目標を掲げる人は、双方が最初の提案を行った後に、強気で駆け引きするからである。意欲の高さは、自己実現の予言になる。強気の目標を達成するのに役立つ行動をとる動機になるのである。

こうした事実があるにもかかわらず、「つねに高い目標を掲げよ」という単純なアドバイスは、無視されがちである。交渉に先立って明確に目標を設定している交渉者はほとんどいない。しかし、たとえばZOPAを推計する際に、意欲的だが現実に根ざした目標を設定することは、有効である。

行動を促し、相手の戦術から受ける影響を最小化するからである。

　4．状況と関係を検討する。どんな提案をするにせよ、交渉を取り巻く状況を見極めることが何よりも重要である。交渉の相手とはどんな関係にあるのだろうか。強気一辺倒の交渉は心証を悪くするのではないだろうか。評判が左右されないだろうか。両者のやりとりを支配しているのは、どのような規範だろうか。こうしたことを見極めるのである。たとえば、ZOPAを完璧に計算し、自分の提示価格の正当性を見事に証明したとしても、そうした交渉戦術によって相手との関係が損なわれる恐れがあるという事実を見失っていると、取引は成立しないかもしれない。悪くすれば、取引を失い、関係を断たれ、評判も傷つくかもしれない。要するに、相手のニーズや関係の機微を理解したうえで、価格を提示し、正当性を主張すべきである。単に相手との関係を保ちながら、最善の成果を得ることが目標なのではなく、関係を強化し、評判を高めながら、最善の取引を得ることを目標にすべきである。これを達成するには、目先の利益をある程度手放す必要があるかもしれないが、見返りはあるものだ。

相手をどれだけ攻められるか

　相手が交渉の席を離れるポイントを知っていれば、どれだけ相手を攻められるか、そしてどれだけの価値を要求できるかがわかる。当然ながら、相手には自分の留保価値を明かすインセンティブはない。では、どうすれば、かなりの精度で相手の留保価値を推定するのに役立つ情報を手に入れられるのだろうか。以下に、その手順を示そう。

　ステップ1　交渉に先立って、あらゆる情報源にあたる。当て推量をしたり、相手に直接尋ねたりしなくても、情報を集める方法は数多くあるものだ。たとえば、現実のハミルトンの交渉では、州議員や地元の政治家に用途地域規制が改正される可能性を尋ねるべきである。コニー・ベガはみずからの政治的コネを利用して、この情報を入手していたが、だからとい

って情報が極秘なわけではない(そして、あなた自身に与えられた秘密情報の中でもこの問題が提起されていたことにも注意すべきである)。この情報を把握することで、数百万ドル上乗せできた可能性がある。ハミルトンの事例で、ほかに情報源となり得るものを以下に示そう。

- あなたや会社の関係者と面識のある、エステート・ワン社の取締役や幹部。
- 過去にエステート・ワン社と取引のあった個人や企業。
- 用途地域規制の改正の動向を追いかけていると見られる商業開発業者。
- 用途地域規制が改正された場合、影響を受けるハミルトンやハミルトン周辺の企業。
- 用途地域規制の改正案の噂を耳にしたことがありそうなハミルトンの住民。

こうした背景情報がカギとなるような、もうひとつの状況——就職活動での将来の雇用主との交渉について考えてみよう。MBAの学生から将来の雇用主との交渉について助言を求められることがあるが、何が交渉可能なのか、各項目についてどの程度交渉可能なのか、どの程度を要求するのが妥当なのかをよくわかっていない学生が少なくない。どんな対策を講じたかと尋ねても、クラスメートとなんとなく議論しただけだという。無論これでは十分でない。筆者らは、前の年にその企業に就職した同じ大学の先輩や、同じ業界で働いた経験のある(あるいは内定をもらった)友人や知人、またMBAの就職課のスタッフと話をするよう勧めている。業界紙から情報を得ることもできるし、幅広い職業に関する給与や雇用データを提供するウェブサイトもある。一般論として、どんな交渉においても、何がわからないかがわかったら、あらゆる情報源にあたるのが肝要である。

ZOPAや相手の利害がはっきり見えてくることは、交渉に先立つ情報収集の利点のひとつにすぎない。情報はまた、交渉の最中に裏をかかれたり、嘘をつかれたりするのを避けるのに役立つ。こちらがしっかり準備してい

ることがわかれば、上手く欺こうという相手の気勢は削がれる。交渉が始まる前に情報を収集する利点はまだある。交渉相手として真剣に相手にしてもらえる可能性が高まるのだ。情報を持っていなければ、そこにつけこまれる可能性もあるが、そもそも準備がまるでなっていない相手と、本気で取引したいと思うものだろうか。そうは思えない。しっかり準備をして交渉に臨む者は、戦略上のミスを減らせるだけでなく、交渉の最中も交渉が終わってからも尊敬を集めるものだ。

ステップ2　交渉に先立って、自分自身の仮定を見極める。「わたしは知らないということを知っているだけ、賢いかもしれない」——ソクラテスはこう言ったと伝えられている。このようにみずからの限界をわきまえることは、交渉において決定的に重要である。具体的に言えば、どこまでいっても、相手の正確な留保価値はわからない。したがって、ZOPAもわからない。できるのは、ZOPAを推測すること、そして新たな情報が入れば、推測値を修正することだけである。

賢明な交渉者は、交渉に入る前に、自分たちが何を仮定し、何を知らないのか網羅的なリストをつくっている。ハミルトンの交渉で仮定していたのは、商業開発は選択肢に入らないということであった。ほかにどんな仮定を置いていただろうか。おそらく、クインシー社からも購入の申し込みがあった事実をエステート・ワン社は知らないと考えていたのではないだろうか。だが、知っていたとすればどうだろうか。コニーがクインシー社のCEOと旧知の仲であり、クインシー社の提示価格について、あなたが嘘をついたらどうなるだろうか。

言うまでもないが、いかなる交渉においても、各当事者は無数の仮定を置いている。それらをひとつひとつ挙げていくことはできないし、またその必要もない。だが、自分が計画した行動の裏付けとなる仮定についてはすべてを見極め、把握しておく必要がある。たとえば、クインシー社からの申し込みに言及するつもりがないのであれば、クインシー社に関する仮定について懸念する必要はない。だが、相手の留保価値については検討する必要があるのだから、エステート・ワン社の土地利用計画に関する仮定

はつねに頭に置いておかなくてはならない。

ステップ３　自分の仮定を疑う質問を投げかける。交渉に臨む姿勢として間違っているのは、自分の仮定が正しいことを前提にして、最初から駆け引きをすることである。そうではなく、質問を投げかけることにより、問題を明確にすべきである。ハミルトンの事例で、議論の口火を切る発言として、以下の３つの対処法を検討してみよう。

> A「御社は、この土地で高級コンドミニアムの開発に関心をお持ちだと理解しています。すばらしい計画だと思います。そうなれば、もちろん土地の価値も上がるでしょう」
> B「まず、御社のニーズをお聞きすべきでしょう。この一等地をどのように活用されるおつもりですか」
> C「この土地が商業開発に利用されれば、土地の価値は大いに上がります。その点を念頭に置いて、具体的なお話をしましょう。この一等地をどのように活用されるおつもりですか」

Aでは、土地の価値が上がると言及した点は、強気のアンカーを設定する地ならしをしたという意味で利点がある。だが、1,100万ドルを逃しかねないという問題がある。コニーは、利用計画について真摯に答えるつもりであったとしても、あなたが直接的な質問をしなかった場合には、コニーはこの点について黙ったままでいやすくなるのである。Bは、最大で1,100万ドル確保できる可能性がある。というのは、エステート・ワン社が商業開発を考えていないと思わせるには、コニーは明らかな嘘をつかざるをえないからだ。Cは、AとBの利点を合わせ、さらに発展させたものだと言える。アンカーを設定するポジションを確保するとともに、エステート・ワン社の計画について単刀直入に尋ねている。さらに効果的なのは、商業開発という点について質問している点だ。たとえエステート・ワン社の利用計画を知らなくても、あたかも知っているように聞こえるので・コニーが嘘をつくのは難しくなる。つまり、このCのアプローチは、アンカ

ーを設定し、質問し、十分な情報を持っているように思わせるという、不透明な状況に直面した際の効果的なアプローチのあらゆる特徴を備えていると言える。

ステップ4　間接的な質問をする。 当然ながら、相手の留保価値を推測するのに役立つような質問には答えてもらえない場合もあるだろう。その場合は、それほど直接的でない質問、警戒されにくい質問をする必要がある。ハミルトンの事例で、コニーに聞くべき質問は、エステート・ワン社がどんな課題を抱えているのか、今後10年で何を目指しているのか、将来どんなプロジェクトで協力できそうか、ハミルトンの土地購入はプロジェクトにおいてどういう位置づけなのか、といったことである。エステート・ワン社とは競合関係にないのだから、これらは適切な質問だし、コニーの側も答えやすい質問である。

同じように、MBAの学生が就職面接で、将来の雇用主の留保価値を見極めるために聞くべき質問を以下に挙げよう。

- 週の労働時間は何時間ですか。
- どんなプロジェクトに従事するのですか。
- どのようなクライアントがいますか。
- 一般に、どんな人材を採用しますか。
- 人材獲得での競争相手はどこですか。
- 新規採用者の場合、報酬についての何か決まった制限はあるのですか。あるとすれば、どのようなものですか。

ステップ5　条件付き契約で嘘や不透明性から自分を守る。 すべきことは間違いなくしたとしよう。わからないことを見極め、交渉を始める前にあらゆる情報源にあたり、相手から情報を引き出すための手はすべて打ったとする。それでも不安が残るのは、極めて重要な情報を持っていないからだ。たとえば、ハミルトンの土地を商業利用するつもりはない、とコニ

ーが言ったとする。それは嘘だと思うが、確かめる術はない。では、いったい、何をすべきだろうか。

条件付き契約（contingency contract）を活用することを考えよう。条件付き契約とは、将来、不確定な要素が解消されたときに、改定の余地を残しておくという合意である。ハミルトンの交渉での条件付き契約は、つぎのようなものになり得る。「基本の売却額は4,600万ドルとし、今後7年間に当該土地が商業開発に利用された場合、エステート・ワン社はパール・インベストメント社にさらに1,000万ドル支払うものとする」。契約にこの一文を盛り込んだ瞬間、エステート・ワン社が嘘をつく動機はなくなる。なぜなら売却価格は、エステート・ワン社の利用計画と連動しており、嘘をついても得にならないからである。さらに、コニーが嘘をつくのではなく、「現時点では商業開発を考えていません」という言い方をしたとしても、条件付き契約を交わすことでエステート・ワン社側の将来の計画変更による影響を回避できる。

留意すべきなのは、エステート・ワン社が現時点で商業利用を計画しており、かつ、それを隠しておきたいのだとすれば、コニーはこちらが提案した条件付き契約に難色を示すはずだ、という点だ。その場合、どう考えるべきか。条件付き契約に同意したがらないのは、どこかにとんでもなくおかしな点があることを示す危険信号だ。商業開発にまったく関心がないのであれば、この契約をそれほど渋る理由はないと考えられる。このように、条件付き契約は交渉相手の嘘から守ってくれるだけでなく、嘘を見抜くのにも役立つのである。

効果的な駆け引き（ハグリング）戦略

交渉というと、双方が最初に条件を提示し、互いにギブ・アンド・テイクを行う駆け引き（haggling）を思い浮かべる人が少なくない。あらゆる交渉において、駆け引きは重要な要素である。なぜなのか。双方がZOPAの内側の選択肢を議論するだけでは不十分だからである。具体的な合意に達するには、双方が受け容れ可能な最終的な合意内容を調整し、承認しな

ければならない。どちらも相手以上に譲歩したくはないので、なかなか動かず、相手が譲歩してようやく譲歩するというのが一般的である。とはいえ、交渉者のなかには、駆け引きにきわめて長けた者もいれば、相手の影響力戦術に呑まれて譲歩しすぎる者もいる。さらに、基本的な対処法がなっておらず、相手につけこまれる者もいる。以下では、こうした問題をひとつひとつ検討し、効果的な駆け引きについて具体的にアドバイスしよう

戦略1　相手のBATNAと留保価値に焦点を絞る

　ルーズベルト大統領の選挙対策責任者が、写真家に最大で300万ドルの支払い義務があると気づいたときのことを思い出してみよう。責任者は、300万部のビラを刷り直す、という自分の貧弱なBATNAではなく、カネにならず名前を売るチャンスも逃す、という写真家の貧弱なBATNAに注目した。それによって、高額の支払いを回避したばかりか、いくらか儲けたのである。「相手抜きで、自分に何ができるか」といった自分自身のBATNAを重視する人は、高い目標を設定せず、自分の留保価値を上回ってさえいればよいと考えがちである。これに対して、「自分抜きで、相手はどうするか」という相手のBATNAを重視する人は、自分が相手にもたらす価値に注意を払っている。こうした人たちは、高い目標を設定し、交渉でより高い価値を確保するのである。

戦略2　一方的な譲歩を避ける

　各当事者が最初の条件を提示したら、つぎは互いに受け容れ可能な合意に向けて、慎重に対処する段階である。交渉の達人は柔軟に対応し、譲歩するのもやぶさかでないが、見返りも要求する。重要なのは、一方的な譲歩を避けることである。幸い、たいていの交渉では、互恵の原則（norm of reciprocity）が浸透していて、当事者が代わる代わる譲歩していくものだと理解されており、そうすることが広く期待されている。ただし、相手がこの原則を破れば、ただちに軌道修正すべきである。以下に5つの方法を示そう。

戦略3　沈黙に動じない

　沈黙に耐えられない、という人は少なくない。そのため、喋るべきでないときに、つい喋ってしまう。とくに口を開くのが危険なのは、自分が最初に提示した条件を、相手が検討しているときだ。相手がなかなか口を開かないと、だんだん不安になり、自分自身と交渉を始める。相手が懸念を示したり、不満を漏らしたりしたわけでもないのに、条件をひっこめたり、さらに譲歩をしたくなる。

　ベテランの交渉者によれば、彼らは、まさしく、自分に有利になるように沈黙を利用している。提示された条件に対して、否定的なことを言うのではなく、ただ黙っている。するとたいてい、条件を提示した側は、主張を和らげたり、条件を下げたり、譲歩する意志があるとほのめかしたりする。有能な交渉者は、沈黙の効用だけでなく、沈黙に動じないことの必要性を知っている。相手が発言するべきときに自分が口を開いたら、そのツケを払うことになると認識しておくべきだ。

戦略4　自分が譲歩したことを明確にしておく

　互恵の原則によれば、交渉者は相手の譲歩に報いるべきである。人間は価値あるものを提供してくれた人に対して恩義を感じるように生まれついているので、この原則は行動を促す強力な動機となる。とはいえ、義務から逃れようと、相手の譲歩を過小評価したり、無視したりしようとする動機も持っている。筆者らの研究では、こちらの譲歩が相手に明確に認識されていないと、往々にしてお返しはしてもらえないことが示されている[5]。このため、譲歩したら、それを明確にしておくことが重要である。ただ何かを放棄したり、要求を引き下げたりするのではなく、その行動があなたにとってコストを伴うものであることを明確にするのである。明確な譲歩を無視するわけにいかないので、お返しをしないことを正当化するのは難しくなる。

戦略5　見返りの意味をはっきりさせる

　譲歩したことを明確にするだけでなく、見返りに何を望むのかを具体的

に言えば、お返ししてもらえる可能性は高くなる。この戦略によって、もうひとつの曖昧さが排除される。たとえ相手が譲歩してもらったと認識していたとしても、それでは見返りとしては不十分だとあなたが指摘しない限り、価値の低いことをお返しにしてくる可能性がある。それを避けるには、たとえば、つぎのような言い方で譲歩するといい。「まだ数百万ドルの開きがあるのは承知しています。価格を下げる用意はありますが、これはわたしにとって大きな犠牲を伴うものです。そちらが同じだけ折れてくれるのであれば譲歩しましょう。双方が納得できる合意に至るには、これしか方法はありません」。

戦略6　条件付きの譲歩をする

条件付き譲歩（contingent concession）とは、自分の譲歩と、相手の具体的な行動を連動させるものである。つまり、相手がお返しをしてくれる場合にのみ譲歩するのである。たとえば、「早期の納品を約束してくれるなら、支払い金額を上乗せしましょう」というのが、これにあたる。

条件付き譲歩は、交渉者ができる範囲でもっとも安全な譲歩だが、だからといってつねに適切なわけではない。譲歩や協力する際の条件を付ければつけるほど、相手との信頼を築き、関係を強化するのは難しくなる。このため条件付き譲歩は、必要ならば使うべきだが、多用すべきではない。

戦略7　譲歩幅縮小の影響を認識しておく

ほとんどの交渉では、最初ほど譲歩幅が大きいというパターンがある。つまり、交渉者が提示する譲歩の幅は、交渉が進むにつれて狭まってくる。たとえば、自動車販売の場合、営業マンの言い値は、4万5,000ドルから始まり、4万4,000ドル、つぎは4万3,500ドル、さらに4万3,300ドルといったパターンをたどる。交渉者は自分の留保価値に近づくにつれ、大幅に譲歩する余地がなくなるのだから、これはもっともである。このため、ほとんどの交渉者は、こうしたパターンを予想し、譲歩の幅が狭まると、相手の留保価値に近づいているシグナルだと受け止める。だが、そうした予想は、相手に戦略的に利用される可能性もある。留保価値まで余裕がある

のに、すぐに譲歩の幅を狭めて、交渉の余地がないと示唆しようとする可能性があるのだ。実際のZOPAの大きさを見極める際には、こうした可能性を考慮しておくべきである。

関係を交渉する

　交渉と言えば、自分にとって有利な結果を手にするか、行儀をよくして相手を喜ばせるか、どちらかしかないと思っている人は少なくない。だが、実際は違っている。交渉をつうじて関係が強化されるのか、弱体化するのか、あるいは損なわれるのかは、各当事者が最終結果にどれだけ満足するかにかかってくる。だが満足度は、実際にどれだけ上手く交渉できたかではなく、どれだけ上手く交渉できたと思っているかに左右される。交渉の達人はこの点を熟知しているので、自分にとっての交渉結果だけではなく、相手の満足度も管理している。端的に言えば、案件のみならず関係をも交渉しているのである。

　交渉相手の満足度は、どれだけ良い取引ができたか、どれだけ自分が尊重されたか、どれだけ結果が公正かという、本人の認識で変わってくる。つまり、交渉者としての評判は、相手の認識を管理する能力にかかっているのである。こう言うとマキャベリ的だと思われるだろうが、密かに相手につけこめと勧めているわけではない。実は、価値を放棄しすぎて、自分に不利な取引をした挙句、交渉プロセスを上手く管理できなかったために、相手との関係まで損っている人たちがいる。どんな交渉においても、良い条件で取引を成立させることと、交渉相手との関係を強化する、という2つの異なる目的がある、という点を忘れてはならない。どちらか一方でも無視すると、悲惨な結果になりかねない。実際の交渉のテーブルでこの点がどう展開するのか、いくつか例を挙げよう。

1．魅力的な提案への反応——ひとつのアプローチ。交渉の準備を済ませ、ZOPAを慎重に計算したとする。最初に提示する金額を考え抜き、強気と思える数字をはじき出した。ZOPAの領域の外にあり、交渉の効果的

なアンカーの役割を果たしてくれるはずだ。それを提案すると、どんな反応が返ってくるだろうか。相手はにやりと笑って、ただちに提案を受け容れる。このとき、どんな気持ちがするだろうか。気分が悪いはずだ。ZOPAの計算を間違えてしまった、最初の提示価格が低すぎた、手に入るはずの価値の多くをつかみ損ねた、という思いがつきまとうだろう。しくじったのだ！

　では、この状況を逆から見てみよう。相手が最初に、驚くほど魅力的な価格を提示してきた。どう反応すべきか。即座に承諾したり、あまりに乗り気な様子を見せたりすると、相手を慌てさせることになる。この取引から相手が得る満足度を高めるには、提示された条件をある程度時間をとって検討する。そして、最終的に乗り気な様子をそれほど見せずに承諾すると、相手は良い取引ができたと満足するだろう。どちらの場合も最終的な結果は同じだが、後者のアプローチのほうが、相手の満足度が高くなる。

2．魅力的な提案への反応——もうひとつのアプローチ。取引から相手が得る満足度を本気で高めようとすると、ただ回答に時間をかける以上のことをしたいと思うかもしれない。しぶしぶではあっても、相手が最初に提示した条件を承諾すると、相手は後悔し、もっと多くを引き出せたのではないかと思うかもしれない。ここから、別の作戦が浮かび上がる。対案を出して、相手の譲歩を求めるのだ。つまり、本気で相手を満足させようと思うのであれば、相手からさらにカネを引き出すのである！　相手は、少しばかり譲歩をしなくてはいけなくなっても、最初の提案を承諾されるよりは高い満足を得られる。この興味深い結果は、交渉において結果と満足度は連動しない、という事実を端的に示している。満足度とは、もっぱらどれだけ上手くできたか、という認識の問題であり、実際にどれだけ上手くやったか、という事実とはほぼ無関係であり、まったく関係ない場合もあるのだ。

3．魅力的な提案への反応——さらに別のアプローチ。リチャード・シェル教授の『無理せずに勝てる交渉術（Bargaining Advantage）』[6]か

ら、つぎの逸話を取り上げて考えてみよう。1930年代はじめ、米ニュージャージー州プリンストン市の高等研究所（IAS）では、アルベルト・アインシュタインを招聘する話が持ち上がり、所長がアインシュタイン宛てに、いくらの年俸を望むか尋ねる手紙を出した。アインシュタインからは、「もっと少ない額でも暮らしていけると貴殿がお考えでないなら、年間3,000ドルいただきたい」という返事が返ってきた。アインシュタインほどの賢明な人間が最初に提示した金額としては、意外なほど控え目に思える。だが、これを受けてIASは、「年間1万5,000ドルをお支払いします」と申し出た。アインシュタインはこの申し出を受け、取引は成立した。

なぜIASは、アインシュタインが提示した低い額で手を打たなかったのか。あるいは、もっと引き下げる交渉をしたほうがよかったのではないか。ひとつには、諺にもある通り、「時が真実を明らかにする」からだ。オーストリアにいたアインシュタインは、IASにとっての自分の価値をわかっていなかったのかもしれないが、アメリカに来て教授陣に加わればそれは変わる。言い換えれば、ZOPAに関するアインシュタインの認識は、交渉の最中は正確でなかったかもしれないが、いずれ認識は変わる。そのときアインシュタインは、乏しい情報に基づいた最初の提示価格を受け容れたIASを不誠実だと思う可能性がある。さらに、IASは、アインシュタインの希望の5倍の年俸を提示することによって、組織の高潔さや、アインシュタインの生活を真摯に考えていること、誠実に交渉に臨んでいることを強く訴えたのである。アインシュタインが最初に提示した魅力的な条件に乗らないことで、値引き交渉では得られない、ある種の忠誠心や強固な関係といったものを安く「買えた」とも言えるのである。

より一般化して言えば、この逸話は、魅力的な提案にはそれ以上のお返しをすることがもっとも賢明な場合がある、ということを示している。取引関係を強化したり、評判を高めたりする機会が与えられ、寛大な最初の提案（つまり強気ではない提案）にお返しすることが求められている場合、そうしないのは愚かだと言えよう。

4．魅力的な提案への反応──警告！ ここまでは、交渉においてこち

らが価値の大半を確保できるような条件、相手にとって不利な条件を、相手が最初に提示してくるという前提で考えてきた。だがこれでは、自分のZOPAの推計が正しいと仮定していることになる。前に述べたように、こうした仮定は高くつきかねない。相手が提示した条件が、自分の希望通りあるいはそれ以上なら、立ち止まって、「わたしが知らないことで相手が知っていることは何だろうか」と自問することが重要である。

　たとえば、相手が提示した買値が思いも寄らない高値なら、相手の留保価値に関する推計が間違っていたのではないかと自問する。売ろうとしている物件は、考えていた以上の価値があるのかもしれないし、相手が予想以上に切羽詰まっているのかもしれないし、思ったよりもカネを持っているのかもしれない。要するに、相手が予想外の好条件を提示したとしても喜ぶのではなく、考えるのだ！　考えた結果、相手の条件が良すぎると思うかもしれないが、状況をしっかり把握したと確信が持てるまで、対案を出すのは待つべきだ。

自分自身の満足度を管理する

　前の項で、より良い結果を得る方法のひとつとして、高い目標を持つことを挙げた。強気の目標を設定する人のほうが、より多くの価値を手にする傾向があった。ここでは、その際、あえて言わなかったことを言おう。高い目標を設定し、その結果、より良い結果を得た人たちは、交渉で合意した内容に対する満足度が低い[7]。なぜなのか。交渉が終了すると、最終結果を強気の目標と比較する。当然ながら、同程度に良い結果が得られたとしても、高い目標を設定した人は、低い目標を掲げた人より、自分の目標を達成できていない可能性が高い。

　したがって、自分の満足度を高めるには、心の習慣を変えればいい。交渉の最中には、掲げた目標に注目し、交渉が終わった後は、自分の留保価値に注目するのである。高い目標を掲げるからこそ、効果的に交渉を進めることができるし、交渉が終わったら終わったで、留保価値と比較するのだから結果に満足できる。合意に関わる満足度は、比較の視点、参照点

（reference point）によって変わるのだから、結果を変えられなくなった時点で、低い参照点を取り上げるのが理に適っているのである。

価値の要求を超えて

　ここまではもっぱら、交渉の場で価値を要求することに注目してきた。しかしながら、交渉において、価値の要求は氷山の一角にすぎない。つぎの章では、はるかに重要なテーマ——経験豊富な交渉者ですら無視しがちなテーマを取り上げよう。交渉において、価値を生み出す方法である。交渉におけるこの重要な側面を無視する担当者は、ひどく落胆し、著しく不利になるだろう。

第2章

交渉において価値を創造する

　2000年10月、アメリカ国連大使のリチャード・ホルブルックは、急激な情勢の悪化に直面していた。アメリカ国内では、上院の一部が国連からの脱退を要求していた。一方、国連では、アメリカ代表が各委員会で傍流に追いやられ、総会の投票権を失うかどうかの瀬戸際にあった。問題の原因は、巨額の資金——10億ドル以上の資金だった。アメリカはこの額の分担金の支払いを延滞しているが、国連がさまざまな改革に応じない限り、払わない構えだった。

　事の発端は、国連の創設にまで遡ることができる。1945年、アメリカは国連の年間の通常予算の50％を拠出することに同意していた。その後、各国が経済発展を遂げ、国連で権力を行使したいと考えるようになるにつれて、分担金の比率は何度か見直された。直近でアメリカに関わる見直しが行われたのは1972年であり、アメリカの分担比率は通常予算の25％に引き下げられた。アメリカは平和維持活動予算でも約30％を負担していたが、ソマリアやルワンダ、ボスニアの紛争で、総額がいくらになるのか予想できず、負担が重いとの意見が国内で広がっていた。このため、1990年代末

までに、アメリカは再度の見直しを求めていた。アメリカは自分たちが応分以上の負担をしていると考え、議会は10億ドル強の予算を人質にとったのだ。アメリカ側の要求は、分担比率を25％から22％に引き下げることをはじめ、国連がさまざまな改革に同意することを条件に、延滞している分担金を拠出する、というものであり、このことはヘルムズ＝バイデン法に明記されていた。

　この要求には、深刻な問題が3つあった。第1に、アメリカは既存の債務を支払うだけなのに、それに対する譲歩を要求するのは不当だ、と諸外国は不満を持っていた。第2に、これは、国連代表団を納得させれば済むような相対交渉ではない。分担比率を変更するには加盟国の全会一致の承認が必要であると国連規約で定められていたため、アメリカの要求を通すには、ホルブルック大使は189か国すべての同意を取り付けなければならない。第3に、ホルブルック大使に残された時間は少なかった。ヘルムズ＝バイデン法では分担金として10億ドルの予算を割り当てていたが、予算は2001年1月1日に失効する。

　国連とアメリカの交渉が容易でないことは、早い段階で明らかになっていた。ホルブルックらは、アメリカの分担金の穴を日本と欧州各国が埋めてくれることを望んでいた。だが日本は、分担金の引き上げに応じないどころか、アメリカの要求が通った場合、同様に分担金の引き下げを求める意向を示した。日本は第2位の拠出国であり、通常予算の20％強を負担していた。安全保障理事会の常任理事国ですらないのに、この負担は大きすぎると考えていた。欧州各国も負担の増加には、きわめて消極的であった。

　こうした抵抗に遭いながら、ホルブルックと彼のチームは、どのようにして分担金の増加に1国でも応じてもらえたのだろうか。どのような方法で、袋小路を回避できたのだろうか。

　2000年の年末が近づいてくると、ホルブルックらは、一から始めることにした。まず国連の全加盟国を一覧表にして、その時点の分担金を書き入れた。つぎに、すべての国の代表を片っ端から訪ねた。説得するためではなく、各国の見方を把握するためだ。分担金の増加を望む国はひとつもないのは、すぐに確認できた。だが、話はそれで終わりではない。さらに突

っ込んだ質問をして、分担金を増やせない理由を聞き出した。理由はさまざまだったが、それまで見えていなかった重要な理由がほどなく判明した分担比率の引き上げに応じられても、2000年度がまもなく終了し、2001年度の予算の使途はすでに決められている国が多かった。ホルブルックは、2001年1月1日までに分担金を見直すよう求めていた。この期限が、合意の障害になっていたのだ。

加盟国が分担金の引き上げに消極的な理由が明らかになるにつれ、解決策も見えてきた。ヘルムズ=バイデン法の期限に間に合わせるため、アメリカはただちに分担比率を25％から22％に引き下げるが、諸外国には2002年まで分担金の引き上げを求めないことを、ホルブルックは提案したのだ「これは大きな違いで、実に上手くいきました」とホルブルック大使は回想する[1]。

加盟国との交渉は、一見、ゼロ・サムの交渉（zero-sum negotiation）つまり一方がいくらかでも得をすれば、他方が損をする交渉であるかのように思えた。第1章で論じたハミルトン・リアルエステートの事例のように、論点はひとつだけ——この事例の場合は分担比率だけ——であり、各当事者は両立不可能な要求をしていると思えた。ホルブルックが交渉の達人たる所以は、この問題にはひとつではなく、2つの論点——分担金の規模と時期——を含んでいると見抜いた点にある。分担金の規模という意見の分かれる問題に拘泥するのをやめ、拠出の時期まで視野を広げることによって、初めて合意に至ることができたのである。

最終的な合意には双方の妥協が必要であったが、双方がもっとも懸念していた問題について、もっとも望ましい結果を得られることになった。アメリカは分担金の引き下げに成功し、諸外国は拠出の時期を思い通りにできたのである。それでも、2001年度の分担金が不足することを考えれば、こうした取引がなぜ可能だったのか不思議に思うかもしれない。実は、ホルブルックが並行して進めていたもうひとつの交渉が、首尾よくまとまったからだ。まず、2001年度の不足分を穴埋めするため、慈善事業家のテッド・ターナーが、個人で3,000万ドル以上寄付することに同意した。そして、当初は政治的にリベラルなターナーからの寄付を認めることに消極的

であった議会の共和党も最終的に承認したのだ。

複数の論点が絡む交渉

　第1章では、比較的単純な交渉、論点がひとつの交渉を取り上げた。こうした単純な交渉を想定することで、われわれは交渉の枠組みを組み立て、交渉戦略に関わるいくつかの重要な質問に答えていくことができた。しかしながら、ホルブルックの交渉からうかがえるのは、現実の世界ではハミルトン・リアルエステートの事例よりも複雑な場合が多いということだ。交渉の達人は、複数の論点が絡み、高度な分析を必要とし、著しく不透明ななかで、複雑な交渉を進める準備が必要である。

　本章で取り上げる事例には、さらに多くの論点が含まれており、読者の交渉のツールキットの一部になるような戦術や戦略を明らかにしてくれる。具体的には、以下のような疑問に答えていこう。複数の論点が絡む交渉に、どのように備えるべきか。最初に議論すべきなのはもっとも簡単な論点か、もっとも難しい論点か。そのどちらでもないのだろうか。提案をどのように組み立てるべきか。取引の価値に関する考え方や期待に大きな隔たりがある場合、どのように対処すべきか。交渉における妥協の役割とは何だろうか。合意が成立した後、何をすべきだろうか。

　「ママズ・コム」と題したつぎの事例は、テレビ番組の放映権の販売に関わるものである。ハミルトン・リアルエステートの事例と同様、読者には売り手になってもらい、ひと通りの背景知識が与えられる。この交渉に、どのような姿勢で臨むのだろうか。

ママズ・コム（2）

　テリー・シラーの立場に立って考えていこう。テレビ番組や映像製作を専門にするマルチメディア企業、ホリービル社の放映権販売の責任者である。会社の代表として、地方のテレビ局向けにシンジケーション番組の放映権の販売交渉を行うことになった。今回の取引対象である「シンジケー

ション番組」は、一般に主要ネットワークの通常の番組として放映された後、（シンジケート市場を通して）地方局に販売される。シンジケート市場で流通する番組は少ないが、シンジケーション権の販売による収入は、番組制作会社にとって大きな収益源になりえる。

ホリービル社は人気のコメディ番組「ママズ・コム」シリーズ100話を今年、シンジケーション市場に投入することを決めたばかりだ。企業幹部であり、10代の子を持つ親でもある3人の女性が、仕事と家庭を両立しようと奮闘する物語だ。視聴率も高く、とくに25歳から54歳の層の女性の受けがいい。ということは、放映権を高値で売れる可能性がある。広告主はこの層に訴えようと広告料をはずむからだ。

目下、シカゴ市場に的を絞って交渉を進めている。買い手の候補は、2つの地元テレビ局である。WWIN社はすでに買い値を提示してきた。だが、WCHI社のほうが、25歳から54歳の女性の視聴者をしっかりつかんでいるので、買い手としては魅力的である。買い手が支払う金額は、番組の予想広告収入によって変わってくる。そして、予想収入は、番組の視聴率に左右される。視聴率が2～3％だと仮定すると、5年間の契約期間中、700万ドルの広告収入があると見込まれる（視聴率とは、テレビを保有している全世帯に対する、ある番組を視聴した世帯の割合である）。3％を超えれば、視聴率が1％上がるごとに広告収入は100万ドルずつ増えると見込まれる。

買い手にとっての番組の予想収入を計算するため、さまざまな視聴率の確率を推計した分析結果を示したのが表2-1である。

あなたは、この番組の視聴率を5～6％と予想している。番組を購入し

表 2-1
(ドル)

視聴率	確率	広告の予想収入
2～3％	10％	700万
3～4％	10％	800万
4～5％	10％	900万
5～6％	50％	1,000万
6～7％	20％	1,100万

放映するコストを差し引いても、WCHI社にとって利益は大きいので、それなりの金額で買ってくれるはずである。WCHI社と交渉するライセンス料がいくらになるかによって、この番組の販売から得られる収入の大半が決まる。このため、あなたはライセンス料を5年契約で700万ドル近くまでもっていきたいと望んでいる。

ライセンス料は契約の重要項目だが、取引をまとめるために双方が合意すべき重要課題がほかにもある。1話あたりの放映回数である。前述の番組の予想収入では、契約期間中、100話すべてについて1話につき6回放映すると仮定している（シンジケーション市場では、1話あたり6回の放映が業界標準である）。しかしながら、WCHI社はすでに、1話につき8回放映したいと申し出ている。あなたとしては、番組の「過度な露出」を避け、1話あたりの放映回数を4回に抑えたいと考えている。同じ番組が何度も放映されると、番組の価値が下がっていくからだ。契約期間が終了すれば、番組の権利は再びホリービル社に帰属することになる。その時点で、すべての回が繰り返し放映されていれば、番組の価値はかなり低くなるだろう。

こうした残余価値の低減が収益に与える影響は大きい。表2-2は、契約期間終了後の番組の予想収入が、放映回数によっていかに左右されるかを示したものである。1話の放映回数が6回を超えれば、1回増えるごとに、収入は25万ドル減ると見込まれる。放映回数を6回以下に制限できれば、収入は最大で50万ドル増える。

この交渉でできる限り利益を得たいが、WCHI社とは近い将来、取引が拡大できそうなので、良好な関係を維持しておきたい。一例としてホリー

表2-2 (ドル)

1話あたりの放映回数	ホリービル社の収入への影響
4回	50万増収
5回	25万増収
6回	影響なし
7回	25万減収
8回	50万減収

ビル社では、来シーズン、新番組の「ジュニア」の販売に力を入れるつもりだ（シカゴの別のテレビ局が、すでに100万ドルで買いたいと言ってきており、承諾する気になってはいるのだが）。

目下の交渉でなすべきことは、「ママズ・コム」の利益を最大化するべく販売契約の合意内容を詰めること、WCHI社との関係を維持すること、そして、BATNAを上手く超えることである。あなたのBATNAは、「ママズ・コム」の放映権を別のWWIN社に販売することであり、すでに350万ドルで販売することで交渉済みである（WWIN社とは、1話あたりの放映回数について、6回で合意している）。代わりにWCHI社と契約をまとめるとなれば、ライセンス料と放映回数の両方を詰めなければならない。ホリービル社の経営陣からは、これら2つの点の合意内容と、契約書に盛り込まれるその他の条件について報告するよう求められている。交渉の相手は、WCHI社の部長、キム・テイラーである。

この交渉にどう臨むのか、少し時間をとって考えてみよう。どのような準備をするだろうか。どの論点を最初に議論するだろうか。最初の提案をどう組み立てるだろうか。相手に情報を開示するとすれば、どの情報を開示するのか。相手から情報を得るとすれば、どんな情報を得ようとするか。第1章で学んだ教訓を、交渉戦略にどう生かしていくか。これらの質問のほか、思いついたほかの質問についても、まず自分で考え抜いたうえで、交渉であり得る以下のシナリオを読み進めてもらいたい。

取引をする

キムと会って、すぐに本題に入る。話し合うべき項目は数多くあるが、収益への影響がもっとも大きいのがライセンス料であり、最初に議論すべきだと考え、提案する。WCHI社のBATNAと留保価値については検討済みであり、最初に強気の数字を出しても大丈夫であるとの感触を得ている。900万ドルを提示し、慎重に選んだ過去の販売事例を基に、その根拠を説明した。キムは、900万ドルでは話にならないと断言したが、交渉の席にとどまっている。その後の1時間、ライセンス料に関する話し合いを続け

た。キムは、「ママズ・コム」の視聴率を3〜4%と見込んでおり、その場合の広告収入は、あなたが提示したライセンス料を大きく下回ると主張した。これに対し、あなたは、5〜6%の視聴率はとれるだろうと応じた。キムがありのままの予想を話しているかどうかは確信が持てない。あなたが提示した額より少ないライセンス料を正当化するには、広告収入が少ないことをあなたに納得させるのが好都合だからだ。ある時点で、キムは、「ジュニア」も買う可能性があるとほのめかす。キムは、「ママズ・コム」の売り値を下げてもらうためだけに、「ジュニア」を持ち出したとしか思えないので、「ジュニア」の話は機会を改めようと提案する。その後は、もっぱら「ママズ・コム」をめぐる交渉となった。最終的にライセンス料については550万ドルで合意に至り、論点は放映回数に移った。キムはこの件についてあくまでも強気だったが、7回や8回は受け容れるわけにはいかないと説得し、最終的に6回に落ち着いた。振り返ってみると、これ以外の結果では、どちらかが相手以上に妥協する必要があり、そうなると関係がギクシャクした可能性がある。2つの論点で合意したことを受けて、あなたは以下のような財務分析を添付した報告書をホリービル社の経営陣宛てに提出した。

	(ドル)
WCHI社から受け取るライセンス料収入	550万
6回の放映による収入への影響	影響なし
純収入	550万
(WWIN社へ売却した場合の) BATNAの価値	−350万
交渉による合意で得た価値の合計	200万

　交渉が終わったとき、どんな気持ちだろうか。適切なことをしたと思えるのは、どんな点だろうか。もっと上手くできた可能性があるとすれば、どの点だろうか。これは、良い取引だろうか。すばらしい取引だろうか。それともまずい取引だろうか。それを、どうやって評価できるだろうか。

交渉の事後分析

　自分がどれだけ上手く交渉できたかを評価する最善の方法は、どれだけ上手く交渉できる可能性があったかを体系的に分析することである。ここでは、売り手と買い手双方の視点から、交渉における論点のひとつひとつを検討することにより、体系的な分析を行っていく。

論点1　ライセンス料
　あなたは交渉に臨むにあたって、700万ドル近いライセンス料の確保を目指した。その時点でわかっていなかったのは、キムの留保価値が650万ドルであるという点であった。言い換えれば、WCHI社は、650万ドルを上回る金額は払うつもりはなかった。一方、1話あたりの放映回数を6回とすると、あなたは350万ドル以下で手を打つつもりはなかった（350万ドルが、あなたのBATNAの価値である）。つまり、ライセンス料に関して交渉で入手できる価値が300万ドル（650万ドル—350万ドル）であることを意味する。あなたは、最初に900万ドルを提示し、十分強気なアンカーを設定していたため、550万ドルを確保することによって、ZOPAの大部分を取り込むことができた。MBAの学生や企業幹部に模擬交渉をしてもらうと、交渉の結果には大きなばらつきがある。買い手の留保価値に近い金額を勝ち取った売り手もいれば、かなり安いライセンス料に同意する売り手もいる。結果のばらつきのほとんどは、最初の提示価格とそれに対する対案がどれだけ強気であったかで説明できる。もちろん、もうひとつの論点がどのように扱われたかも、結果のばらつきの要因である。

論点2　1話あたりの放映回数
　WCHI社は1話あたり7回か8回放映したいと強硬に主張したが、6回以上の放映を認めれば、あなたが収入を失うことになる。交渉の末、6回で手を打ったが、もっと攻めてこれ以下にしてもらうことなどはできなかった、と確信を持って言える。6回での合意は、双方の最初の案の中間な

表 2-3　　　　　　　　　　　　　　　　（ドル）

1話あたり放映回数	ホリービル社の収入に対する影響	WCHI社の収入に対する影響
4	50万増収	160万減収
5	25万増収	80万減収
6	影響なし	影響なし
7	25万減収	80万増収
8	50万減収	160万増収

ので、完璧な妥協だと言っていいだろう。結構ではないか。

　実は、そうではない。あなたが犯した致命的な間違いを理解するには、放映回数の増加がホリービル社とWCHI社の収入に与える影響を明らかにした表2-3を検討しなくてはならない（あなたにとって、ホリービル社に与える影響は既知だが、WCHI社に与える影響は未知である）。面白いことに気づかないだろうか。この論点が双方の収入に大きな影響を与えるのは確かだが、ホリービル社よりもWCHI社に与える影響が大きいのだ。放映回数が1回増えるごとに、WCHI社の収入は80万ドルずつ増えるが、ホリービル社の収入は25万ドルしか減らない。つまり、放映回数が増えると、ホリービル社が痛手を負う以上に、WCHI社は得をするのである。これをどう解釈すればいいのだろうか。

ログローリングを通じて価値を創出する

　合理的な交渉者なら、WCHI社に対して1話あたり8回の放映を認めるべきである。6回ではなく8回の放映を認めることにより、交渉者は総額で110万ドルの価値を創出できる（WCHI社の増収160万ドル－ホリービル社の減収50万ドル）。WCHI社は同意して当然だが、ホリービル社はなぜそうすべきなのだろうか。ホリービル社にとっても得になるからである。ホリービル社は、ライセンス料の引き上げなど、自社が重視することと引き換えに、放映回数を8回とすることに同意すべきなのである。元の合意内容と、交渉可能であった代替案を比較することで、仕組みを明らかにしよう。

元の合意案（合意O）
➤ ライセンス料＝550万ドル、1話あたりの放映回数＝6回
代替的な合意案（合意X）
➤ ライセンス料＝650万ドル、1話あたりの放映回数＝8回

　合意Xでは、2回分の放映権を余分に認めなければならないが、ライセンス料収入は増える。この変化の純効果はどうなるだろうか。2回分の放映を許可することにより、50万ドルの収入を失うが、一方でライセンス料の引き上げによって収入は100万ドル増える。差し引きでは、50万ドルの得になる。合意XがWCHI社に与える影響はどうか。ライセンス料の引き上げで100万ドル失うが、放映回数の増加で160万ドルの増収が見込める。差し引き60万ドルの得になる。要するに、合意Xであれば、両者が得をするのだ！

　「ママズ・コム」のような交渉は、第1章で取り上げたハミルトン・リアルエステート社のような交渉とは根本的に違っている。ハミルトン・リアルエステートのように、論点がひとつで、両当事者の利益が相反する交渉は、ゼロ・サム・ゲームである（一方が何がしかを得れば、他方は同じだけ失う）。これに対して、「ママズ・コム」のように、論点が複数ある交渉は、ゼロ・サム・ゲームではない交渉（non-zero-sum negotiation）となる可能性があるのである。相手に損失を与えることなく、一方が利益を得ることが可能なのである。端的に言えば、論点が複数ある交渉は、価値の創造を可能にするのである。「ママズ・コム」の交渉では、1話あたり8回の放映に同意すると、「パイの大きさ」（取引の価値）を最大化できる。表2-4は、合意内容を見直すことによる価値創造の効果を示している。

表 2-4　　　　　　　　　　　　　　　　　（ドル）

合　意	ホリービル社にとっての価値	WCHI社にとっての価値	創出された価値の合計
元の合意案（O）	200万	100万	300万
代替案（X）	250万	160万	410万

表2-4からわかる通り、合意Xに達したときの取引の価値総額は、410万ドルである。これに対し、元の合意案（合意案O）では、価値の総額は300万ドルにすぎない。つまり、放映回数8回に同意すれば、110万ドルの価値を創造することになる。一方、8回に同意しない交渉者は、カネを無駄にする契約をまとめたことになり、そのカネは取り戻ない。

　注意したいのは、合意したライセンス料の多寡は、創造される価値の大きさに影響を与えず、どちらがより大きいパイをとるかを決めるにすぎないという点である。双方ともライセンス料を同等に評価しているため、ライセンス料をどう変えても、一方が得をする分だけ、他方が損をすることになる。要するに、この交渉は、価値創造だけについてのものではなく、価値の要求がやはり重要な要素になっているのである。とはいえ交渉の達人は、価値要求の要素によって、価値創造の戦略を狂わせるようなことはしない。

　「ママズ・コム」の事例が示しているように、交渉の達人は、放映回数については譲歩し、それと引き換えにライセンス料を引き上げるというように、複数の論点をまたいだ取引を行うことで、価値創造の機会を追求する。複数の論点をまたいだ取引は、「ログローリング」（logrolling）と呼ばれる。ログローリングを行うには、自分の優先事項だけでなく、相手の優先事項を知っておく必要がある。相手が自分よりも重視している事項があれば、相手の要求を受け容れ、自分が優先する事項についてお返ししてもらうべきである。ホルブルック大使は、国連加盟国との交渉で、この知識を暗黙裡に示していたのである。各国にとって分担金の額は、拠出の時期ほど重要でないと見抜くと、アメリカには分担比率の引き下げ、諸外国には拠出の時期の先延ばしという、それぞれが最重要視する事項を実現できる取引を組み立てたのである。

　ここで、あなたがWCHI社代表のキム・テイラーを徹底的に嫌っている場合、交渉がどのように進むか考えてみよう。キムは利己的で尊大で、交渉での自分の戦果しか頭にない、とあなたは思っている。この場合、1話あたりの放映回数は何回にすべきだろうか。4回と答えたとしても、あるいは6回と答えたとしても、考え直したいと思うかもしれない。交渉では、

嫌いな相手に対してであっても、相手が自分以上に重視している事項があれば、その点については譲歩することを検討すべきである。これは、博愛や親切の問題ではなく、価値創造の問題である。合意案Oから合意案Xに移ったときにそうであったように、価値を創造すれば、あなた自身が創造された価値の一部を確保する機会を手にできるのである。

この知見はきわめて重要である。交渉者は、あらゆる機会を捉えて価値を創造すべきである。相手が自分以上に重視する事項があれば、相手にそれを取らせる。だが、与えるのではない。売るのだ。当然ながら、相手を尊重するのであれば、なおさら価値を創造する理由になる。だが、価値創造とは、「善人の」交渉者が、相手を大切に思っているときだけに行うことではない。交渉の達人なら無条件に行うものだ。

論点を増やすことによって、価値を創造する

この交渉で詰めるべき論点は、ライセンス料と放映回数だけだった。だが、双方に追加的な価値をもたらし得る別の論点を持ち出すこともできた。具体的には、あなたは他社が提示した100万ドルを上回る価格で、「ジュニア」の放映権を売ることにも関心があった。キムは交渉の最中、この番組の購入に前向きであるとのシグナルを送ったが、あなたは受け流した。「ジュニア」に関する議論にキムを巻き込んでいたら、どうなっていただろうか。WCHI社が最大で200万ドル払う用意があることに気づいたかもしれない。この場合、「ジュニア」の販売を交渉の議題にしなかったことによる両者の純損失は100万ドルである。言い換えれば、「ジュニア」のZOPAは、100万ドルから200万ドルの間であったが、両者は販売に合意することなく交渉の席を離れたのだ。

「ジュニア」の販売は、最終結果にどのような影響を与えただろうか。表2-5は、表2-4を基に、「ジュニア」の放映権を150万ドルで販売するという双方の合意（合意Y）を加えたものである。この合意により、双方にそれぞれ50万ドルがもたらされる（両者の合意価格がもっと高ければ、あなたが確保する価値が多く、合意価格が低ければ、WCHI社が確保する価値

表2-5 (ドル)

合意	ホリービル社にとっての価値	WCHI社にとっての価値	創出された価値の合計
元の合意案（O）	200万	100万	300万
代替案（X）	250万	160万	410万
合意Y	300万	210万	510万

が多くなる。いずれにしても、「ジュニア」の放映権の販売を契約に加えることで、創造された価値は100万ドルにのぼる）。

「ジュニア」の件は、良い交渉者と交渉の達人の重要な違いを浮き彫りにしている。良い交渉者は取引をまとめるために手を尽くすが、交渉の達人は、取引の価値を最大化するために手を尽くす。良い交渉者はゲーム運びが上手いが、交渉の達人はゲームそのものの性格を変える。この事例では、表には現れていなかった価値を創造するという機会を見い出し、追求することを意味する。

　交渉の論点を増やすのは、価値創造における重要な戦術である。論点が増えればカネも増える、という単純な公式があるからだ。扱う論点が増えれば、ログローリングの機会を見つけやすくなる。1話あたりの放映回数7回、ライセンス料650万ドルで合意したとしよう。放映回数を8回に増やせば価値が増えるのはわかっているが、買い手が見返りを提供する場合にのみ、そうしたい。残念ながらWCHI社は、ライセンス料について上限に達しており、650万ドル以上は払えないと言う。あなたは、価値創造の機会を手放さねばならないのだろうか。論点が2つしかないなら、手放さねばならない。だが、「ジュニア」の放映権という論点を増やせば、価値を創造する取引を組み立てることができる。たとえばキムに対して、つぎのように言う。「これ以上、放映回数を増やすのは、私どもにとって痛手です。しかしながら、「ジュニア」の合意内容いかんでは、そちらが望む放映回数を認めることができるかもしれません」。放映回数を8回に増やす見返りに、キムが125万から280万ドルの間で「ジュニア」を買うことに合意すれば、両者とも得になる。留意してほしいのは、キムは「ジュニア」に対して、80万ドルを上限に、本来の価格よりも余計に払う可能性が

ある、という点である。WCHI社はそうすることで、放映回数の増加に伴う80万ドルの収入増が確保できるからだ。この例が示すように、交渉の最終目標は、ひとつの論点に関して最善の結果を得ることではない。あらゆる論点を検討したうえで、最善の包括的な取引を行うことである。この議論はまた、ログローリングと妥協の重要な違いを浮き彫りにしている。ベテランの交渉担当者を含めて、交渉とは妥協がすべてであると考える人が少なくない。これは真実ではない。もちろん交渉には妥協を伴う場合も多いが、妥協がすべてではない。企業幹部に「ママズ・コム」の模擬交渉をやってもらうと、すべての論点について妥協する場合がほとんどだ。たとえば、「放映回数については、4回と8回から交渉をはじめ、6回で妥協しました。両者とも満足できるウィン・ウィンの結果だと思います」などと言う。だが、6回で妥協するよりも、ログローリングで8回にもっていくほうが、双方にとって得になると気づくだけの聡明さがあれば、双方の満足度はさらに高められただろう。本書で目指しているのは、単に両当事者がウィン・ウィンと考える合意に至るようにすることではなく、価値を最大化する手助けをすることである。価値を最大化するには、何が必要だろうか。

　結局のところ、相手を満足させたいという意欲ですら、価値創造の最大化には十分でない。配偶者のように関係が親密な場合でも、相手をそれほど気遣っていないときに比べて、むしろ交渉が上手くいかないことも多い[3]。なぜなのか。親しい関係にあると、欲張りだとか自己中心的だと見られたくないために、全面的に妥協してしまうからだ。このため、往々にして、ログローリングの機会を無視し、価値を創造するのではなく破壊しているのである。個人でも企業でも、すばらしいパートナーは、自身の現実のニーズや優先事項について率直に話し、情報を共有する能力に長けている。そうすることで、関係のありそうな論点をすべて把握し、協力して最大限の価値を生み出そうとする。そして、価値最大化の条件を整えたら、つぎは、相手との関係や公正であろうとする意欲に照らして適切だと思われる水準まで、自分自身ができるだけ多くの価値を確保することに専念できる。

　交渉に論点を加えることがもっとも重要なのは、取引の中心となる論点

で双方の意見が分かれ、どちらも妥協しようとしない場合である。一例を挙げよう。1800年代はじめのアメリカでは、北部と南部の諸州が奴隷制をめぐって争っており、新たに合衆国に加わった州を「自由」州とするのか、「奴隷」州とするのかについて論争していた。1819年、自由州が11、奴隷州が11となり、数字のうえでは均衡がとれていた（もちろん、道徳上は均衡がとれていないが）。だが、ミズーリが合衆国への加盟を申請すると、奴隷制の賛成派と反対派の間で激しい論争が巻き起こった。数字のうえで一方を優位にすると、議会の勢力の均衡が崩れるので、どんな取引も不可能に思えた。結局、「ミズーリの妥協」と呼ばれる取引が考案されたのだが、1820年にメインが合衆国への加盟を申請した後のことである。意図的に両州の加盟を連動させたのだ。奴隷制の賛成派と反対派双方が、メイン州は自由州として、ミズーリ州は奴隷制に関して制限なく加盟することに同意した。

ビジネスにおける交渉で、往々にして意見の分かれる問題は価格である。賢明な交渉者は、論点がひとつしかない取引の限界を認識しているため、議論の対象を広げる努力をしている。次回の会合で、相手が価格にしか注目していないと思えるときに、議論に導入できる交渉可能な論点を以下に挙げてみよう。

●納期
●支払い条件
●品質
●契約期間
●再交渉権規定
●仲裁条項
●独占契約
●サービス・サポートのレベル
●保証
●将来の取引

交渉の論点を増やすことができれば、各当事者が最重要視するものを手に入れ、かつ、さほど重視しない論点については妥協することが容易になる。

価値の最大化を目標にすべきである

　表2-5は、交渉に論点を追加した際に、両者がどれだけ有利になったかを示したものである。専門用語では、こうした合意の修正は「パレート改善」（Pareto improvements）と呼ばれる。これは、ひとりも不利になることなく、最低でもひとりが有利になるように取引を変更することである。おわかりいただけると思うが、パレート改善は交渉において価値を創造する。あらゆる交渉において、パレート効率的な合意（Pareto-efficient agreement）に至るまで、つまり相手が不利になることなく、一方が有利になる方法が存在しなくなるまで、つねにパレート改善を追い求めることを目標にすべきである。表2-5によれば、合計で510万ドルの価値を生み出す場合にのみ、パレート効率的だと言える。

　パレート効率性のポイントは、取引がまとまったときには、テーブルのうえに何ひとつ残っていない点にある（失われた価値はない）。だが、パレート効率性は、創造された価値を当事者間でどのように分配するかについては何も語っていない点には留意すべきである。「ママズ・コム」の交渉では、効率的でありながら、創造された価値を一方が独占する合意も可能である。あなたが100万ドルを得て、WCHI社が410万ドルを得ることになる合意もパレート効率的だと言える。この時点で、一方が不利にならずに他方が有利になる方法はないからだ。言い換えれば、両者はともに8回の放映回数と「ジュニア」の放映権の販売に合意するが、ライセンス料と「ジュニア」の価格をめぐる駆け引きが巧みなほうが、価値のかなりの割合を確保することになる。このため、パレート効率性が唯一の目標になることはほとんどない。可能な限り自分にとっての価値を最大化する努力をすることになる。あるいは、「公正」な取引と相手との関係の強化を重視するのであれば、生み出された価値の一部を放棄し、相手方に渡すという

選択もあり得る。

　どうすれば、パレート効率的な結果に到達したことがわかるだろうか。残念ながら、決定的な答えはない。ベルが鳴るわけでもないし、空から花が降ってくるわけでもない。だが、目安のひとつとして、相手の懸念事項をどれだけ理解しているかを考えてみるといい。相手の利害や優先事項がよくわからないまま、交渉の席を離れたのだとすれば、おそらくテーブルのうえに価値を残してきたのだろう。

　この点から「ママズ・コム」をもう一度見てみよう。何が問題なのだろうか。この交渉で逃した価値創造の機会は、もうひとつあった。

条件付き契約によって価値を創造する

　「ママズ・コム」の交渉で、この番組がWCHI社にもたらす予想収入について、キムと見解が食い違ったことを思い出してもらいたい。視聴率についてキムは3～4％程度だと主張した。あなたの調査では5～6％と予想されていたので、キムが嘘をついているのではないかと疑った。見解の違いが表面化したとき、あなたはどうしたか。事実上、違いを無視し、視聴率については「違っていることを是」とし、別の議論へと移っていった。見解の相違に対する姿勢として、これは最善なのだろうか。いや、そうでない場合が圧倒的に多い。将来成功する確率や、商品やサービスの質やパフォーマンスなど、交渉で見解が食い違った場合にとるべき姿勢として、より良く、より体系的なアプローチとはどのようなものかを考えてみよう。

　まず、誰が正しく誰が間違っているかを見極めることである。たとえば、手元の調査結果を互いに見せ合い、共同でデータを分析する。追加の調査を共同で実施したり、両者が信頼する中立的な第三者に調査を依頼したりすることもあり得る。これらのアプローチはいずれも、見解の相違を解消し、共通の仮定や分析に基づいて交渉する助けとなる。当然ながら、追加の調査結果は自分の主張を支えるものであってもらいたい（この事例では、番組の視聴率は高いという結果が出てほしい）。番組の予想視聴率は高く、したがって予想収入も大きいと双方が同意できれば、あなたは放映権の販

売によってより多くの収入を得ることができる。

　見解が相違した場合のもうひとつの解決法は、妥協である。たとえば、視聴率の予想については、両者とも不正確であり、間をとって4〜5％とするのが妥当だと考える。このアプローチの利点は、追加のデータを集めたり、第三者を起用したりするなど余計な手間や費用をかけなくて済む点である。逆に問題があるとすれば、自分の予想が正しく、相手のことを無能だとか不誠実だと思っている場合、妥協しようとは思わない点だ。予想を低めに出すインセンティブを持つ相手から間違っていると言われたからといって、自分の予想を引っ込める道理はない。

　ここから第3の解決法が導かれる。追加のデータを収集するコストをかけず、また、自分の正当性を相手に納得させる努力をせずに、信頼していない相手の言いなりになるのを避ける方法——条件付き契約の交渉である。第1章で論じたように、条件付き契約によって交渉者は、将来ある事象が起きる確率（この事例では視聴率）に関する議論を避け、実際にどうなるのかを見極めることができる。「ママズ・コム」をめぐる交渉では、交渉者は以下のような取引に合意することができる。

■合意Z

ライセンス料　650万ドル

放映回数　8回

「ジュニア」の価格　150万ドル

条件付き契約
- 翌年の視聴率が4％を下回った場合、WCHI社はホリービル社から100万ドルの払い戻しを受ける。
- 翌年の視聴率が5％を上回った場合、WCHI社はホリービル社に対し追加で100万ドルを支払う。

　番組に人気が出れば（あなたはそうなると思っているが）、WCHI社はホリービル社に対する支払い義務が発生する。だが、WCHI社の予想が正

表 2-6

視聴率	ホリービル社の予想確率	WCHI 社の予想確率
2~3%	10%	20%
3~4%	10%	50%
4~5%	10%	10%
5~6%	50%	10%
6~7%	20%	10%

しければ、ホリービル社はライセンス料の一部を払い戻すことになる。両者は、こうした契約に同意するだろうか。自社の予想が正しいと本気で考えているなら、同意すべきである。

 この問題をもう少し詳しく検証してみよう。表2-6は、各当事者の予想視聴率を示したものである（交渉に臨むにあたり、あなたがわかっているのはホリービル社の予想だけである）。表から明らかな通り、番組の予想視聴率に関して、売り手と買い手はまったく異なる見方をしている。こうした違いがあるときに、各当事者は、前述の条件付き契約をどう評価したのだろうか。ホリービル社は自社の予想が正しく、視聴率が5％を上回って「賭けに勝つ」確率を70％、自社の予想が間違っていて、視聴率が4％を下回り、「賭けに負ける」確率を20％、視聴率が4％で勝敗がつかない確率を10％と見ている。一方、WCHI社も賭けに勝つ確率を70％、負ける確率を20％、勝敗のつかない確率を10％と見ている。これらの予想を基にすると、各当事者にとっての条件付き契約の予想価値（expected value）は以下のように計算できる（▲はマイナス）。

	視聴率＞5％	視聴率＝4％	視聴率＜4％
ホリービル社	(70%× $100万)+	(10%× $0)+	(20%×▲$100万)＝$50万
WCHI 社	(20%×▲$100万)+	(10%× $0)+	(70%× $100万)＝$50万

 つまり、両者とも、条件付き契約による50万ドルの収入増を予想しており、条件付き契約に進んで同意するはずである。表2-7（次ページ）は、条件付き契約を含む合意案Zで創造された価値と、それ以外の合意案で創出された価値を比較したものである。

表 2-7 (ドル)

合意	ホリービル社にとっての価値	WCHI 社にとっての価値	創出された価値の合計
元の合意案 (O)	200万	100万	300万
代替案 (X)	250万	160万	410万
合意 Y	300万	210万	510万
合意 Z	350万	260万	610万

　第1章では、条件付き契約がいかに不誠実な交渉者から守ってくれるかを示した。この事例でも同様の利点が存在する。キムがWCHI社の予想視聴率をごまかしていて、本当は高い視聴率を獲得するはずだと思っていたら、条件付き契約に同意しないだろう。「口に出したことにはカネも出す」ことを渋るのは、嘘をついている可能性があるという警戒信号である

　「ママズ・コム」の条件付き契約は、こうした契約のもうひとつの利点を明らかにしている。条件付き契約を用いることにより、交渉者は見解の相違について話し合うのをやめ、代わりに両者の見解の相違を利用して、互いに自分が勝つと予想している賭けを行うことによって、価値を創造できるのである。この事例では、両者とも自社の予想に自信を持っているので、予想収入という点では、条件付き契約にサインすれば両者とも得になる。厳密に言えば、この条件付き契約は、ログローリングや論点を加えることで価値を創造したのと違って、実際に価値を「創造」しているわけではない。翌年の視聴率が判明した時点で、どちらか一方が他方に100万ドルを移転するよう義務づけるだけだからである。事実上はゼロ・サムの移転だが、条件付き契約が予想価値を創造しているのは確かである。取引に基づく予想収入という点では、取引が成立した時点で両者とも有利になったのであり、パレート改善と言える。

　こうした条件付き契約は、各当事者の見解が極端にかけ離れ、この隔たりをどうにかしない限り取引が成立しないときに、いっそう価値が大きくなる。たとえば、裁判で弁護士を起用する際に、勝訴できるかどうかに疑問を持つなら、勝訴の場合には巨額の報酬を支払うが、敗訴の場合には一切支払わないといった条件付き契約を結ぶことができる。出版社の場合も

同様である。一般に出版社は、著者に対して一定の前金を支払い、その後は売れ行きに応じて売上額の何％かを支払う。ベストセラーは書けないと判断した著者には、前金を少なくする代わりに、売上に対する比率を高くする（あるいはベストセラーになった場合のボーナスをつける）べきである。著者に自信があれば、同意するはずだ。

　最後に、条件付き契約によって取引がなんとか成立した例として、バスケットボールのスター選手、デニス・ロッドマンとシカゴ・ブルズの間の1997年の交渉を紹介しよう。ロッドマンはリバウンドの処理とディフェンス力に定評があったが、予想もしない行動をとること、プロの規律を嫌い、試合に欠場することでも悪名をはせていた。前のシーズンだけでも、82試合中27試合を欠場していた。最低保証契約のために、シカゴ・ブルズはロッドマンが出場してもいない試合に300万ドル近くを支払った。同じ轍は踏むまいと、ブルズはロッドマンと前例のない条件付き契約交渉を行った。ロッドマンは最高1,050万ドルの年俸を手にできるが、保証されるのはこのうち450万ドルだけだ。残りは、さまざまな付帯条項と連動していた。プレーオフの全試合に出場した場合に100万ドル、リバウンドのタイトルを獲得した場合50万ドル、59試合を超えて出場した場合、1試合につき18万5,000ドルといった具合だ。その結果、どうなったか。ロッドマンは7年連続でリバウンド王のタイトルを獲得し、82試合中80試合に出場し（欠場した2試合は怪我による）、シカゴ・ブルズはまたも優勝を果たしたのである。

　条件付き契約は価値を創造し、パフォーマンスの動機づけとなる強力なツールだが、つねに望ましいというわけではない。留意すべき点をいくつか挙げておこう。

● 相手が自分よりも多くの情報を持っている場合、条件付き契約は危険である。たとえば、視聴率に関して、WCHI社がホリービル社よりも優れたデータを収集でき、かつ視聴率に基づいた賭けを提案してきた場合、ホリービル社は警戒すべきである。

● 不確実な要因が解消されたことが客観的な尺度で測れる場合にのみ、

条件付き契約は有用である。従業員を採用する際に、「よく働いたならば」昇進させるという条件を提示するなら、「よく働いたならば」という意味を両者ですり合わせておくべきである。基準は売上高なのか、労働時間なのか、完成したプロジェクトなのか、高い労働倫理なのか。いずれも客観的な尺度で測るのは容易ではない。大原則を言おう。誰が賭けに勝ったかが論争になるような性質のものなら、そもそも賭ける価値はない。「ママズ・コム」の交渉では、ニールセン・メディア・リサーチなどの具体的な機関が発表する視聴率を基にした条件付き契約に同意することができた。

● 条件付き契約が相手のインセンティブに与える影響を理解しておくことが重要である。「ママズ・コム」の条件付き契約が、100万ドルではなく2,000万ドルだったとしよう。条件付き契約に関わる自分の予想価値を計算すると、予想収入は1,000万ドルになる。上出来だ。だが、大きな問題がある。あなたは、高い視聴率を獲得する、という確率に多くを賭けているだけなのだ。だが、ここで番組の視聴率が極端に低くなるようにするインセンティブとそうできる力を持っているのは誰か。WCHI社である。番組の宣伝をせず、不人気な曜日や深夜に放送するといった選択ができるのだ。そのことで収入は約700万ドル減るが、条件付き契約に基づきホリービル社から1,000万ドルを受け取ることができる。こうした理由から、条件付き契約はインセンティブ両立的（incentive compatible）となるようにすべきである。つまり、交渉する条件付き契約は、合意の精神と両立するように相手が振る舞うインセンティブになるものにするべきである。

価値創造の準備戦略

価値創造の論理を検討し、価値創造のための主な方法を見てきたので、ここで前に戻って、価値創造と効率的な合意の確保を目指す交渉者は、どの

ような準備をすべきかを検討しよう。前章ではどのような交渉であっても、交渉が始まる前に自分のBATNAを見極め、留保価値を計算し、ZOPAを推定しておくことが必要だと論じた。このセクションでは、これら以外に準備すべきことを挙げていこう。

戦略1　自分の複数の利害を把握する

　たいていの交渉者は、交渉の領域が決まっていると考えている。たとえば、「今日は、給与をめぐる攻防になる」とか「契約期間の延長を交渉するため顧客に会う」とか「これは、当社の売却に絡んだ交渉である」と思いながら、交渉に臨む。交渉戦略としてより効率的なのは、自分が価値を認め、相手が自分に提供できそうな論点すべてを検討することである。たとえば、給与に加えて、入社日や休暇日数、契約金、職務範囲、昇進のスケジュール、ストック・オプションなどについても交渉すべきである。要求を並べて相手を圧倒しようというのではなく、自分に報い、満足度を高めるためのさまざまな方法を相手に提供するためだ。給与を上げられなくても、契約金や職務の変更や、より積極的に昇進機会を設けるなどの組み合わせで、同じだけ満足度が上がれば、双方にとって得になる。雇用主は高い給与を払うことなく、望ましい志望者を採用でき、あなたは満足できる待遇を確保できる。同様に、自社の売却交渉にあたっても、重視する論点をすべて頭に入れておくことが不可欠である。たとえば、企業文化は維持されるのか、役員として残れるのか、株式の少数持分を持ち続けられるか、従業員の雇用は継続されるか、といった点である。金額だけなら同意し難くても、株式を持ち続け、役員として残り、従業員の雇用が継続されるなら受け容れられるかもしれない。残念ながら、売り手の側が、「わたしを役員に残すことには同意するはずがない」とか、「うちの従業員を継続雇用するか解雇するかはすでに決めているはずだ」と見ているため、これらの論点の一部は交渉の場で議論すらされない。

戦略2　採点システムをつくる

　論点の把握は、最初の一歩にすぎない。つぎに、数多くの論点について自分にとっての優先順位を考える必要がある。たとえば、有利な支払い条件や納期の短縮などを引き出すために、金額面でどれだけ妥協できるだろうか。給与とストック・オプション、契約金、入社日、昇進スケジュールの折り合いをどうつけるのか。希望する部門に配属されるのであれば、給与面でどこまで譲歩できるのだろうか。

　こうした質問に的確に答えるために、自分の利害や優先順位を体系化するのが採点システムである。採点システムをつくるには、パソコンのスプレッド・シートを利用して、論点をすべて挙げ、重要度に応じてウェイトづけする。つぎに、これらの論点を評価するための共通の尺度を考える必要がある。たとえば、持ち点を100点として、相対的な重要度に応じて論点ごとに（さらに、各論点について考えられる結果ごとに）点数を割り振る方法がある。簡便な方法として、すべてを金額に換算する方法もある（たとえば、休日の1日は給与600ドルに等しいとする）。すべての論点に共通する尺度を採り入れることは、相手が示した包括的な提案を評価しそれに対して、より慎重かつ戦略的に対案を組み立てるのに役立つ。

戦略3　包括的な留保価値を計算する

　受け容れ可能な最低条件を考える際には、給与はX、ボーナスはY、ストック・オプションの株数はZなどと、それぞれの論点について留保価値を計算するのではなく、採点システムを活用して、包括的な留保価値を計算するべきである。たとえば、A社からの提案を受け容れることがBATNAであれば、A社からの提案の具体的項目を採点システムに入れると、この提案の総価値が点数または金額で出てくる。これが、あなたの包括的留保価値（package reservation value:PRV）である。これがわかると、現在進めている交渉で、総価値がPRVを下回る提案は受け容れるべきでないと判断できる。

　論点ごとに留保価値を計算する方法には、選択肢が限られるという問題がある。Xを下回る給与は受け容れ難いかもしれないが、自分が重視する

多くの論点、あるいはすべての論点で大幅な譲歩をしてくれるとしたら、Xを下回る給与を受け容れられないだろうか。交渉者は往々にして、個別の論点（給与やボーナス、ストック・オプション、納期、決済日、前金など）に、恣意的な制限を設けている。それを下回るものは「不公正」だとか「不適切」だと思うからだ。だが、これでは交渉者の手足が縛られるだけである。仮に交渉相手が、あるひとつの論点について限度内の数字を提示できなくても、それ以外の論点で譲歩したり保証を付けるなどして埋め合わせることが可能である場合、こちらがそのひとつの論点の限度に固執していると、双方ともに負けることになるのだ。

たとえば、コンサルタントやコントラクターが提示した価格が割高だと思えても、彼らがはるかに良いサービスや包括的な保証を提供し、追加の仕事を無料でしてくれるのであれば、価格についての留保価値を見直したいと思うのではないだろうか。残念ながら、価格というひとつの論点のみの競争力に基づいてコントラクターやコンサルタントを起用する企業や組織、政府が多すぎる。こうした慣行は、きわめて非効率になり得る。

戦略4　相手の複数の利害を把握する

交渉では、自分は関心がないが、相手は大いに重視する論点があるものだ。こうした論点を把握することが不可欠である。たとえば、自分自身は、新しい仕事を始める時期が6月でも7月でも構わない。だが、雇用主ができるだけ早く働いてほしいと思っていたとすれば、それは貴重な情報である。自分はコストがかからず、相手にとっては重要なものを提供し、その見返りに貴重なものをもらえる立場にある。たとえば1ヶ月早く入社する代わりに、契約金の額を増やしてもらう。筆者のひとりディーパック・マルホトラにも経験がある。住宅の購入を検討していたとき、売り主が契約を急いでいることに気づいた。契約を早めるのも、遅らせるのもわけもないことだったので、喜んで応じた。最初の話よりも契約を1ヶ月早めることに同意したところ、売り主は価格を下げてくれた。

価値創造の実行戦略

　いったん交渉が始まれば、交渉者はもっぱら価値要求戦略に集中し、価値創造の機会は忘れるのがふつうだ。これは意外ではない。交渉は戦いであり、相手の裏をかき、出し抜き、負かすものだと見ている人がほとんどなのだ。こうした意識は、「相手の負け＝自分の勝ち」という危険な思い込みにつながる。「ママズ・コム」の交渉で見たように、これは事実ではない。実は、ほぼすべての交渉は、少なくともある程度、多くの価値を創造する機会を伴っている。第Ⅱ部では、「相手の負け＝自分の勝ち」という心情につながる心理的バイアスについて詳しく検討し、こうしたバイアスを克服するための方法を論じる。ここでは、価値を創造し、効率的な合意に到達する一方、自分が価値の多くを獲得できるように交渉を進める正しいアプローチを見ていこう。

戦略1　　複数の論点を同時に交渉する

　ベテランの交渉者によく聞く質問がある。「論点が複数ある複雑な交渉に臨む際、どの論点を最初に交渉するか。もっとも難しい論点か、もっとも簡単な論点か」。ほとんどの交渉者は、簡単な論点から手をつけると答える。この論理によれば、簡単な論点から始めれば、信頼を醸成し、合意に向けた勢いが得られる。難しい論点から手をつけた場合、最初から交渉が頓挫しかねない、という。簡単な論点から手をつけることのもうひとつの利点は、早い段階で自分にとって低コストの譲歩ができ、後々、もっと価値のある論点で相手にお返ししてもらえる下地ができる点だ。この戦略は理に適っているように思えるが、難しい論点を最初に取り上げるほうがいいと主張する交渉者もいる。交渉の「成否を分ける」論点があり、それらの点で合意できなければ、ほかの重要性の低い論点について時間を無駄にする理由はないと指摘する。最後に、「状況次第である」という当たり障りのない答えをする第3のグループもある。

　結論として筆者らは、いずれの答えにも同意しかねる。交渉者は一般

に、一度にひとつの論点について交渉するのが自然であり、やりやすいと思っているが、同時に複数の論点について交渉するほうが、戦略としてははるかに優れている。なぜだろうか。一度にひとつの論点しか取り上げないのは、ログローリングの可能性を排除することになるからだ。たとえば、「ママズ・コム」の交渉では、ライセンス料についてはすでに合意に達していて、目下、放映回数について交渉しているのであれば、8回の放映回数に同意するのはきわめて難しくなる。ホリービル社が8回の放映を認めるとすれば、WCHI社が別の論点で妥協するしかないが、すでにほかの論点で決着がついているなら、それは不可能だ。個別に考えた場合、「ママズ・コム」の2つの論点は事実上ゼロ・サムであり、それぞれの論点について、売り手と買い手の利害は真っ向から対立している。これらの論点を同時に議論する場合にのみ、ゼロ・サムでない交渉をつくりだし、価値創造が可能になる。言い換えれば、売り手と買い手は、各論点については対立しているが、各論点の見方には温度差がある。複数の論点を同時に議論してこそ、それぞれの当事者にとっての各論点の相対的な重要度が明らかになるのだ。

戦略2　包括的な提案をする

　複数の論点を同時に交渉するとは、文字通り一度にすべての論点を話し合わなければならないということではない。すべての論点を話し合う機会を得るまで、どの論点についても最終合意に至るのは避けるべきだ、ということだ。とくに話し合うべき論点が複雑で多岐にわたる場合、まず各論点について双方の見方や望ましい結果を示すことから始めるのが生産的である。準備段階として情報を共有したら、各論点のうちどれを重視するかを比較できる。最後に、条件を提示し合う段階では、包括的な提案を行う。つまり、価格や給与など、ひとつの論点について条件を提示したり、希望を述べたりするのではなく、包括的な提案をして、希望する結果をすべての論点について相手に伝えるのである。こうすれば相手は、提案のうち、とくに不都合な点を把握し、対案を提示しやすくなる。すべての論点について、より多くを求めるのではなく、ある論点については柔軟に対応でき

るとほのめかしつつ、別の論点で多くを要求する、といったことができる

あなたの会社が顧客とサービス契約の料金を交渉しているとする。つぎの2つのアプローチのうち、最終的に創出される価値が多いのはどちらだろうか。

A 御社がどのようなサービスをお望みで、7月からのサービス開始を希望されていることはよくわかりました。当社ではお望みのサービスを65万ドルでご提供できます。

B 御社がどのようなサービスをお望みで、7月からのサービス開始を希望されていることはよくわかりました。サービスの開始時期については柔軟に対応してくださるとのこと、またご説明した「プレミアム」サービスに興味をお持ちいただきありがとうございます。ご希望をうかがえましたので、お望みのサービスについて、いくつか異なる料金を設定できます。2通りの方法をご紹介しましょう。

選択肢1 サービスの開始を7月とし、プレミアム・サービスを付けないとすると、65万ドルでご提供できます。プレミアム・サービスをお付けになる場合、費用が5万ドルですので、合計で70万ドルになります。

選択肢2 サービスの開始を早めて3月からとし、プレミアム・サービスを付けないとすると、63万5,000ドルに値引きできます。プレミアム・サービスをお付けになる場合、費用は4万5,000ドルですので、合計68万ドルとなります。

上記のうち、Bのアプローチのほうが、どのようなトレード・オフが可能なのかが顧客によくわかるので、両者が効率的な合意に達する可能性がはるかに高い。

戦略3　あらゆる種類の違いを利用して、価値を創造する

人はみな違っているのだから、争いが起きるのも当然である。人はそれぞれ、考え方や興味、ニーズ、制約要因、キャリア、学歴、経験が違

う。だが、違いは争いのタネになることも多いが、紛争解決の手段にもなる。たとえば、ログローリングで価値が創造されるのは、各当事者の優先事項が異なっているからだ。優先事項が同じなら、一方が論点Aで譲歩し、その見返りに論点Bでは相手に譲歩してもらう、といったことはできない。同様に、条件付き契約の本質とは何かを考えてみると、条件付き契約で価値が創造されるのは、将来についての予想が当事者間で異なっているからだ。予想が同じであれば、両当事者の予想価値を増やすような条項を盛り込む機会はなくなる。

　あらゆる種類の違いを利用して価値を創造できる。交渉の達人は、この決定的な知見を理解している。たとえば、リスク選好度の違いを考えてみよう。自分はリスクを回避したいとき、リスクに中立的な人がいれば、その人に料金を払って、自分のリスクを引き受けてもらうことができる。奇妙に思えるだろうか。だが、これはまさに保険会社が手がけていることなのである。病気や事故、災害が起きたときの損失を穴埋めしてもらうために、健康保険や自動車保険、住宅保険に加入して保険料を支払っている。保険の加入は、平均すると損になっている。だが、リスクをとりたくないので、リスク中立的な保険会社に保険料を支払って、リスクを引き受けてもらうのである。これで両者とも有利になり、どちらも不利にはならない。つまり価値が創造されたのである。

　もうひとつの例として、時間選好の違いについて考えてみよう。今は使っていないあなたの持ち物を、すぐに必要とする人がいれば、その人に貸し出し、対価を受け取ることができる。よくあることだと思えるのは、カネを銀行に預け入れる行為が、まさにそうだからだ。カネを銀行に預けるのは、たった今そのカネを使う必要がないからだ。銀行は預かったカネを貸し出し、預金者には利子の形で対価を支払う。この交換によって、銀行も預金者も利益を得る。

　交渉に際しては、相手との違いを無視したり、埋めたり、克服したりしようとするのではなく、違いを探し、それを利用して価値を創造する方法を見い出すべきだ。たとえば、次回の交渉時、相手が自分の提案の一部に強硬に反対しても、怯んではいけない。代わりに、相手がその要求を通す

ことを、どの程度重視しているかを探り出すのである。かなり重視しているとすれば、こちらが柔軟に対応することで、ほかの面で譲歩し、取引の魅力を高めてくれるかもしれない。

価値創造のための交渉後の戦略

　交渉の達人は、交渉の最中に価値を創造しただけでは終わらない。取引が成立した後でも、パレート改善を求め続けるものだ。合意後の交渉（Post-Settlement Settlements:PSS）、つまり最初の合意が成立した後の交渉を活用すれば、価値創造の強力なツールになる[4]。以下の例について考えてみよう。

　　　数週間にわたる交渉の末、X社のCEOと複雑な契約にようやく合意した。自分はこの取引に満足しており、相手も満足している。一刻も早く帰宅してシャワーを浴び、シャンパンで祝杯を挙げたい。だが、考え直して、違うことを試すことにした。合意内容に改良できる点はないかをもう一度検討してみる気はないか、X社のCEOに尋ねる。相手は驚き、契約を考え直すつもりかと尋ねてくる。

　長い交渉の後で何より避けたいのは、厄介な問題を持ち出し、合意を覆してしまうことだ。署名したばかりの契約を破棄しようとしているとは見られたくない。もっと早く譲歩することができたのに、出し惜しみしていたのだとも見られたくない。また、あなた自身、相手にこれ以上譲歩するつもりもない。

　ではなぜ、PSSを提案するのだろうか。いくつかの理由から、合意後の交渉はパレート改善につながるからだ。第1に、すでに署名された合意は、協力して価値創造の取引をまとめ、最適な環境をつくり出す能力が、両当事者に備わっていることを示すものだ。第2に、いったん署名済みの合意ができると、当事者は不安が減り、情報提供に前向きになるものだ。第3に、PSSを適切に提示すれば、PSSは両者の成果を改善する場合にのみ

受け容れるものであることを、両当事者が理解するからだ。言い換えれば、署名したばかりの契約は、双方にとって新たなBATNAになるのである。

これは重要な点である。PSSで合意を破棄しようとか、最後の譲歩を引き出そうとしていると相手に思われたくはない。逆に、両者が有利になる機会としてPSSを提示すべきである。両者が得をするか、すでに合意済みの内容のままでいくかどちらかしかない。この大原則を最初に明言すべきである。

以前に筆者らが行った企業幹部向けのコースに参加した、小規模の製薬会社のCEOから聞いたつぎの逸話を考えてみよう。

　わたしは、開発中の8種類の薬の権利を売ることに同意しました。……5日間ぶっ続けで交渉し、契約をまとめた直後に、このコースに参加しました。授業を受けてから、買い手の製薬会社に電話をかけ、前金がもっと必要だと伝えました。相手はわたしの電話に驚いていました。

　ですが、……わたしは、この機会に、なぜ条件の変更を望むのかをきちんと説明しました。新規プロジェクトの資金が必要なこと、手元資金を厚くしておきたいこと、資金があればエンジェル投資家を回り、より多くの資金が調達できることを説明すると、先方も理解してくれました。先方がその見返りに望んだのは、今後2年のうちに新たなキャッシュ・フローで開発するプロジェクトの先買権だけでした。

　今あるプロジェクトを支えるために融資枠のすべてを利用する代わりに、2004年末にかけて予定していた新たなプロジェクトを3つか4つ、この夏に立ち上げることができます。条件を見直したことで、双方とも価値を増やせたのです。

この逸話からわかる通り、買い手の製薬会社は、当初、改めて交渉したいという要求に驚き、さほど乗り気ではなかった。これは、相手の利益などお構いなしで、カネがもっとほしいと言ってきたと思われたからだ。な

ぜカネが必要なのか情報を開示し、お返しをする意志があると伝えると、状況は改善した。PSSはログローリングを促すだけでなく、最初の交渉では話題にものぼらなかった論点を見つけ出し、契約に盛り込むのに役立つ先の製薬会社の例で言えば、PSSに先立つ正式な交渉では、先買権の話はまったく出ていなかった。

PSSによって、「ママズ・コム」の交渉結果がどのように改善する可能性があったかは簡単にわかる。最初に契約を交わした後も、両者が交渉を続け、情報を共有していたら、放映回数を8回に増やし、「ジュニア」の交渉をまとめ、視聴率についての予想の違いを利用した条件付き契約がもたらす価値に気づいただろう。

こうした利点があるにもかかわらず、PSSはほとんど活用されていないPSSという言葉すら知らない人が少なくない。再交渉に伴うリスクを嫌う人もいれば、PSSで本当に有利になるのか疑問を持つ人もいる。さらにはどう提案すればいいのかわからないという人もいる。最初の3点についてはすでに論じたので、どのようにPSSを提案するかを考えていこう。

ステップ1　まず初めに、最初の合意に達したことによって前進したことを認める。

ステップ2　取引のなかで自分が改善してほしいと思う点があることを示唆する。相手もおそらく同様に感じているだろうと話す。

ステップ3　自分にできる譲歩はすべてしたつもりだが、相手の助けになるのであれば、「まったく違った観点」から考える用意があると示唆する。

ステップ4　自分は新たな合意を求めているわけではなく、現行の合意よりも双方が満足できるように合意を改善することを求めているのだと双方が認識することが重要だと伝える。

たとえば、つぎのような言い方をする。

おめでとうございます。すばらしい取引をまとめることができ、われわれの苦労も報われました。お互いこれで終わりにしてもいいと思います。ですが、ひとつお聞きいただけるでしょうか。今回の合意にはお互い満足していますが、もっと上手くできたかもしれないと思う点がわたしにはあります。あなたもおそらく同じように感じる点があるでしょう。どちらも有利になるように改善できる点がないか、もう少し話し合ってみませんか。そうした可能性は総ざらいしたとは思いますが、調べ残したものはないか考えてみるのも悪くないと思います。もちろん、双方が満足する方法がほかに見つからなければ、今回まとまった合意が誰にとっても正しかったのだと、いっそう自信が持てます。賛成していただけるなら、やってみましょう……。

　なにも最初の契約に署名した直後にこのせりふを言う必要はない。1日寝て考えてもいいし、1週間後あるいは1ヶ月後でも構わない。大事なのは、契約書にサインすれば交渉が終わるわけではないと気づくことだ。価値創造のあらゆる可能性を調べ尽くしたと思えたときに、交渉を終えるべきだ。

価値創造の達人

　本章で示した考え方や戦略、戦術が示唆しているのは、交渉で好条件の取引をまとめるとは、単にできるだけ多くの価値を要求することではない、という点である。もっと重要な点（そして、もっと難しい点）は、価値を創造し、パイを大きくすることだ。残念ながら、価値の要求に精力のほとんどを注いでいる交渉者が多すぎるのが実情だ。そのことによって、テーブルにカネを残したまま、席を立つ。自信と満足感を持っているが、貧しくもなっている。この章の終わりに、つぎの質問を考えてほしい。100ドルのパイの70%を要求するのか、200ドルのパイの70%を要求するのか。

これは、現実の交渉で直面するであろう選択である。パイが大きければ、取り分が若干少なくとも（50％か60％でも）、自分の利益はかなり大きくなる。

　われわれは利他主義や慈悲について説教しているのではなく、価値創造の極意を教えていることに気づいていただきたい。もっとも利己的な交渉者ですら、自分の利害を満足させるには他人に頼らなくてはならない。何であれ手に入れたいものがあるなら、相手と協力して、まずはそれを作らなければならない、ということだ。そして、自分の評判や相手との関係を気にするのであれば、価値創造の極意を駆使するのは理に適っているのである。

第3章

調査交渉術

　筆者のひとりと親交のあるクリスは、フォーチュン500の企業の経営幹部であり、交渉の達人として社内に知れ渡っている。いくつもの伝説が積み重なって評判が高まったのだが、そのうちのひとつを紹介しよう。数年前、クリスの会社では、新たなヘルスケア製品のための原材料を調達しようと、ヨーロッパの小規模サプライヤーと交渉していた。1ポンドあたり18ドル、年間100万ポンドを購入することで話はまとまりかけたが、独占販売契約をめぐって対立した。サプライヤーは独占供給はしないと主張するが、ライバル会社にも同じ原材料が供給されるとなれば、クリスの会社は新製品の工場に投資するつもりはない。この問題で交渉は決裂するかに見えた。

　アメリカ側の交渉チームは、ヨーロッパの小さな会社が独占供給を渋ることに驚き、苛立った。100万ポンド以下であっても、大口の取引先がほかに見つかるとは思えない。アメリカ側は、当然躊躇はしたものの、取引条件で譲歩した。最低購入量を保証し、1ポンドあたりの価格も引き上げると申し出たのだ。それでも独占供給には応じないとの返事に衝撃を受け

た。最後の頼みの綱として、クリスをヨーロッパに呼び寄せ、交渉に加わってもらうことにした。

クリスがやって来て交渉の席についたとき、独占販売契約をめぐる議論はまだ続いていた。双方の言い分を手短に聞いた後、クリスが差し挟んだ短い言葉が交渉結果をがらりと変えることになった。ひと言で、クリスは双方が合意できる取引をまとめることができたのだ。そのひと言とは、「なぜですか」だった。

生産できるだけの量すべてを大企業が買おうと申し出ているのに、なぜ独占供給に応じないのかを、クリスはサプライヤーに尋ねた。答えは意外なものだった。独占販売権は、現在、従兄弟と結んでいる合意に抵触するというのだ。その従兄弟は、地元で販売する製品の原材料として年間250ポンドを買っているだけだった。この情報を手に入れたクリスは、双方がすぐに合意できる解決策を提示した。サプライヤーは、従兄弟の会社に販売する年間数百ポンドを除いて、独占的にクリスの会社に供給する、という案だ。クリスはつぎの便でアメリカに戻っていった。

達人であるクリスが、すばらしい洞察力と創造力でいかに取引を救ったかは、今だに語り草になっている。クリスは、「わたしがしたのは、なぜ独占販売契約を望まないのか尋ねただけだ」と言う。なぜアメリカ側の他の交渉者は、この単純な質問をしなかったのだろうか。彼らのそれまでのビジネスの経験から、答えはわかっていると思っていたからだ。サプライヤーはもっとカネを引き出すために渋っているか、独占供給すると将来もっと儲かる取引の可能性がなくなると考えていると思っていたのだ。この仮定の下に、自社にとってはコストが高くなるのに、契約条件を「おいしく」しようとした。そもそも仮定が間違っていたのだから、取引が十分「おいしく」なるはずはなかった。自社のチームがつまずいた所をクリスが上手く乗り越えられたのは、積極的に仮定を疑い、相手の考え方に関する情報をできるだけ集めようとしたからだ。要するにクリスは、筆者らが「調査交渉術」（investigative negotiation）と呼ぶ手法の第1の原則を活用したのである。

調査交渉術の7つの原則

　調査交渉術は、心構えであると同時に方法論でもある。調査交渉術を身につけた交渉者は、犯罪現場での刑事と同じ姿勢で交渉に臨む。つまり、その状況と関係者についてできるだけ多くの情報を集めるのである。交渉者にとって重要な原則を以下に示そう。

原則1　何を求めるかだけでなく、なぜ求めているかを問う

　ベテラン交渉者の多くは、相手の発言に耳を傾けるのは、相手が何を望んでいるのかを知るためだと思っている。これはもっともだと思える。結局のところ、相手の要望がわからなければ、相手が受け容れる取引を組み立てることなどできないのだから。同様に、自分が発言する段になると、もっぱら自分の要望やニーズを話す傾向がある。残念ながら、双方の要望を把握しようとするこのアプローチでは、交渉は頓挫する場合が多い。何を望んでいるのかばかりに注目し、なぜそれを望んでいるのか、その理由を探ることに気が回らないからだ。

　サプライヤーとの交渉でクリスは、膠着状態を打開するには、独占か非独占かという互いの要求ばかりを話すのをやめ、なぜそれを望むのかを聞く必要があるとわかっていた。相手の要求には譲歩の余地がなかったが、なぜか、という理由にシフトすると明確な打開策が浮上した。従兄弟との約束を反故にすることになるので独占契約には応じられないとの説明で、クリスは価値創造取引を組み立てるのに必要な情報を手にしたわけだ。

　ホルブルック米国連大使も、国連加盟国との交渉で同様のアプローチを活用した（第2章を参照）。「分担金の増額は望まない」という、加盟国の公式の要求を受け容れるのではなく、なぜ増額を望まないのか質問して原因を探っていった。当該年度の予算はすでに使途が決まっているため動かせないが、そうでなければ分担金の増額に応じても構わないとの説明を受け、取引の大枠が見えてきた。

　「なぜなのか」という理由を尋ねる戦術は、ごく日常の交渉でも驚くよ

うな効果がある。筆者のひとりディーパック・マルホトラの妻のシーカは最近、ひどい目にあった。底冷えのする冬の日、ボストンの街中でタクシーをつかまえようとした。だが、ちょうどラッシュ時で、客の乗ったタクシーが何十台も通りすぎた。凍傷になりそうだった。やっと赤信号で止まっている空車のタクシーを見つけた。だが、問題があった。タクシーの「乗車」のランプが消えていたのだ。ともかく乗せてほしいと頼んだのだが、予想通り、運転手はうるさそうに手を振ってダメだと答えた。なぜダメなのか、シーカは食い下がった。仕事を終え、帰宅する途中だと言う。「同じ方向かもしれない。同じなら乗せていってもらえないかしら」と尋ねた。なんと2人の自宅は数ブロックしか離れていなかった。シーカは暖房の効いたタクシーに乗り込み、あっという間に自宅に帰りついた。そして運転手は自分の計画を変えることなく、数ドル余計に稼げたのだ。

原則2　要求ではなく利害の調整を目指す

　交渉者が犯しがちな大きな間違いのひとつは、もっぱら各当事者の要求を調整しようとすることだ。調査交渉術を身につけた交渉者は、要求を超えて、各当事者の要求の背景にある利害に注目する。クリスの事例では、クリスの会社とサプライヤーは互いに相容れない要求をしていた。一方は独占供給を求め、他方は拒否していた。クリスが独占か非独占かという明示的な要求から、自社にとっての「競合他社からの保護」とサプライヤーにとっての「従兄弟との約束」という利害に焦点を移したことで、取引が可能になった。双方の要求は相容れないものであったが、利害は完全に折り合えるものだった。さらに良かったのは、取引を成立させるために、どちらも大幅な譲歩や妥協をする必要がなかった点だ。

　各当事者の要求が両立不可能に思えても、交渉の達人は落ち込まない。逆につっこんだ質問をして、各当事者の要求の背景にある本当の利害を見い出す。こうした戦略によって、双方の利害を満足させ得る合意について幅広く、創造的に考えられるようになる。

　2000年のアメリカ大統領選挙で、迫り来る危機に対して一部の政治活動家がとった行動が、まさにそうだった。民主党のアル・ゴアは共和党のジ

ョージ・W・ブッシュに肉薄していた。ゴアにとって不幸だったのは、通常なら左派のゴア対右派のブッシュという2党間の対決になるところが、緑の党のラルフ・ネーダーが参戦し、極左の有権者の関心を集め、3党間の対立になった点だ。左派同士の争いは、明らかに共和党の追い風になった。ネーダーが票を得れば、その分、ゴアが失うことになる。ブッシュには極右の対立候補はいなかった。当然ながら、ゴア陣営とネーダー陣営の関係はたちまち険悪になった。ゴア陣営は、自爆攻撃を組織しているとしてネーダー陣営を非難した。ネーダーの得票率はほとんどの州で4％にも満たなかったため、選挙に勝つ見込みはなかったが、ゴアから票を奪うことで、ネーダーとゴアの共通の敵であるブッシュ陣営を利することになっていた。

　選挙戦が白熱するなか、ネーダーとゴアの支持者からなる小さなグループが見事なアイデアを思いついた。ネーダーとゴアが同時に有利になってブッシュに打撃を与える案を思いついたのだ。それができたのは、ネーダー、ゴアの両候補の利害を検証したからだ。

　言うまでもなく、ゴアもネーダーもできるだけ多くの票を獲得したがっていたが、理由は違っていた。ゴアは2000年の選挙での勝利を目指していた。そのためには、各州の一般投票で圧倒的多数を確保する必要はなく、過半数を超える州が十分あれば、選挙人投票でブッシュを上回ることになる（ほとんどの州で、一般投票でトップとなった候補者が州の選挙人票をすべて獲得することになっている）。

　一方、ネーダーは、2000年の大統領選で勝利する見込みはなかった。だが、全米で（州ではなく）5％の一般得票率を確保できれば、つぎの大統領選で、緑の党として選挙資金の公的補助が受けられる。わずかではあっても将来の大統領選で勝利する可能性は、この公的補助にかかっているとネーダーは見ていたため、2000年の選挙では必死だったのだ。

　表面だけ見れば、ゴアとネーダーは、同じ有権者グループの票を奪い合っていて、対立の解消は不可能に思えた。だが、詳しく見ると、両者が満足させようとしていたのは、まったく異なる利害、そしておそらくは両立可能な利害だった。ゴアがほしかったのは選挙人票であり、ネーダーがほ

しかったのは一般投票だったのだ。ゴアが一般投票で過半数をとることが確実な州に住むゴアの支持者と、激戦州（ブッシュとゴアの支持率が僅差の州）に住むネーダーの支持者の票の一部とを「交換」できれば、ゴアもネーダーも得をする。たとえば、ゴアの勝利が確実なカリフォルニア州のゴア支持者がネーダーに投票し、ブッシュとゴアとの争いが熾烈なフロリダ州に住むネーダーの支持者がゴアに投票すれば、ネーダーは自身が望む一般得票率を確保でき、ゴアも選挙人票をさらに増やす可能性が高まるこの取引を促すため、異なる州のゴア支持者とネーダー支持者をペアにする、いくつものウェブサイトが生まれた。ペアの一方は、必ずもう一方が支持する候補者に投票する。また、全体の取引は自主管理とする。

　この作戦が天才的なのは、ブッシュ陣営の反応を見ればよくわかる。アメリカでは票の取引は違法であると抗議し始めたのである。これを受けた選挙管理委員会の訴追の脅しに、票取引サイトの一部は閉鎖に追い込まれた。ネーダーとゴアは結局、それぞれの目的を果たせなかった。ゴアは全米での総得票数はトップだったにもかかわらず、大統領選に勝利できるだけの選挙人を確保できなかった。ネーダーの一般得票率は、2004年の大統領選挙で公的助成を受けるために必要な5％に届かなかった。

　要求ではなく利害を調整するという同じ原則のもっと身近な例を見てみよう。就職の面接で、求職者が高い給与を求めたのに対し、雇用主に予算の制約から応じられないと断られた。双方が互いの要求だけしか見なければ、選択肢はほとんどない。求職者は現状のまま受け容れるか、ほかの職場を探すしかない。だが、求職者が高い給与を求める理由に雇用主が注目したらどうなるだろう。おそらく、快適な生活や高い購買力、自由、高い地位、健康といったものを求めているのだろう。こうした背景にある利害に注目するようになれば、選択肢は増える。雇用主は給与を引き上げるのではなく、休暇日数を増やしたり、立派な肩書きを与えたり、勤務地を選択できるようにする、福利厚生を充実する、契約金を増やすといった対応ができる。

原則3　考えにくい相手と共同戦線を張る

　ゴアとネーダーの陣営が2000年の選挙で合意できたのは、打倒ブッシュという目標を共有していたからだと思いたくなる。だが、4年後に何が起きたのかを見れば、そうではなかったことがわかる。2004年の大統領選では、民主党のジョン・ケリー候補が、共和党の現職大統領ジョージ・ブッシュに戦いを挑んだ。ネーダーはまたしても戦いに加わった。ネーダーが参戦したために2000年の大統領選で苦杯を嘗めたと思っている民主党は非難轟々だった。2000年にネーダーを支持した人の多くが出馬を控えるよう要請した。ネーダーは、世論調査の支持率は2％を切っていたにもかかわらず、戦いを諦めるのを拒んだ。

　2004年夏、ネーダー陣営に大口の寄付が集まり始め、陣営が多くの寄付を受け取っていることが明らかになった。だが、この寄付は極左のネーダー支持者からではなかった。なんと共和党員からだった。共和党員は、手ごわいケリーから票を奪うために、ネーダーの出馬を支援していたのだ。2000年のように、ライバル同士のゼロ・サム・ゲームと見られる戦いのなかで、取引が行われたのだ。今回は、集票のための資金が増えて有利になるネーダー陣営と、最大のライバルであるケリーから票を奪うことで有利になるブッシュ陣営の間の暗黙の協定であった。この取引の性格は火を見るよりも明らかだったが、ネーダー陣営の副大統領候補ピーター・カメロは、「寄付にどんな意図があるのか知る術はわれわれにはない」と言って、共和党員からの寄付金の受け取りの正当性を主張した[1]。

　2000年と2004年の大統領選をめぐる2つの逸話が示唆している通り、互いに忌み嫌っているライバルの間ですら、価値創造の機会が訪れることがある。この事実は、背景にある利害を理解し、利用することがいかに有効かを物語っている。アダム・ブランデンバーガー教授とバリー・ネイルバフ教授は、競争相手と見なす人々と関わる際に抱く（また、そうすべき）複雑な動機を、「コーペティション」（co-opetition）と名づけた[2]。コーペティションの原理によれば、他者と協力しながら競い合うことは可能である。この原理は第2章で提示した交渉において、価値を創造しつつ要求する枠組みでも働いている。ネーダーの例では、コーペティションの力

がいっそう明確になる。相手を「敵である」と一面でしか見ない人は、価値創造の機会を逃すが、複雑な関係をよしとし、相互の利害を探求する人は共通の土台をつくり出すことができる。

2000年から2004年にかけて、民主党員がネーダー陣営と共通の基盤をつくる努力をしていたら、どうなっていたかは検討に値する。たとえば、民主党員は激戦州以外でなら、主張が重なる部分でネーダーの出馬に協力すると約束していたかもしれない。ネーダー陣営は、その見返りに、激戦州ではあまり選挙活動は行わないと約束できたかもしれない。これが実現していれば、ネーダー陣営は、ケリー陣営よりもブッシュ陣営を激しく攻撃したとしてもおかしくない。だが、2004年には、ブッシュ――ネーダー連合が浮上したのだった。

原則4　要求をチャンスと解釈する

筆者らが行った企業の幹部向けコースに参加した大手建設会社のCEOは、授業でつぎのような話を披露してくれた。このCEOは、中規模のオフィスビル建設の契約交渉にあたっていた。数ヶ月間交渉を重ね、ようやく契約がまとまりかけたとき、顧客は出し抜けに建設会社にとってコスト増になりかねない要求を突きつけてきた。1ヶ月以上完成の時期が遅れたら、巨額違約金を支払う条件を契約に付けろというのだ。CEOは当初唐突な要求に怒りを覚えた。最後になってさらに譲歩を搾り取ろうとしているとしか思えなかった。

CEOは選択肢を天秤にかけた。顧客の要求を受け容れ、契約を結ぶのか。顧客の要求を拒否し、なお契約の成立に望みをかけるのか。顧客が提示した違約金の引き下げを交渉するのか。さらに状況をよく検討した。顧客の要求によって何が明らかになったのか。少なくとも、顧客は工期の遅れを心配しており、予定通り（おそらくはさらに早期）の完成を望んでいる。この点を念頭に置きながら、CEOは顧客につぎのような提案をした。完成が遅れたら、顧客が提示した額を上回る違約金を支払うが、予定より早く完成したら逆にボーナスを支払ってもらいたいと。細部を詰めた後、両者はこの条件付き契約に同意した。そして、双方の満足度は上がっ

た。CEOは期限内に完成し、ボーナスがもらえると自信を持つ一方、顧客は完工の遅れというリスクを最小化できたのだ。

CEOが交渉の達人だと言えるのは、自分自身の苦境ではなく相手のニーズや利害に注目できた点にある。一般に、交渉者は相手から要求を突きつけられると、「どうすれば、この要求を受け容れなくて済むか」と身構える。調査交渉術を身につけた交渉者は、相手の要求もほかの発言と同様に扱う。「この要求から何がわかるか。相手のニーズや利害について何を語っているのか。この情報を活用して、価値を創造し、獲得するにはどうすればいいか」と自問するのである。

原則5　何事も「相手の問題」として片付けない

自分自身の制約はわかりやすいが、相手にとっての制約は見逃しがちである。実のところ、交渉者は「相手の問題であって、うちの問題ではない」との姿勢をとっていることが多い。残念ながら、交渉では相手の問題は、たちまち自分の問題になるのである。たとえば、一方の当事者の期限が迫っていれば、双方にとって交渉に使える時間は減る。同様に、一方の当事者が義務を履行できない場合、その当事者が法的な責任を負うとしても、双方とも利益を失う可能性がある。

筆者らのコースに参加したCEOの経験が好例である。業績好調な家庭用電気器具メーカー、ホームスタッフ社（仮名）のCEOは、新たなサプライヤー、コグズ社（仮名）からの機械部品の購入と納品について交渉していた。主な論点は、価格と納期の2点だった。ホームスタッフ社は低価格と早期の納品を求めていた。当然ながら、コグズ社は高価格と納期の延長を求めていた。

市場の実勢レートを参考に、両社は価格1,700万ドル、納期3ヶ月で合意した。だが、コグズ社は、納期について不安を漏らした。「この納期だとコストがかかりますが、なんとかします」。

ホームスタッフ社のCEOは、納期が3ヶ月を超えると、自社に100万ドル近いコストが発生することがわかっていたので、コグズ社が100万ドルの価格引き下げに応じるのであれば、納期の遅れを受け容れようと申し出

た。

「ありがたいお申し出ですが、それほど大幅な値引きには応じられません」と相手は答えた。

　ふつうなら、交渉はこの時点で終わるところだ。ホームスタッフ社のCEOはログローリングを通じて両社が得をするよう試みたが、上手くいかなかったのだ。それでもCEOは、さらに突っ込んでみることにした。「3ヶ月の納期がそれほど問題になるとは驚きです。短期間で部品を簡単につくれるものと思っていました。御社の製造工程について詳しくお聞かせ願えますか。そうすれば、何が問題かよくわかるかもしれません」。

　コグズ社はこう答えた。「実は、製造には何の問題もありません。厄介なのは出荷にかかるコストなのです。これほど短期間で出荷するとなると輸送費が極端に高くなるのです」。

　これを聞いてCEOの目は輝いた。自分が思っていたように製造に時間がかかるのであれば、できることはない。だが、期限内に低価格で輸送する手段がないのだとすれば、ホームスタッフ社が手を差し伸べることができる。ホームスタッフ社では長年、大量の輸送を行い、短期間で納品しなければならない場合もしばしばあった。このため、この種の輸送で有利な条件の契約を運送会社と結んでいた。実は、CEOが手配すれば、3ヶ月の納期でコグズ社から納品してもらうのに、輸送費は50万ドルしかかからない。これに対して、サプライヤーが手配すると、この2倍以上の120万ドルかかるという。

　CEOはつぎのような提案をし、ただちに受け容れられた。

- ●ホームスタッフ社は、自社の運送業者を通じて2.5ヶ月で部品を納品してもらう。
- ●コグズ社は輸送費（50万ドル）を負担する。
- ●コグズ社は価格を1,700万ドルから1,650万ドルに引き下げ、両社がコストの浮いた分を分け合う。

　この合意には、すばらしい成果がもうひとつある。低コストの運送会社

との関係ができたコグズ社は、将来、輸送効率の高さを生かすことができるのだ。

　ホームスタッフ社の例が示しているように、相手の制約で価値が損なわれているとき、その制約が「相手の問題」であると片付けるのはお粗末である。この事例では、サプライヤーは輸送費の高さがネックになっていて、双方にとって合計70万ドルの価値を損なっていた。ホームスタッフ社のCEOが交渉の達人だと言えるのは、相手の問題を理解し、そして解決しようとした点にある。CEOは、自社のコスト優位性を利用して、輸送のジレンマを解決したのだ。同様に、国連の交渉では、ホルブルック大使は、テッド・ターナーとの関係を利用して、加盟国が直面していた予算の制約を解決した（テッド・ターナーは、1年分の分担金の不足を穴埋めするため、3,000万ドル以上寄付することに同意した）。いずれのケースでも、親切心や利他主義から問題が解決されたわけではない。手が縛られている誰かよりも、何の制約もない「相手」のほうが、自分により多くのものを提供してくれることを、交渉者が理解していたからなのだ。

原則6　自分の提案が拒否されたところで交渉を終わらせない

　何かを売ろうとして、あるいは取引をまとめようとして、こちらの最終的な提案を拒否されたことが何回あるだろうか。そんなとき、どうするだろうか。ふつうは、自分が思いつく最善の案にノーと言われたら、自分にできることはないと思うだろう。たいていは、それが正解だ。だが、ときには大きな間違いであることもある。

　フォーチュン500の企業向けに高級贈答品を製造する会社のCEOリンダは数年前、最終案を拒否された。何ヶ月も通い詰めた大口の取引先候補が、ライバル会社から購入することにしたのだ。両社がそれぞれ最終案を提示し、悲しいことにその顧客はリンダのライバルの案を選んだのである。リンダは驚いたが、失敗も人生の一部と受け容れることにした。最後にこの顧客に電話をかけることにしたときに、契約をとれるなどという幻想は抱いていなかった。リンダは電話口に出た購買担当の副社長に、自分の最終案のどこが足りなかったのかを尋ねた。「教えていただけたら、今後の製

品やサービスに生かせます」と説明した。

なぜライバルに負けたのか、副社長の説明にリンダは驚いた。顧客が重視するのはもっぱら価格だと思い込んでいたのだ。最終案でリンダは、コストを削れることは何でもした。そのことで、顧客がもっとも重視していた商品特性まで削ってしまっていた。一方、ライバル会社はリンダよりも価格は高いが、顧客が望む商品の特性はしっかり残していた。副社長の説明を熱心に聞いていたリンダは、率直に話してくれたことに感謝した。そして、自分が顧客の立場を誤解していたのだと釈明した。「今のお話を伺ったら、もっと良いご提案ができる自信があります」。そして、練り直した提案をいま一度検討してもらえないかと尋ねたところ、副社長は了承した。1週間後、リンダは顧客を獲得し、契約書にサインした。

この逸話の主たる教訓であり、リンダがそれ以来、実践していることは交渉を「ノー」と言われたままで終わらせてはいけない、ということだ。交渉は、「イエス」か、さもなければ「なぜノーなのか」という説明で終わらせるべきである。結果的に相手のニーズには応えられないとか、競争相手が自分にはできないやり方で価値を創造したといったことがわかるかもしれない。だとしたら、成約は不可能だったと納得して交渉の場を後にできる。だが、自分が見落としていた選択肢や、考えもしなかったニーズあるいは慎重に追求しなかった論点に気づく可能性もある。調査交渉術を身につけた交渉者は、拒絶された後、最低でも、「合意に至るには、自分たちに何が足りなかったのか」を尋ねる。その答えを聞いて、やはり契約を勝ち取ることは無理だったとわかったとしても、そこで得た貴重な情報は、将来、同じ相手やほかの顧客との交渉で生きてくる。

要するに、「取引が成立しなくても」、提案が拒否されても、それがZOPAがない（互いに合意できる結果がない）という理由である限り、悪いことではない。パートナーとして、相手が最大の価値を生み出すように手助けができないとすれば、あなたはその取引にはふさわしくないのだ。だが、最大の価値を生み出せるのに交渉に負けて取引が成立しなかったのだとすれば、それは悲劇であり、価値を損なう結果である。調査交渉術を身につけた交渉者は、拒絶を恐れないが、そこで終わりにはしない。取引

が成立する余地が本当にないのか探る。「なぜだめなのか」は、「なぜそう要求するのか」と同じくらい重要な質問であることを理解している。そして何よりも学習をやめることはない。取引が流れても、部屋から出て行ってくれと言われた後でさえも。

原則7　「売り込む」と「交渉する」の違いを理解する

　現場の営業マンを観察するとしよう。どんな点に注目するだろうか。営業マンはどんなアプローチをしているだろうか。どんな戦略を採っているだろうか。何を重視しているだろうか。

　現場の営業マンを思い浮かべよ、と言うと、たいていの人は、「売り込み」をしていて、自分の商品やサービスの長所を並べ、買うように説得している姿を思い浮かべる。

　今度は、現場の交渉者を観察するとしよう。どんな点に注目するだろうか。交渉者はどんなアプローチをしているだろうか。どんな戦略をとっているだろうか。何を重視しているのだろうか。

　今度も「売り込み」をしている姿を思い浮かべたとしたら、「売り込む」と「交渉する」の重大な違いが区別できていない。商品やサービスを売るときには、その長所を説明し、強みに焦点をあて、合意や承諾に誘導しようとする。効果的な交渉には、こうした積極的な売り込みも必要だが、相手の利害やニーズ、優先事項、制約、考え方を重視することも必要だ。交渉の達人は、そして、偉大な営業マンはみな、この違いを理解している。価値を最大化する取引を組み立てる能力は、相手を説得する能力ではなく、相手の話を聴く能力にかかっていることも理解している。

　この章で検討してきた合意のほとんどが、各当事者の利害を満足させるだけでなく、どちらも大幅な譲歩をすることなく合意されている点は、留意しておくべきである。2000年の大統領選では、ゴア陣営とネーダー陣営の協定は、どちらの陣営も価値あるものを失う必要なく、ゴアが選挙人票を獲得し、ネーダーが一般票を獲得することを目指していた。同様に、クリスと欧州のサプライヤーとの交渉では、クリスは競合を避けることができ、サプライヤーは従兄弟に販売する権利を維持し、どちらも大幅に譲歩

する必要はなかった。タクシーとの交渉では、運転手はカネを稼ぎ、シーカはタクシーで帰宅でき、どちらも譲歩していない。こうした交渉による合意から言えるのは、調査交渉術を使えば、「少し獲得するために、少し提供する」必要はない、ということだ。むしろ、何も提供せずに、欲しいものをすべて獲得できるかもしれない。どちらかが勝つには、どちらが負けるしかない、という間違った思い込みをしない限りは。

手の内を見せない交渉者から情報を引き出す5つの戦略

ここまで読んでくればお気づきだと思うが、この章で概略を示した原則と、第2章で取り上げた価値創造の戦略はすべて、交渉相手の利害や優先順位、制約を把握することは可能であるという前提に基づいている。ログローリングを行うには、ある論点をどちらの当事者のほうが重視しているのかがわからなければならない。同様に、各当事者の利害を調整するには双方が非公開の情報を積極的に伝えなければならない。残念ながら、交渉者はなかなかこうした情報を共有しない。自分が重視している事柄や、何かを求めている理由を相手に知られれば、そこにつけこまれるのではないかと恐れて、手持ちのカードを隠しておくのが一般的である。

では、価値を創造し、対立を解消し、効果的な合意に至るのに必要な情報を引き出すにはどうすればいいのだろうか。手の内を見せようとしない交渉者を前にしたときの5つの戦略を以下に示そう。戦略は段階的になっている。第1の戦略が上手くいかなければ、第2の戦略に進む。もちろん相手との関係が良好であれば、最初のほうの戦略で上手くいく可能性は高い。

戦略1 信頼を構築し、情報を共有する

交渉者間に相互の信頼関係があれば、利害や制約、優先事項について積極的に情報を交換し合おうとするものだ。この事実は意外ではない。むしろ意外なのは、交渉の前や交渉の最中、そして交渉の後に信頼を構築するための投資を行っている交渉者が少なすぎるという事実である。交渉の達

人は、もともとある信頼関係を利用しているだけではない。信頼関係がなければ、それを作り出しているのである。

どうすれば信頼が構築できるのか。第1に、交渉は誰にとっても不安なものであることを認識すべきである。タフで無表情で、交渉相手にしたくないタイプの交渉者であっても例外ではない。この不安は、スキを見せれば相手につけこまれるのではないかという恐れに根ざしている。この恐れを緩和することができれば、双方の不安が減り、もっと気軽に情報を共有できるようになる。恐れを緩和し、信頼を構築するための強力な方法を3つ紹介しよう。

相手の言葉を理解し、相手の言葉で話す。このアドバイスがあてはまるのは、多国間交渉ばかりではない。会社や業界が違えば、話す言葉も違う。あるコンサルティング会社の交渉責任者が、顧客が使った専門用語をたった1語理解できなかったばかりに、数百万ドルのプロジェクトの契約獲得に失敗したという例がある。相手の言葉を理解できなかった一瞬のうちに、数百万ドルの収入が失われたのである。どうすれば、こうした事態を防げただろうか。コンサルティング会社は、顧客の業界についてもっと徹底した調査を行ったり、業界の経験者を責任者に据えたりすることもできた。相手の言葉で話すとき、仲間意識が生まれるだけでなく、相手のニーズに配慮しており、長期的な関係を築きたいとのシグナルを送ることになる。

絆を強化する。相手との関係が純粋にビジネス上あるいは政治上のものならば、そうした利害だけにとらわれて食いものにされるのではないか、と相手に警戒されても仕方ない面がある。だが、相手の家族や生活を知り、くつろいだ時間もともに過ごし、共通の友人を持ち、自宅や職場が近ければ、信頼は増す。実は相手との経済的、政治的結びつきを強化することですら、信頼は増す。ひとつのサービスを契約期間1年で顧客に提供している企業があるとする。同じ顧客に複数のサービスを、期間がまちまちの長期契約で提供している企業がある。どちらも契約の満了時に更新してもらいたい。顧客との将来の取引を確保するのに必要な信頼を構築できる機会

が多いのがどちらの企業かは、明らかだろう。

交渉していないときに、信頼を構築する。信頼を構築できる最大のチャンスは、協力や親切心、倫理的行為の目的が利己的なものだと思われないときに訪れる。契約をとろうとしているときは、誰でも好人物になれる。賢明な交渉者は、経済的、政治的に見て、そうする明白な理由がないときに、相手との関係を維持し、強化している。かつての顧客とも連絡を絶やさず、約束したものより良い製品を納入し、予想外にコストが浮いた分を還元し、全般にわたって倫理的な行動をとっていれば、つぎに交渉の機会が訪れたとき、相手からの信頼は増しているだろう。ここから、もうひとつの重要な点が浮き彫りになる。信頼を構築する最善の方法は、実際に信頼できる人間であることだ。倫理的行動に関して、策に走り、手を抜き抜け道を探す交渉者は、情報の交換と価値創造に必要な信頼を構築することができない。

戦略2　質問する――意外だとか疑わしいと思った場合はとくに

どうせ相手は答えてくれないだろうと考えて、あえて質問しない交渉者が少なくない。これは大きな間違いである。質問に答えてくれる保証はないが、ひとつだけ確かなことは、質問しないよりも、質問したほうが答えてもらえる確率は上がるということだ。だが、重要な質問をするだけでは足りない。質問の仕方を知ることがポイントだ。

たとえば、相手の留保価値を知りたいとき、相手の下限の数字を質問しても無駄である。答えてはもらえないだろう。だが、相手が答えてくれそうな質問、そして事実上、同じ情報をもたらしてくれる質問をすることはできる。以下のように、警戒されにくい質問をすることを考えてみよう。

- 私どもから買われた商品をどうなさるおつもりですか。
- 御社の顧客について教えてください。
- お求めのサービスを私どもが提供できないとなると、どうなさるおつもりですか。

●今回の取引は御社の事業戦略のなかでどのように位置づけられますか。
●御社の組織について、もう少し詳しく教えてください。

残念ながら、自分の主張の根拠を並べることに忙しすぎて、こうした間接的な質問をしている交渉者はあまりいない。

前にも述べたように、意外な展開になったときや、疑わしいと思ったときには、とくに質問をすることが欠かせない。クリスの会社の交渉者は、わざわざクリスを欧州に呼び寄せなくても、サプライヤーがなぜ独占供給を渋るのか理由を尋ねるべきだった。価格面で大幅に譲歩し、買取の最低保証をつけても、独占供給を拒まれたとき、行動を起こす——すなわち質問すべきであった。同様に、第2章の「ママズ・コム」の交渉では、キムに視聴率は低めを予想していると言われたとき、それをきっかけにいくつか重要な質問をするべきであった。たとえば、予想の前提は何か、予想にどの程度の自信を持っているのか、予想が外れた場合どうなるのか、といったことだ。こうした一連の質問が、条件付き契約の作成につながる可能性がある。

戦略3　情報の一部を渡す

信頼を構築し、情報を共有しようと努めた。用意した質問もくまなくぶつけた。それでも、相手は必要な情報をくれない。では、どうするのか。

互恵の原則を利用して、自分からまず情報の一部を明らかにするのである。たとえば、つぎのような言い方をする。「話し合うべき事柄はたくさんあります。よろしければ、わたしにとってもっとも重要な問題について、まずお話しさせていただきます。その後、そちらも同じようにしていただければと思います」。この戦術は、相手の不安を緩和するのに役立つ。双方が情報を出し合えば、どちらも相手にスキを見せることになる。カギは、情報の共有を交互に徐々に進めていくことである。この方法だと、自分自身のリスクを最小化できる。相手がそれでも話そうとしなければ、必要に応じて情報を公開しないことにする。

この戦略の活用に際しては、どの情報を共有し、どの情報を秘匿しておくかを決めておくことが不可欠である。第1に、自分の留保価値は滅多に明らかにすべきではない。とくに交渉の初期段階では絶対に明らかにしてはいけない。1万5,000ドルまでなら受け容れ可能だと言ったら、相手がどう出るかは決まっている。一方、異なる論点間での自分の優先順位について情報を提供するのは、比較的安全である。こう助言すると驚かれることが多いが、それは「何を重視していないかを相手に伝えれば、それを相手に譲る代わりに大幅な譲歩を引き出すことができない」と考えるからだ。カギになるのは、どの論点についても絶対的な重要性を損うことなく、相対的な重要性に関する情報を提供することである。以下の2つのアプローチを比べてみよう。

言うべきでないこと　「ここで議論する5つの論点のうち、気になるのは論点2と論点4だけです。それ以外の点はどのような結論になっても構いません」

どう言うべきか　「ここで議論する5つの論点は、いずれも私どもの収益を大きく左右するものであり、どれも重要です。どの点についても、こちらから譲歩するのは簡単ではありません。ですが、あえて選択するとすれば、論点2と論点4がもっとも重要だと言えます。この2点については譲歩できません」

　こうした情報を開示することの重要な利点が2つある。第1に、相手が巧みな交渉者であれば、こちらがログローリングと価値創造をできるような取引を見極めようとするだろう。たとえば、論点1では希望を通す代わりに、論点2でこちらのニーズに応えてくれる。第2に、相手が交渉の達人でなくても、生身の人間であることは変わりない。生身の人間は、何かされればお返ししようと思うものだ。こちらが嘘をつけば、たいてい相手も嘘をつくし、こちらが謝れば、相手も申し訳ないとか悔恨の情を示してくる。そして、こちらが有用で信頼できる情報を提供すれば、相手もまた情報を提供してくれることが多いのである。

戦略4　複数の論点を同時に交渉する

　第2章で述べたように、ログローリングでは同時にすべての論点を交渉のテーブルに載せ、なおかつ、それらをひとつひとつ論じるのではなく、行きつ戻りつしながら議論すべきである。同時に複数の論点を交渉することはまた、相手の相対的な選好度や優先順位に関する情報を手に入れるのにおおいに役立つ。一度にひとつの論点しか議論しなければ、相手はどの論点ももっとも重要であるかのように扱うだろう。相手の真の優先順位を明確につかむには、最初に複数の論点を並べ、どの論点や要求を強調するか、相手が無意識に選択せざるを得ないように持っていく。相手にとってもっとも重要な論点を見極めるには、つぎのようなサインに気をつける。

- どの論点につねに戻ろうとするか。
- どの論点のとき、もっとも感情を露わにしたり、身構えたりするか。
- どの論点を議論しているとき、人の意見を聞くより自分から喋っているか。
- 譲歩を求めたとき、いちばん嫌がる論点はどれか。

戦略5　複数の提案を同時に行う

　以上の戦略をすべて試したが、相手はなおもこちらが求める情報の提供を拒んだとしよう。ここで必要なのは、情報を与えていると自覚させることなく、相手から情報を引き出す戦術である。つぎのことを試してみよう。今度、提案を準備するときは、ひとつの案を準備するだけではいけない。同時に2つの案を準備する。具体的には、自分にとって価値は同じだが、微妙に異なる提案を用意する。

　自宅を売却するために不動産業者を雇う際の交渉について考えてみよう。不動産業者との契約における2つの主要な要素は、手数料（売却価格に対する一定の比率）と契約期間（不動産業者がその住宅の販売について専属権を持つ期間）である。不動産業者は高い手数料（6％）と長い契約期間（6ヶ月）を求めていた。あなたとしては、手数料を下げ、契約期間も最

低限に抑えたい。不動産業者がどちらを重視しているのか見極めるには、どうしたらいいだろうか。第1に、第2章で論じた採点システムをつくって、2つの論点が自分にとってどの程度、トレード・オフが可能かを計算する。手数料を1％引き下げるのと、契約期間を1ヶ月短縮するのは同じだけの価値だとする。そこで、不動産業者につぎの2通りの提案をする。

提案X 手数料2.5％、契約期間3ヶ月
提案Y 手数料3.5％、契約期間2ヶ月

　どちらの案も大歓迎というわけにはいかないが、どちらかと言えばX案のほうが望ましいと、不動産業者は答えた。この答えは、あなたに重要な情報を与えてくれる。あなたにとっての価値は同じなので、この答えから不動産業者は手数料よりも契約期間を重視していることが明らかになる。そこで、手数料を低くする代わりに契約期間を長くすれば、双方が有利になる。X案が望ましいとの不動産業者の発言から、読み取るべきものがほかにもあるかもしれない。不動産業者はなぜ、契約期間の長さをそれほど重視するのか。最近は超多忙ではなかったのか。営業成績が良くないのだろうか。今度はこれらの点を調べる。複数の提案を同時にしない限り、こうした情報を得るのは容易ではない。

　相手が2つの提案のどちらも受け容れなかったとしても、相対的な優先順位がわかることがあるという点も念頭に置いておくべきである。アンカーがあまりにも強気なので、2つの案とも受け容れられないと答えることもあり得る。これは問題ではない。そのときは、「どちらの案のほうが、受け容れやすいか」とか、「まったく話にならないのは、どちらの案か」あるいは、「修正を検討するとすれば、どちらの案を基にすればよいか」と聞けばいい。いずれかの質問の答えが、ログローリングを始めるのに必要な情報をもたらしてくれる。

　同時に複数の提案をすることが有効な戦術である理由はほかにもある。口の重い交渉者の利害がわかるだけでなく、ひとつではなく2つの案を同時に提示することで、強力なアンカーを設定し、かつ同時に柔軟になれる

のである。あなたが相手に選択肢を提示しているという事実は、あなたには便宜を図る用意があり、相手の優先度やニーズを理解しようという姿勢を表している。

情報戦

　交渉は情報戦である。情報の入手方法を知っている人のほうが、既知の情報に固執する人よりも上手くいく。第Ⅰ部で取り上げたすべての例で見てきたのは、交渉者が仮定を疑い、表に出ていないものを確かめようとすることで、選択肢を改善し、より効果的な取引をまとめられるということだった。より一般化して言えば、調査交渉術のアプローチは、競争的でゼロ・サムの交渉を、協力して価値を創造し、相互に満足できる交渉に転換する手立てとなる。

　しかしながら、価値創造と価値要求を最大化する体系的アプローチを身につけるだけでは十分ではない。第Ⅱ部では、交渉者の内面に迫り、賢明な交渉者の戦略すら狂わせかねない、心理的な罠を明らかにしていこう。交渉の達人は、人間心理の仕組みと、その欠点を熟知し、自身の心理的バイアスを克服するだけでなく、相手の心理的バイアスに対処する（必要とあれば、利用する）ことに長けているのである。

第Ⅱ部

交渉の心理学

Negotiation Genius
How to Overcome Obstacles
and Achieve Brilliant Results
at the Bargaining Table and Beyond

第4章

合理性が崩れるとき
——認知のバイアス

　2004年9月15日、激しい労使紛争のさなか、ナショナル・ホッケー・リーグ（NHL）は選手を競技場や練習場から締め出すロックアウトを実施した。5ヶ月にわたり、数百試合が中止になった後、NHLは公式にそのシーズンの中止を表明した。これによって、NHLは全米の4大プロ・スポーツのなかで史上初めて、労使紛争によってシーズン全体を棒に振ることになった。

　何がいけなかったのか[1]。コミッショナーのゲイリー・ベットマンの下、NHLは1990年代を通して拡大路線を突っ走った。アメリカ国内で9つのチームを新設し、競技場を次々と建設した。宣伝に力を入れ、テレビ中継を増やした。だが、NHLの経営陣が認知度と収益力強化の模索を続けるなか、選手の年俸は持続不可能な水準にまで高騰した。NHLによれば、リーグ収入に占める選手の年俸の割合は2003年時点で75％にのぼり、1990〜1991年のシーズンに比べ34％も増加していた[2]。ちなみに、フットボール（NFL）では64％、バスケットボール（NBA）では57％だった。

　2004年になると、NHLは悪化する一方の財政状態を無視できなくなっ

た。2003〜2004年のシーズンには、30チーム中19チームが赤字だった。この間、リーグも2億2,500万ドルの赤字を計上している。テレビ放映権の販売収入も予想を下回った[3]。こうした事態を受けてNHLの首脳陣は、2004〜2005年のシーズンの幕開けから強硬策に打って出ることにした。まず、選手の平均年俸を180万ドルから130万ドルに引き下げようとした。これに加えて、ベットマン・コミッショナーは、選手の年俸総額の上限をチーム収入の55％とする「確実なコスト抑制策」を求めた。

2004年12月9日、NHLの選手組合（NHLPA）は、その時点の年俸を24％引き下げることには同意したものの、年俸をチーム収入と連動させることについては拒否した。コミッショナーは2月半ばを期限として、それまでに合意しなければシーズンを中止すると言明した。2005年2月14日、NHL傘下のチーム・オーナーは、年俸に上限を設定するものの、収入とは連動させない方式を提案した。さらに交渉を続けた後、オーナーは1チームあたりの年俸の上限を4,250万ドルとする提案をした。選手側は強気の5,200万ドルから4,900万ドルに引き下げたが、いくつかの例外を設けるよう求めた。

「ここまで差が縮まったのだから、交渉を成立させるべきだ。シーズンを中止するのは不名誉だ」。コミッショナーが設定した期限が迫るなか、マイティダックスの選手、マイク・レクラークはロサンゼルス・タイムズ紙のインタビューにそう答えていた[4]。だが、期限が過ぎても合意に至らず、コミッショナーは開始にすら至っていないシーズンが終了したと公式に宣言した。700名を超えるNHLの選手のうち、400名近くがヨーロッパに渡った。ベテラン選手のなかには、いきなり選手生命を断たれた者もいた。多くの選手は、組合にもチームのオーナーにも裏切られたと感じていた。世論は当初、分かれていたが、ほどなく非現実的で欲深いとして選手側を非難するようになった。

2005年7月21日、NHLとNHLPAは労働協約を承認し、310日間にわたるロックアウトに終止符を打ち、2005〜2006年のシーズンに向けて動き始めた。NHL全選手の90％近い支持を集めた合意では、1チームあたりの年俸の上限は3,900万ドルとなった。これは選手側の当初の要求額よ

り1,000万ドル少なく、5ヶ月前にリーグ側が提示した額を下回っている。これ以外にも、年俸総額の上限をチーム収入の54%とすることや、全選手について現契約に基づく年俸を24%引き下げるといった確実なコスト抑制策が導入された。そして、仲裁条項は、選手側が不利になるように改正された[5]。選手側が見返りに得たのは、チームごとに最低年俸を保証するといったような名目的な譲歩だけである。「競技場公開型」スポーツで、チケット販売が収入の5分の3を占めるメジャー・ホッケーは、かなりの数の観客を競技場に呼び戻すという難題に直面した[6]。

　選手側はなぜ2月に4,250万ドルの提案を拒否して、7月に3,900万ドルを受け容れることになったのか。なぜ1シーズンの収入と信用を犠牲にしたにもかかわらず、得たものが少なかったのか。最終的に締結された契約は、ロックアウト前に合意可能であった、というのが大方の見方である。なぜ両者はシーズンを棒に振ることを避けられなかったのだろうか。労使紛争やロックアウト、2004〜2005年のシーズンの全試合中止は、必要かつ避けられない事態だったのだろうか。運命の気まぐれのせいではなく、回避できる間違いを犯したがゆえに、交渉は失敗に終わった、というのが筆者らの見立てである。

合理性が崩れるとき

　ダニエル・カーネマンは、人間心理がどのような要因で合理性を逸脱するかに関するエイモス・トベルスキーとの共同研究で、2002年度のノーベル経済学賞を受賞した。この奥深い研究は、経済学、心理学、金融工学、法学、医学、マーケティングなどの幅広い分野における科学革命につながった。この研究によって、交渉の分野も変わった。行動意思決定論（behavioral decision research）の影響が広がる前は、交渉者は単に合理的な観点から交渉に臨むよう求められていた。つまり、ある種の論理的枠組み（第1章から第3章で論じたもののごく初期のバージョン）を採用し、あとは「理性的にやれ」と指示されていた。

　これに対して、行動意思決定論では、交渉者に理性的であれと助言する

ことは必要だが、それだけで十分とはとても言えないと強調する。交渉者に対してはさらに、合理的なアドバイスに従うことを妨げる心理的な習慣やバイアスを認識するよう促す必要がある。行動意思決定論の研究者は、交渉で犯す失敗がどのような性格を持ち、自身の思考のなかで、どうすればそうした間違いを避けられるのか、相手の行動における間違いを予想し利用するにはどうすればよいかについて膨大な研究を積み重ねてきた。本章と次章では、交渉者が準備不足のとき、意表を突かれたとき、あるいは衝動的に動いたときに忘れがちな自覚と合理性を養うための手助けをしていく。また、交渉相手やパートナーの考えや行動を予想する手助けもするつもりである。

　もちろん、人間が不合理で、ときに間違いを犯すのは特筆すべきことではない。特筆すべきなのは、意思決定と交渉において人間が犯す間違いの多くは型通りなもので、予想できるという点である。実は、頭の切れる企業幹部ですら、ごく当たり前のように重大で共通性のある4つの間違いを犯しているのである。4つの間違いとは、パイの大きさは一定であるというバイアス（fixed-pie bias）、目立つ情報に飛びつくバイアス、不合理なエスカレーション、フレーミングの影響である。

パイの大きさは一定であるというバイアス

　第3章で取り上げたクリスの逸話を思い出してほしい。自社チームとヨーロッパのサプライヤーの交渉が独占販売契約をめぐって暗礁に乗り上げたところで、クリスが呼ばれた。クリス側のチームは、独占販売権に関して主張を通せるのはどちらか一方しかないと思い込んでいた。独占販売を認めるか、認めないか、どちらかしかないと。幸い、「なぜ独占販売契約に応じられないのか」という、クリスのごく単純な質問で、ヨーロッパのサプライヤーは、従兄弟の会社向けにごく少量を供給する権利を維持したいだけであることが明らかになった。アメリカ側としては、ヨーロッパで少量流通するだけで、それ以外に販売しないことが保証されれば何ら構わない。つまり、独占販売権を与えるか否かの二者択一の問題に見えていた

ものは、実は、数百ポンドの独占販売権と、それ以外の独占販売権という別個の問題だったのだ。裏を返せば、一方が勝つために他方が負ける必要はなかった。

時には、ひとつの論点だけをめぐって交渉が行われる場合もある。第1章のハミルトン・リアルエステートの事例がそうだが、こうした交渉は一般にゼロ・サム・ゲームの性格を帯び、合意に達するには、相手を犠牲にしなければ勝利できない。こうした交渉は、価値や資源の「パイの大きさが一定」であると言われる。交渉者ができることと言えば、パイを切り分け、大きなほうを取ることだけである。

これに対して、ほとんどの交渉は、2つ以上の論点をめぐって行われる。たとえば、納期やサービス、支払い条件、ボーナス、時期、取引関係といった点だ。第2章、第3章では、論点が複数あるために、交渉者は賢明なトレード・オフを行い、価値を創造できるということを説明した。トレード・オフの対象を見つける具体的な戦略も示した。ここで、ひとつ注意を喚起しよう。価値や資源のパイを大きくできるにもかかわらず、パイの大きさは一定だと思い込み、価値の創造に失敗する交渉者が少なくないのだ。首尾よくまとまった交渉の多くはそうだが、クリスの事例でも、パイの大きさは一定であるとの思い込みを克服し、互いに有利になる取引に踏み出すことが必要だった。

パイの大きさは一定であるとの思い込みは深く根づいていて、ベテラン中のベテランといえども例外なく影響を受けている。そのため、自分自身が価値を確保することしか眼中になく、価値を創造するアプローチを無視してしまうことになる。サウスカロライナ州選出の共和党下院議員フロイド・スペンスは、かつて、米ソ間の核廃絶に関する条約（SALT）について分析し、こう結論づけた。「SALTについては、しばらくの間、つぎのような考えを持っていた。ソ連は自国の利益にならないSALTは承諾しないであろう。そして、SALTがソ連の利益になるのであれば、アメリカの利益にはなりえない」[7]。パイの大きさは一定であるとのスペンスの思考様式は、核による人類絶滅のリスクを高めるものであった。スペンスは、核廃絶によって両国がともに恩恵を被る可能性を見逃していたのである。

筆者のひとりマックス・ベイザーマンは、ジョナサン・バロンとキャサリーン・ションクとの共著で、パイの大きさは一定という思い込みが、敵と考える相手との争いを生み出し、社会全体の価値の破壊につながる事例をいくつも紹介した(8)。そのなかから、1982年にノースカロライナの森林7,200エーカー（約3,000ヘクタール）を相続したベンジャミン・コーン・ジュニアの逸話を紹介しよう。コーンは、馬草を植え、定期的に野焼きをし、木材の販売を抑えて森林を守っていた。その甲斐あって、森林はツグミや野生の七面鳥、ウズラ、鹿の格好の住処になっていた。

1991年、コーンが生物学者に依頼した調査で、絶滅危惧種であるキツツキの一種が29羽ほど生息していることが明らかになった。米国魚類野生生物局は、1973年に制定された絶滅危惧種の保存に関する法律（ESA）に基づき、キツツキの生息地1,560エーカー（約630ヘクタール）を国の管理とした。これは、コーンの所有地の15％にあたる。所有地全体をキツツキの保護地域にされてはかなわないと、コーンは残った85％の森林の管理法を劇的に変えた。代々受け継がれてきた持続可能なやり方から、毎年、500エーカー（約200ヘクタール）の木や草をすべて伐採する皆伐法に変えたのだ。コーンの願い通り、キツツキの生息地は広がらなかった。だが、それは犠牲の多すぎる勝利だった。キツツキやESAとの戦いに「勝利」するために、コーンは経済的および環境的な貴重な価値を破壊してしまったのだ。

コーンの対応は、ESAの立法者が想定していたものとは明らかに違っていた。しかし、コーンは自分の森を破壊するか、キツツキに寄付するかの二者択一を迫られたと思ったために、皆伐法を採ることにしたのだ。コーンにとっての経済問題と社会にとっての環境問題のせめぎ合いは、双方にとってここまで悪い結果になる必然性があったのだろうか。実は、コーンには皆伐法以外の選択肢があった。当時、ESAでは、地主が絶滅危惧種を保護するために一定の手順を踏みさえすれば、生息環境保護計画（HCP）を作成して、ESAの一部条項に違反することを容認していた。HCPは、絶滅危惧種と地主、双方の利益に適う創造的な手法を編み出すことを認めて、パイの大きさは一定であるとの思い込みを克服する道を用

意していたのだ。残念ながら、コーンはHCPの採用を拒否した。計画が環境保護論者にとって望ましいものであれば、自分の利益になるはずがないと思い込んでいたのだ。パイの大きさは決まっているとの思い込みによって、コーンは極端な防衛策を採ったが、それは結局、自滅をもたらす作戦だった。

　パイの大きさは決まっているという思い込みがいかに強力かを顕著に示す例を、もうひとつ挙げよう。研究者であるリー・トンプソンは、両者がまったく同じ結果を望んでいるときですら、妥協しなければ合意できないと思い込んでいるために、異なる結果に落ち着く場合が多いことを実証した。被験者に模擬交渉を行ってもらう。論点は2つあるが、これらは両立が可能であり、両者はまったく同じことを望んでいるという設定になっている。客観的に見れば、対立は存在していないのだから、これらの論点について交渉することは何もなかった。しかしながら、被験者の39％は、両立可能な2つの論点のうちの少なくともひとつについて、双方が希望している結果に合意しなかった。最適な合意に達した人は、相手もその合意で得をしていることに気づいていない場合が多かった。「交渉に勝って」相手を説き伏せたと思っていたのだ[9]。

　パイの大きさは決まっているとの思い込みは、価値創造を難しくするばかりではなく、反射的な過小評価（reactive devaluation）につながりかねない。つまり、相手が提案したというだけの理由で、相手の譲歩を否定したり、過小評価したりする傾向があるのだ。軍縮提案に関するアメリカ市民の反応についての調査が、この傾向を明らかにした[10]。調査では、137人の被験者を2つのグループに分け、提案がアメリカにとってどの程度好ましいか、また当時のソ連にとってどの程度好ましいかを尋ねた。一方のグループには、この提案が当時のゴルバチョフ共産党書記長によってなされたものであると正確に伝えたが、もう一方のグループには、提案者が当時のレーガン大統領であると嘘の情報を伝えていた。提案者がゴルバチョフだと知らされたグループでは、提案がソ連にとって有利であると答えた割合が56％にのぼり、アメリカにとって有利と答えた割合は16％にすぎなかった。残りの28％は、双方にとって同程度にプラスになると答えた。

ところが、提案者がレーガン大統領だと伝えられていたグループでは、ソ連にとって有利になると答えた割合は27％にすぎなかった。そしてアメリカに有利と答えた割合が27％、双方にとって同程度にプラスと答えた割合は45％だった。

　この調査が示しているように、実行すれば双方に利益をもたらすと見られる条件の提案ですら、相手が提案したからというだけで不利に思える場合がある。同様に、相手がある論点について譲歩すると、「これほどの譲歩をしようというのだから、この問題は大して重要でないに違いない」と過小評価する可能性がある。また、相手が満足気に見えると、「あのように喜んでいるのだから、われわれが負けたに違いない」と思いかねない。こうした傾向は、いずれもパイの大きさは決まっているという思い込みに根ざしており、「相手にとって良いことはすべて、自分にとって悪いこと」だと曲解してしまうのである。このバイアスの影響は、NHLの争議にも見られる。オーナー側、選手側とも、意見が対立する年俸だけに目を向けパイを大きくする方法、つまりシーズンを棒にふらず、収入を増やし、単純にプレーをするといったことは無視した。さらに選手側は、ロックアウト前に受け容れることもできた内容と同程度——おそらくは、それよりも悪い内容の提案を受け容れることになった。不幸なことに、オーナー側から提示されたという理由で、選手側はただちに過小評価したのだ。

　第2章、第3章では、価値創造のための戦略の概略を示した（複数の論点を同時に交渉する、同時に複数の提案を行う、条件付き契約を活用するなど）。しかしながら、これらの戦略を活用する前に、相手の提案に対するあなたの当初の直感的な反応が、「パイの大きさは一定」であるとの思い込みのために歪んでいる可能性を自覚することが重要であり、それに応じて思考様式を調整する必要がある。

　結論を言おう。重要な交渉に臨む際には、自分が価値を創造できる領域を探すことを念頭に置きながら交渉に臨むべきである。パイの大きさは一定であると思い込み、自分の間違いに気づかないよりも、パイは大きくできると考え、後になってそうできなかったと気づくほうがましだからだ。

目立つ情報に飛びつくバイアス

　有名大学の成績上位のMBA取得者は、キャリアや個人的な幸福を左右する重要な点に関して雇用主と交渉する際、強い立場にある。こうした学生は頭脳明晰で、よく訓練されていて、世界的な一流企業から高く評価されている。そのため、雇用条件の交渉など苦もないはずである。これが真実だとすれば、MBA取得者の多くが、最初に職を得てほどなく転職するのはなぜだろうか。重要な理由のひとつは、目立つ情報に飛びつくバイアス（vividness bias）があるからである。端的に言えば、提示された情報のうち、目立つものばかりに目を奪われ、満足度に大きな影響を与え得る、目立たない情報を見落としているからだ。これは、ベテラン交渉者ですら陥りやすい罠である。

　ハーバード・ビジネススクールの学生は、スパングラーと呼ばれる学生センターで多くの時間を過ごす。就職活動の時期になると、スパングラーでの会話はもっぱら、面接や求職情報をめぐるものになる。さまざまな職種について、学生がスパングラーで交わしている以下の会話を見てみよう。

- 医療保険がとても充実している。
- 会社が、実家から10マイル足らずのところにある。
- 会社訪問をしたら、みな満足そうだった。
- 頻繁にヨーロッパ出張に行かせてもらえる。
- 初年度の年俸が14万ドルだ。
- 従業員が大きな権限を持っている。
- オフィスがとても快適だ。
- マッキンゼーからオファーをもらった。
- 通勤時間が少なくて済む。

　これらの発言のなかで、目立っているのはどれだろうか。MBAの学生の間で瞬く間に伝わる発言はどれだろうか。ステータスがもっとも高いの

は、どれだろうか。いずれの質問に対する答えも、高い給与（14万ドル）と、一流コンサルティング会社マッキンゼーからのオファーであるはずだ。この2つは、すぐに伝わりやすいだけでなく、他人に評価されやすい。オファーを受けた学生は、こうした情報を伝えたときの周りの学生の反応に気をよくし、周りに感心されたことで、自分のなかでもこれらの情報を強く記憶することになる。会う人ごとに、この話ばかりするので、オファーのほかの要素は影が薄くなるか、まったく影を潜める。その結果どうなるか。学生は、ステータスがあり、給与も高い仕事をすぐに辞めてしまうのだ。条件のうち目立つもの、権威のあるものを過大評価し、オフィスの立地や職場の雰囲気、通勤といった自分のキャリアや個人的満足度に影響を与える、その他の情報を過小評価してしまう（この間違いは、女性よりも男性に顕著であるとの調査結果もある）[11]。

　より一般化して言えば、目立つ情報は、目立たない情報（しかし同じように重要な情報）よりも、交渉者に大きな影響を与える。ある企業で、幹部が研究開発費の配分をめぐって議論しているとしよう。CEOがその場にいる幹部ひとりひとりの意見を求めたところ、全員が自分の部門の予算を増やしてほしいと主張する。なぜなのか。ひとつには、幹部はそもそも利己的であり、個人の利益の最大化を目指していることが挙げられる。だが、より無意識のレベルでは、自分の部門で予算をどう使うかは、具体的に思い描くことができるので目立つ情報だからである。ほかの部門が研究開発費をどう使うかは、具体的なイメージが湧かないので目立たないため（だからといって価値が低いわけではないのだが）、可能性そのものを無視してしまう。同様に、CEO自身も、目標売上高やコスト予想、投資効率といったわかりやすい尺度で見て最善のものを過大評価しやすく、完成までの期間や実行の難しさ、機会費用といった重要な事項については過小評価するきらいがある。

　NHLの選手もチーム・オーナーも、目立つ情報のバイアスの犠牲になったと言えるだろう。両者にとって、総収入に対する年俸総額の比率と年俸総額の上限という目立つ数字が、強硬な態度をとる動機になったのは明らかである。チケット収入が日々失われること、評判への影響、パイを大

きくする可能性のあるゲームのルールを変えることなど、その他の重要な項目は目立たず、過小評価されていたようだ。目立つ数字に関して、選手側が当初の要求をかなり下回る条件を最終的に受け容れたのは、その他の目立たなかった検討項目が最終的に表面化し、対立する両者の合意を促すことになったと考えられる。言うまでもなく、この時点で、1シーズンを丸々棒に振ってしまっていた。

　交渉において、目立つ情報を過大評価しすぎないために、何ができるだろうか。目立つ情報に飛びつきやすい傾向があると予想しておくことが重要だが、それに加えてバイアスの克服に役立つ戦略を2つ紹介しよう。

採点システムをつくる。第2章では、採点システムを作成し、相手からの提案を評価し、適切な対案を組み立てる際に活用する方法について説明した。採点システムはさらに、自分の真の利害に注目し続けることによって、目立つ情報に飛びつくバイアスの克服に役立つ。自分の反応と戦略を、採点システムの項目と突き合わせてチェックすれば、意思決定において目立つ情報のみ過大評価するバイアスを防ぐことができる。

　筆者らの仲間のひとりは現在、カーネギー・メロン大学で交渉術を教えているが、数年前、就職先を探す際に、このアドバイスを真剣に受けとめ実践した。大学のオファーについて、自分にとって多少なりとも重要な項目を列挙してリストを作成した。「妻が気に入るかどうか」から、「最寄の国立公園までの距離」「平均降雨量」に至るまでに40項目に及び、それぞれをウェイトづけしていった（ちなみに「妻が気に入るかどうか」のウェイトは50％だった）。これは、いささかやりすぎだろう。一方で、就職活動中のMBAの学生で、少なくとも5～10項目をウェイトづけしたリストも持っていないのでは、面接での交渉におけるすべての重要な項目について合理的に考えていないと言われての仕方ない。われわれの仲間は、午後のひとときを無駄にしたかもしれないが、MBAの学生は一生のうちの1年を無駄にするかもしれないのである。

情報と影響力を分離する。第1章では、情報と影響力を分離することが

いかに重要かを論じたが、ここで、この原則をもう一度取り上げよう。もちろん、目立つものに飛びつくバイアスを克服するのに役立つからだ。つぎの事実をよく考えてもらいたい。自動車販売の営業マンが、自動車専門誌のランキングを見せながら、これは信頼性の高い車です、と売り込むその一方で、故障したときの修理費がバカ高いので同じ車に高額の延長保証を付けるよう勧める。2つの情報は矛盾しているにもかかわらず、どちらも顧客に影響を与えて、営業マンが利益を獲得し得るのである。新車の購入者の50％近くが、通常は高すぎる費用を払って保証を延長している事実からすれば、多くの人々が矛盾を解消しようとせず、逆に目立つ情報に振り回されていると思える。難しい決断を迫られたとき、交渉の達人は、決定的な質問を自分に問いかけることを忘れない。「この情報は貴重なのか？」「新しいことがわかったのか？」「情報の提示の仕方に惑わされ、ある行動をとるよう影響を受けているだけではないのか？」。

不合理なエスカレーション

　企業幹部を対象にした交渉術のセミナーに参加しているとしよう。周りはベテラン揃いだ。教授はポケットから100ドル札を取り出し、こう告げる

　　これから、この100ドル札のオークションをします。参加するかどうかは自由で、見ているだけでも構いません。5ドルから始めて、5ドル刻みでコールしてもらい、入札者がいなくなるまで続けます。最高価格で落札した人は、その価格を支払ってもらい、100ドル札を渡します。このオークションには、ふつうとは違う点が1点だけあります。入札価格が2番目に高かった人にも、その額を支払ってもらうのです。当然ながら100ドル札はもらえません。たとえばマリアが15ドル、ジャマールが20ドルで入札し、そこでオークションが終われば、ジャマールは100ドル－20ドルで80ドルの得になります。2番目のマリアには、15ドルを払ってもらいます。

読者は、どのような戦略を採るだろうか。オークションに参加するだろうか。

　筆者のひとりマックス・ベイザーマンは、このオークションを何十回となく行った。それ以前にも、20ドルを使った同様のオークションを何百回となく行った。結果はどうだったか。たいていマックスが大儲けしたのである。

　どうして、そうなるのだろうか。最初は入札者の声が活発に飛び交う。入札額が60～80ドルにつり上がると、上位２人を除いて全員が脱落するのがふつうだ。すると、２人は緊張し始める。ここでひとりが70ドルで入札し、もうひとりが75ドルで入札しているとしよう。70ドルのほうは、80ドルで札を入れ直すか、入札を諦めて70ドルを支払うしかない（入札価格が２番目だからだ）。入札を続けても先はどうなるかはわからないが、確実に損をするよりはよいと思い、80ドルで入札する。こうして入札の応酬は続き、95ドル、100ドルとつり上がっていく。教室は静まり返り、95ドルをつけた人がどうするのかを固唾を呑んで見守っている。95ドルの損を受け容れるのか、相手が先に諦めてくれるのを願いながら入札を続け、100ドルを上回る価格を提示するのかどうか決めなければならない。105ドルと声をかけたところで、笑いが起きる。このオークションは、ふつう100ドルから1,000ドルのどこかで決着する。

　そもそも、このオークションに参加するのはなぜなのだろうか。当然ながら、人に競り勝って、儲けるチャンスに魅力を感じるからだ。だが、なぜ100ドルを超えても入札を続けるのか。戦略的そして心理的に落し穴にはまっているからだ。戦略的には、100ドルのオークションに参加し、最後の２人に残った場合、脱落するよりも少し金額を足すだけで残れるのだから、入札を続けるのが理に適っているように思える。もう一度だけ札を入れれば、相手が先に諦めてくれるかもしれないのだから。だが、２人がともに、この一見、合理的に見える戦略を採り続けると、入札額は尋常でない水準にまでつり上がり、双方に悲惨な結果をもたらすことになる。

　この100ドル札のオークションでの落とし穴は、戦略ばかりではない。数知れない交渉や紛争、対立で、個人や企業、国家が関与しすぎて失敗

するのも、戦略だけの問題ではない。というのも、不合理なエスカレーション（nonrational escalation of commitment）に関わる調査によって、交渉者が自分の以前の決断や行動を、自分自身にも、また他人にも正当化する必要を心理的に強く感じていることが明らかにされているのである。交渉者にとって、最初の戦略がまずかったとか、自分が間違いを犯したかもしれないと認めるのは難しく、こうした事実を認めたくないために、極端にコストが高くつき、悲惨な結果になるときですら、自分のコミットメントをエスカレートさせていく。筆者のひとり、ディーパック・マルホトラらは、人間心理によって、こうしたエスカレーションの問題が増幅しかねないことを明らかにした[12]。「競争的興奮」（competitive arousal）に関する研究では、対抗意識を高めるやりとりによって、交渉において「いかにコストがかかろうとも勝ちたい」という欲求が生まれ得ることが明らかになっている。100ドル札のオークションがそうだったように、「勝つ」ことと、「儲ける」ことは同じではない場合がある。100ドルを上回って入札が続くとすれば、「勝者」ですら負けるのである！

不合理なエスカレーションは、実社会のさまざまな状況で起こっている親権争い、労働争議、合弁企業の解消、入札競争、訴訟、価格競争、民族紛争をはじめ、数え切れない紛争はどれも、エスカレートして手に負えなくなる可能性を孕んでいる。勝利への期待、当初の戦略を正当化する必要性、相手を負かしたいという願望など、エスカレーションを促す要因が相俟って、単純な常識が飛んで行ってしまう。対立する者が、自分のコミットメントをエスカレートする願望を抑えきれなければ、当初は賢明だと思えた戦略（入札への参加、揺さぶりのための訴訟、価格競争など）も、悲惨な結果につながりかねない。交渉者が「ここまで投資したのだから引くに引けない」と思うとき、すでに多大な損失を負っているとき、相手を嫌い、どれほどコストがかかっても「勝ちたい」と思うとき、対外的に関与を約束したとき、エスカレーションが起こりやすくなる。NHLの紛争を振り返ると、これらの要素がすべて働いていたことがわかる。

NHLの選手の立場で考えてみよう。ほぼ5ヶ月前からロックアウトが続いている。今やシーズンそのものが危機にある。これ以上、シーズン

（そして収入）を棒に振りたくはない。そうは言っても、自分の要求を引っ込めたくもない。最初の戦略が上手くいかなかったと認めることができるだろうか。これだけ長期間、有利な取引を求めて妥協しなかったのは間違いだったと認めることができるだろうか。数ヶ月にわたって不公正だと言い続けてきた提案に、同意すべきだと認めるべきなのだろうか。チーム・オーナーに対する敵意を抑え、オーナー側が求める譲歩ができるだろうか。難しそうだ。果たして、不合理なエスカレーションの犠牲にならない道はあるだろうか。

メジャー・リーグ・スポーツにおける同様の紛争に関連して、ハーバード・ビジネススクール教授のジェイムズ・セベニウスとマイケル・ウィーラーは、きわめて有効な戦略を考案した[13]。ストライキやロックアウトはただちに中止し、ゲームを再開する。ただし、ここが重要な点だが、チーム・オーナーは収入を受け取ってはならず、選手はいかなる報酬も受け取ってはならない。試合に関わる収入と凍結された報酬は、紛争が解決されるまで信託しておくのである。この取り決めの重要な条項は、両者が一定の期間内に合意に至らない場合、信託基金のかなりの割合を慈善団体に寄付するという規定である。言い換えれば、合意に至るために何でもするか、パイの大きさが小さくなるかのどちらかなのだ。基金が膨らんでいくのを目の当たりにすること、そしてそれが失われることの恐怖心が、双方にとって契約に合意する動機になるとセベニウスとウィーラーは主張する。

緊迫した対立のなかで、こうした合意に至る可能性は非現実的だと思えるのであれば、アメリカ東海岸を走る高速列車の欠陥ブレーキに絡んで起きた2005年の紛争について考えてみてほしい。列車のブレーキには致命的なひび割れがあり、交換が必要なことははっきりしていた。だが、ひび割れの責任が誰にあり、数ヶ月間、運行を停止することによる損失を誰が負担するのかは、それほどはっきりしているわけではなかった。責任を問われる可能性のある主体が3社あった。列車を購入したアムトラック。列車を製造したボンバルディア。ブレーキをボンバルディアに納入したドイツの部品メーカー、クノールである。責任の所在について、3社の意見が食い違ったのは意外ではない。意外だったのは、まずブレーキの問題を解決

してできるだけ早期に運行を再開し、その後で運行停止と修理費用をどこが負担するかを話し合うことで迅速に合意した点だ。3社は、共通の利害を重視し、対立の激化を回避すると合意することで、多額の損失を防げたのである。

NHLとNHLPAは、2004年から2005年にかけてのシーズン中の交渉で、セベニウスとウィーラーが提唱した賢明な戦略、あるいはアムトラック、ボンバルディア、クノールが実行した戦略をなぜ採れなかったのだろうか　双方——おそらくは選手側がとくに、不合理なエスカレーションに陥ったことが主因であろう。当初の行動にこだわりすぎて、戦略の転換の必要性を示す明らかなシグナルを無視してしまったのだ。

白熱した戦いのなかで、どうすればエスカレートするのを避けられるか検討すべきアイデアを3つ紹介しよう。

あらかじめ出口戦略を用意して交渉に臨む。100ドル札のオークションでは、相手がいつ降りるかはどちらの側もわからないため、「もう一度だけ」入札するのがまずい判断であると結論づけるのは難しい。残念ながらこれは滑りやすい坂道である。100ドル札のオークションの参加者にとっても、裁判に訴える場合であっても、大統領が戦争を仕掛ける場合であっても同じである。だからこそ、状況がスパイラル的に悪化し、手に負えなくならないように、損失を確定して、入札や訴訟や戦争をやめるポイントを事前に決めておくことが重要なのである。もちろん、たとえば相手の資金が底をつきかけているといった戦略に関わる情報が新たに手に入るなど状況の進展があれば、それに応じてこのポイントは調整すべきである。

自分の判断を批判し、論理の穴を見つけてもらうために「反対役」を指名し、報いる。この役割を誰に担ってもらうべきか。反対役は、以下の3つの特徴を備えているべきである。信頼できる。当初の戦略に利害を持たず、立案に関与していない。最終結果に対する利益相反がない。交渉では似たような考え方の持ち主や、御しやすい支援者、自分の自信を高めてくれる人たちで周りを固めたくなるものだ。しかしながら、エスカレーショ

ンの危険な影響を克服しようとするとき、必要なのは自信ではなく、思考の明晰さと優れた判断である。自分自身のことについて、つねに冷静さを保つことはなかなかできないものなので、公平な判断力を持つと信頼できる、身近な第三者にその役割を担ってもらうのは、優れた考えだ。

エスカレーションをもたらす力がかかるはずだと予想し、準備する。たとえば、当初の決断の正当性を利害関係者に説明しなければならなくなることを心配するならば、自分がどういう行動をとるかを対外的に約束するのは控えるだろう。あるいは、個人的な敵意が闘争心を掻き立て、紛争がエスカレートすると考えるのであれば、感情が高ぶったときには、個人的な利害が少ないチームや組織のほかのメンバー――自分よりも個人的な利害が小さいメンバー――に実質的な交渉を委ねたほうが賢明かもしれない。

エスカレーションという点で交渉の達人であることは、いくつもの意味を持っている。競争上の罠を見抜く術を身につけ、エスカレーションの原因と結果を理解し、「エスカレートを抑え」、必要とあれば損失を確定する準備を事前にしている。コミットメントがエスカレートする仕組みを理解することによって、高くつく間違いを回避できるだけなく、相手の不合理な行動を予測する態勢が整うことになる。

フレーミングの影響

エイモス・トベルスキーとダニエル・カーネマンが最初に論じた「アジア病問題」で提示された選択肢について検討していこう[14]。

> アメリカは死者600人が予想される特異なアジア病の発生に備えているとする。対策として2つ選択肢が提示されている。対策の効果について、科学的な推計は以下の通りだとする。どちらの対策が好ましいだろうか。
>
> **対策A** 対策Aを実施すれば、200人の命が救われる。

対策B 対策Bを実施すれば、600人の命が救われる確率が3分の1、ひとりも救えない確率が3分の2である。

読み進める前に、AとBのどちらが好ましいか選んでもらおう。では、同じ問題で、以下の選択肢のどちらが好ましいだろうか。

対策C 対策Cを実施すると、400人が命を落とす。
対策D 対策Dを実施すると、誰も死なない確率が3分の1あるが、600人が死ぬ確率が3分の2である。

注意深く読めば、対策Aと対策Cは同じであることに気づくはずだ。どちらも200人が助かり、400人が命を落とす。対策Bと対策Dも、全員を救える確率が3分の1、600人が死ぬ確率が3分の2で、まったく同じである。つまり、最初にBよりAが好ましいと思ったのであれば、明らかにDよりCを選ぶべきである。ところが、実際の反応は違っている。さまざまなグループに2組の選択肢を見せたところ、BよりAを選んだ人が多かったが（トベルスキーとカーネマンの最初の調査では被験者の72％）、CよりDを選んだ人が多かったのだ（被験者の78％）。人の好みには、なぜ一貫性がないのだろうか。

選択肢をどのような枠組みで説明するか（フレーミング）が決定的な要因であることがわかっている。2組の選択肢は中身が同じだが、「命が救われる」から、「命を落とす」へ表現を変えたことで、人々の受け止め方が大きく変わったのだ。予想価値がほぼ同じでも、利益を考えているときにはリスクを避ける傾向があり、損失を考えているときにはリスクを好む傾向がある。言い換えれば、得るものがあるときには、「確かなもの」を求め、失うものがあるときには、「いちかばちか」を求めるのだ。だからこそ、救われる命について考えるときには、リスクの少ない対策（確実に200人救える）を選択し、失われる命について考えるときには、リスクの高い対策（600人救える可能性があるが、確率は3分の1）を選んだのである。この問題から、フレーミングの影響の大きさがうかがえる。

フレーミング効果（framing effects）に関する研究によって、利益などの利得を伴うリスクと、敗訴などの損失を伴うリスクとで、扱い方が大きく異なることが明らかになっている。こうした思考様式は、交渉の際の行動に大きく影響しかねない。たとえば、利益や報酬、ボーナス、遺産などの利得の配分を交渉する際には譲歩や妥協をする可能性が高いが、コストや罰金などの損失の分担をめぐる交渉では、頑なになり袋小路に陥る可能性が高いのである。また、権利を有する当事者間で利益配分を争う場合よりも、コストや損失、責任を誰が負うかをめぐって争う場合のほうが、交渉を打ち切り、裁判に訴えるというリスクの高い選択肢を選びがちである。

　つぎのシナリオを考えてもらいたい。カジノに着いて早々、ブラックジャックをすることにした。100ドルを賭ける確率はどのくらいだろうか。つぎに、ブラックジャックを1時間やったが、すでに600ドル負けているとする。100ドルを賭ける確率はどのくらいだろうか。人は、負けているときほど（600ドル）、リスクを冒す（100ドルを賭ける）意欲があるものだ。最初に100ドル負けるほうが、7回目に100ドル負けるよりもはるかに痛い。2回目に100ドル負けるときと比べても痛い。一度「負ける」と、穴を掘って脱出できる可能性がある限りは、大きな穴に落ち込んでも（つまり、さらに負けても）気にしない。

　では、ここですでに600ドル負けているとしよう。ただし、カジノで負けているのではなく、株式市場が週の前半に下落し、投資ポートフォリオに600ドルの含み損が出ているとする。その夜あなたは、ブラックジャックのテーブルで、どのような行動をとるだろうか。カジノで600ドル負けた後と同じリスクをとろうとは思わないはずだ。つまり問題は、実際に負けているかどうかではなく、その状況で負けていると感じるかどうかなのだ。負けていると感じるかどうかは、参照点（reference point）、つまりどの結果と比較するかによって変わってくる。現在の状況を、カジノに足を踏み入れたときにポケットにあったカネと比べるのであれば、自分の資産状況の全体と比べるときとは異なる行動をとるだろう。

　これがわかると、ギャンブルをする際のアドバイスが見えてくる。つねに参照点を調整する習慣を身につけておけば、危険なリスクを冒す可能性

は低くなる。いつカジノを引き揚げ、帰宅すべきかを考えるとき、その夜にあらかじめ設定してあった上限を思い出すべきだ。だが、どれくらい賭けるかを考えるときは、その日初めて賭けるつもりになるべきだ。その夜すでに負けた分は、今から自分の資産全体がどうなるかに影響を与えるわけではないこと（そうであることを望む）を思い出すようにしなくてはいけない。つまり、自分自身が「穴に落ちた」と思うことが馬鹿げているのである。

　参照点の影響を理解しておくことは、交渉者にとってはさらに重要である。交渉において、参照点を操作できるのは、自分だけではない。相手もまた操作できる。取引から数百万ドル得ようと交渉に臨んだものの、ZOPAがはるかに小さい（自分が獲得できるのは数千ドルにすぎない）らしいとなったら、あなたはリスクを求めることになる損失配分のフレームを採用する可能性がある。もっと強気になり、最後通牒を突きつけ、交渉の場から引き揚げようという気持ちが強くなるかもしれない。逆に、少ない利益を予想して交渉に臨んだ場合、意外な提案に喜びリスクを回避する利益配分のフレームを採用するだろう。おそらく、もっと友好的になり、それほど強気の要求もせず、交渉が暗礁に乗り上げるリスクを冒したくなくなる。2つのフレームから導かれる行動が大きく異なるのは、明らかである。だが、その必然性はあるのだろうか。状況によって、取引の価値が変わったわけではない。戦略も変わるべきではないのだ。

　フレーミングと参照点の効果を理解すれば、その影響の大きさを予想しそれに従って戦略を立てることができる。とくに、以下の段階的評価を推奨したい。

1．状況を評価するのに使える参照点をいくつか考える。現状、目標、予想、恐れる結果などである。つぎに、もっとも適切だと思われる参照点を選ぶ。
2．選択する参照点が異なっても、あなたの戦略が有効であるかどうかを評価する。
3．最後通牒を突きつけるとか、裁判に訴えるなど、リスクの高い戦

略の活用を検討しているなら、フレームを変えてもその戦略は有効かどうかを考える。

　たとえば、NHLの紛争では、オーナー側は選手に年俸の水準を下げる形で損失を引き受けてほしいと要請していた。選手にとっては、事実上、既存の年俸が参照点となるため、選手は損失配分のフレームに置かれることになった。だが、NBAやNFLなど、ほかのプロ・スポーツ選手の年俸の総収入に対する比率を参照点にしたらどうだっただろうか。ほかのプロ・スポーツ選手に比べてどうか、BATNAを追求したならどうなるかを考えれば、NHLの選手は利益配分のフレームで見ることになり、シーズンを丸々棒に振るというリスクを冒す意欲は緩和されただろう。

頭のバイアスと心のバイアス

　この章で要約した行動意思決定論から、交渉者は相手の戦術ばかりでなく、自分自身の判断を曇らせかねない予想可能な心理的罠にも対峙すべきであることが明らかになった。次章では、認知バイアスは話の半分にすぎず、交渉者の思考や行動は、動機のバイアスにも強く影響されていることを明らかにする。われわれが判断を誤るのは、自分自身や世界がこうあってほしいという強い願望があるからだ。幸い、交渉の達人になろうという人であれば、頭の特異な働きだけでなく、心の強力な影響についてもあらかじめ認識し、克服する方法を習得できるだろう。

第5章

合理性が崩れるとき
——心理的バイアス

　数年前、マンハッタンにある共同アパートのなかの一戸の住民と共同アパート理事会との間で論争が持ち上がった。論争の焦点は909ドルだったこれは、子どもが窓から落ちないように、住民が手すりを取り付けた費用だ。何が問題だったのか。この費用を誰が負担すべきかが、はっきりしなかったのである。住民側は、安全性と責任の問題なのだから共同アパート全体で負担すべきだと主張した。これに対して理事会は、手すりがほしいと言っているのはこの住民だけなので、この住民が負担すべきだと反論した。論争はエスカレートして、結局、裁判に持ち込まれることになった。

　1年後、両者が負担した裁判費用は累計で1,000ドルを超えていた。裁判を打ち切って、交渉に切り替えるべき時期だったのかもしれない。だが双方とも自分たちに勝ち目があると思っていたため裁判は続いた。

　さらに1年が過ぎた。両者の裁判費用の累計は1万ドルを超えていた。だが、裁判以外で和解に応じるつもりはなかった。対立はもはやカネの問題ではなくなっていた。正義の問題であり、双方とも自分たちに理があると思っていた。

ついに理事会が勝訴し、住民側に手すりの設置費用909ドルの支払いが命じられた。ふつうなら、勝訴したほうは祝杯をあげるところだ。だが、あいにく判決が出るまでにかかった裁判費用は累計で2万ドル近くにのぼっていた。

これだけでも悲惨だが、事態はさらに悪化する。

住民が上訴することにしたのだ。両者はさらに合計3万ドルの裁判費用を負担することになった。上級審では当初の判決が支持された。この時点で、909ドルの支払いをめぐる論争に費やした費用は5万ドル近くに膨らんでいた。

まさに悲惨な状況だが、事態はいっそう悪化する。

理事会が、自分たちの裁判費用を負担するよう、住民側を訴えたのだ。その後の裁判で、両者はさらに5万ドルを費やした。最終的に、判事は裁判外での解決を勧告し、住民側が理事会の裁判費用の一部（ほとんどではない）を負担せざるを得なくなった。

最終的な決算はこうだ。909ドルの手すりの設置費用をめぐって始まった紛争は、6年にわたって続き、10万ドル以上の費用をかけてようやく決着した。

交渉における間違いは、前章で論じた認知バイアスだけで引き起こされるわけではない。感情もまた認知と同じように、合意を破壊する強力な要因になり得る。さらに問題に輪をかけているのは、自分が他人より公正で、親切で、能力があり、寛大で、価値があり、成功すると思う動機が人間にある点だ。こうした動機のバイアスは、どのような結果をもたらすのか。最適とは言えない判断や決断をしてしまうのである。本章では、いくつかの動機のバイアスを取り上げ、それが交渉戦略や結果に与える影響を検討していこう。取り上げるのは、相反する動機の問題、自己中心主義、自信過剰、不合理な楽観論、優位性の幻想、利己的な属性（self-serving attribution）、後悔の回避、である。

相反する動機の問題

　ホメロスの叙事詩『オデュッセイア』で、主人公のオデュッセウスは、長い航海の最中、難題に直面する。船は、間もなくセイレーン島に差しかかろうとしていた。セイレーンは、女性の顔をした「怪物」であり、美しい歌声で船員を誘惑し島におびき寄せ、餌食にしていた。セイレーンの歌声を耳にして、なおかつ抵抗できた者はひとりとしていない。セイレーン島の海岸には「男たちの骨が朽ち果てていた」[1]。オデュッセウスは仲間を守るために、彼らの耳を蜜蝋で塞ぎ、魅惑的なセイレーンの歌声が聞こえないようにした。だが、自分自身はどうしても歌声を聴きたくて、耳を塞ごうとはしなかった。とはいえ、生きて帰りたい。では、どうするかこのジレンマを解決するため、オデュッセウスは帆柱に縛り付けてもらいセイレーン島を通過するまで、どんなに自分が頼んでもロープを解かないよう仲間に命じたのだ。仲間は指示に従い、オデュッセウスは命を落とすことなく、セイレーンの歌声を楽しむことができた。

　読者にとってのセイレーンの歌声とは何だろうか。交渉相手に怒りを感じれば、長期的には自分が傷つくことがわかっていても、そういう言動をとりたくなる。言葉や行動で、取引関係を終わらせ、個人的な友情を壊し上司との関係をこじれさせ、法律上の問題になることもある。それでも、その瞬間、心のなかで、攻撃や報復したいという衝動を抑えるのは容易ではない。同様に、相手が魅力的な提案をしてきたら、交渉でもっと良い条件を引き出したり、ほかに良い案件がないかどうか検討したりしたほうが賢明だとわかっていながら、興奮のあまり、その場で承諾したいという誘惑に駆られるものだ。いずれの状況でも、友人には早まったことをするなと忠告するのだろうが、自分はなかなかそうできないものだ。

　経済学者のトーマス・シェリングは、人間の行動には二面性があると主張する。「きれいな肺でいたい、長生きしたいと言いながら、しょっちゅうタバコを吸っている。引き締まった体でいたいと思いながら、デザートを食べたがる」[2]。人は往々にして、自分がしたいことと、自分がすべ

きだと思うことの間で内なる交渉をしている⁽³⁾。オデュッセウスのような独創的な解決法は見つからないのがふつうなので、難しい選択を迫られる。現実の重要な交渉においては、「こうしたい自分」（want-self）が「こうすべき自分」（should-self）を圧倒して、後々悔やむ行動をとり、後悔する結果を引き起こす場合が多い。何か対策はあるのだろうか

　交渉術を教える講師や経営幹部、その道のプロの多くは、長期的な利益を最大化するために、「こうしたい自分」を抑制する必要があると主張する。「こうすべき自分」のほうが、「こうしたい自分」よりも信頼でき、自分にとって何が最善かを上手く評価できるという。

　反対意見もある。行動意思決定論の研究者、ジョージ・ローウェンスタインは、本能レベルでの衝動的な反応――「こうしたい自分」の反応――は、危険を覚悟で無視されているのだと主張する。ローウェンスタインはこう論じる。「空腹は、栄養を補給する必要があるというシグナルである。痛みは、ある種の有害な環境要因の影響を示している。そして、感情は、割り込みや優先順位の見直し、活性化の役割を幅広く果たす」⁽⁴⁾。本能的な反応は、人間がとくに重視する問題に気づかせてくれるにもかかわらず、責任感を持たなくてはとか、成熟しなくてはと考えるために、あるいは社会に適合するために、こうした反応を抑える傾向があると、ローウェンスタインは主張するのである。

　こうした見解の相違は、人間の抱えるジレンマを浮き彫りにしている。「こうしたい自分」を管理しない者は、長期的に大きな問題を引き起こしかねない短絡的な行動をとる場合が多い。逆に、つねに「こうすべき自分」の声に耳を傾けている者は、「こうしたい自分」が発する、おそらく重要なシグナルを無視している。

　筆者らのアドバイスはこうだ。交渉者は、実際の交渉に先立って、こうしたいと思うことと、こうすべきだと考えていることの対立を予想し、解消しておくべきである。交渉の前と後には、「こうすべき自分」と「こうしたい自分」の対立はない。唯一、問題が起きるのは、交渉の最中である。何かの拍子に、こうすべきだと思っていることとは両立しない形で、「こうしたい自分」を満足させたいという強力な感情が湧いてくる⁽⁵⁾。幸い、

「こうしたい自分」の衝動的な欲求は予想でき、それに備えることができる。たとえば、相手が自分を怒らせようとしているとか、オファーをすぐに承諾したい、あるいは目先のことを考えて行動したくなる、といったことは予想できる。交渉への備えができているほど、衝動的な感情に突き動かされて、自分の真の利益を害するような行動をとる可能性は低くなる。つまり、この点でも、準備こそが交渉を成功させるうえで決め手となるのである。

共同アパートの窓の手すりをめぐる論争について、改めて考えてみよう。訴訟を通じて「勝ちたい」という欲求と、経済的損失を最小化したいという欲求の折り合いをつけるために、何ができただろうか。ひとつの賢明なアイデアとしては、各当事者が、裁判に勝つためにどこまで費用と時間をかけるつもりか事前に決めておくという方法がある。事前に決めた限度に達したら、裁判をやめ、自分たちで手すりの費用を負担する。どちらも、紛争がエスカレートする前に、数万ドルを払うつもりがあったとは考えにくい。つまり、双方が事前に「こうしたい自分」と「こうすべき自分」の折り合いをつけておけば、数万ドルを節約できたと考えられる。

弁護士抜きの１日仲裁（そして、双方が上訴する権利を放棄する条項）に合意することもできた。この方法なら、裁判の費用や煩雑な手続きなしで、中立的な第三者に双方の言い分を申し立て、最終判断を下してもらうことができた。

内なる葛藤に対処する方法は、もうひとつある。双方とも、この件に関して感情的になっていない人間に交渉プロセスの管理を委ねるのである。たとえば、共同アパートの住民は、弁護士を雇うか否か、裁判で上訴するか否か、訴訟費用の上限をどうするかなどの重要な決定を、親戚などにしてもらう。同様に、ほかの住民としては、問題が手に負えなくなった段階で、理事会以外のメンバーや当初の論争に関わっていない理事会のメンバーに仕切り役を頼んだほうが、ずっとよかっただろう。この戦略は、オデュッセウスがとった戦略に似ている。自分がほしいものを求める能力を放棄することによって、すべきことを確実にできる（ダイエットをするつもりなら、ジャンクフードを家に置いておかないほうがよい理由も、これで

説明できる。食べたいという誘惑に駆られたときに我慢するには、手に入らないようにするしかない場合があるのだ)。

自己中心主義

「USニュース&ワールド・リポート」が実施した、以下の調査結果について考えてみよう[6]。

●**質問** 自分が訴えられて、裁判で勝った場合、自分の裁判費用は訴えた相手が負担すべきか？
　→イエスと答えた割合は、回答者の85%
●**質問** 自分が訴えて、裁判で負けた場合、相手の裁判費用を自分が負担すべきか？
　→イエスと答えた割合は、回答者の44%

ここで何が起きているのだろうか。

誰しも自己中心主義(egocentrism)、つまり自分に都合がよいように認識したり、期待したりする傾向から逃れるのは容易ではない。交渉者は一般に、自分たちに有利な、あるいは満足できる解釈や見方、結果をまず決めてから、公正という観点からそれを正当化する方法を探すものだ[7]。したがって、自分以外の者に裁判費用を負担させる可能性があるときは、敗訴した側だけが負担する方針をとれば、取るに足らない訴訟を抑えられるから公正だと主張するだろう。ところが、立場が逆転して、相手の訴訟費用を負担しなくてはいけない可能性が出てくると、判決はどちらにも転ぶ可能性があるので、一方だけがすべての費用を負担するのは公正だとは言えず、裁判による正義の追求ができなくなると主張する。そして、実際の紛争当事者が、調査の回答者よりもはるかに偏った見方をする理由は十二分にある。

自己中心主義によって苦しんでいるのは、紛争当事者ばかりではない。組織の至るところに自己中心主義が蔓延している。筆者のひとりマック

ス・ベイザーマンは、組織内の2つの部門間で模擬交渉を行う演習を共同で開発した[8]。2つの部門は違う強みがあり、一方は売上が好調で、もう一方は収益性が高かった。参加者は2つの部門のどちらかの代表となり、経営者から資源を割り当てられる。資源は多いほうと少ないほうがある。参加者はどんな反応を示したか。自部門の売上が好調か、収益性が高いかには関わりなく、資源を多く割り当てられたほうは、不均等な配分が公正だと考えたのである。

これらの例が示すように、何が正しくて何が間違いか（あるいは、何が公正で何が不公正か）についてはさまざまな考え方があり、各人は自分の目的に適った正当化のための理屈を見つけられるだけの力を十分に持っている。人は誰もが自分自身をできるだけよく見ようと努力しているので、自分の判断に影響を与える要因のある部分を過小評価し、ほかの要因を過大評価する傾向がある。このため、ひとつの現象の受け止め方が、人によって大きくかけ離れる場合もある。1923年にインシュリンの発見でノーベル賞を共同受賞したフレデリック・バンティンとジョン・マクリードの受け止め方を見てみよう。2人とも、やや自己中心的なきらいがあった。バンティンは、共同受賞者のマクリードについて、研究の後押しをしてくれるどころか、足手まといになったと主張する一方、マクリードは講演でたびたび、共同研究者がいた事実に言及することすら忘れていた[9]。

相手のことが好きで、思いやる心があれば、こうした問題はないだろうと思うのであれば、つぎの事実を考えてもらいたい。夫と妻それぞれに、家事の何％をしているかを尋ね、それを足し合わせると100％を大幅に上回る。夫も妻も、実際よりも多く分担していると思い込んでいるのだ[10]。

もちろん、悪感情によって、自己中心的な見方は増幅される。離婚する夫婦が、共有財産を分割する場合を考えてみるといい。どちらも「公正」な分だけほしいと主張したとしても、一方が55％を要求し、他方が65％を要求するのは大いにあり得ることだ。自己中心主義のせいで、どちらも、中立的なアドバイザーが公正だと判断する以上にもらう権利があると思っている。この認識の違いは、たちまち手に負えない争いへとエスカレート

しやすい。自分が公正だと思う以上に相手が要求してきたとき、おそらく、「認識に違いがある」とは思わずに、相手が非倫理的で、自分を騙そうとしていると思うのではないだろうか。

　自己中心主義は至るところで見られるだけでなく、強固で根が深い。きわめて高くつくこともある。筆者らは一連の法律上の問題をめぐって10年以上にわたり戦っている企業を知っている。両社はともに市場や社会で高く評価されているが、互いの目には相手は「悪」にしか見えない。両社の裁判費用は、すでに数億ドルを超えている。紛争の中心は何年も前に起草された杜撰な契約書である。曖昧な契約書を発端にした争いが、曖昧な部分を自己中心的に解釈した結果、エスカレートしたと言えるだろう。

　多くの人は公正でありたいと思っているが、本来受け取れる以上に受け取りたいと思うときには、善意の人ですら倫理に欠けるような行動をとりかねない。だからといって悪いわけではなく、われわれは人間であるというだけである。そして人間というのは、偏った判断をするものだ。自己中心主義のバイアスを理解し、自分の行動のなかのそうしたバイアスを修正することで、公正でありたいと願う状態から、実際に公正な状態に移行できる。そして、そうなれば、紛争や不同意を引き起こしたり、エスカレートさせたりする可能性は低くなる。

　自己中心主義を克服するには、どうすればいいだろうか。交渉の達人は、哲学者ジョン・ロールズの助言に従っている。資源の配分や貢献度、価値の要求などに関して、何が公正かを評価しようとするときは、「無知のベール」を被ってそうするべきだとロールズは助言する。つまり、ある交渉や紛争において、自分の役割を知らないと仮定したうえで、自分が公正だと思うことを想像するのだ[11]。言い換えれば、ある紛争において、自分がどちらの側を代弁するのかわからない場合に公正だと思うこと、あるいは判断することは何かを考えるのである。このような方法で、自分自身の自己中心主義を克服することによって、交渉における紛争の火種を取り除く。そして、相手の行動のなかにある自己中心主義のバイアスを理解することで、相手の意図により共感できたり、的確に応えたりすることができる。

自信過剰、不合理な楽観論、優位性の幻想

　カリフォルニア大学ロサンゼルス校（UCLA）の心理学者、シェリー・タイラーは、学生の非現実的な期待を調査によって明らかにした。学生は自分が良い成績で大学を卒業し、良い仕事に就き、良い給料をもらい、最初の仕事を楽しみ、新聞で紹介され、才能のある子どもを授かる可能性が高いと考えている。逆に、アルコール依存症、解雇、離婚、鬱病、健康上の問題などマイナスの出来事については、クラスメートより遭遇する確率が低いと考えている[2]。交渉能力についても、同様に過剰な自信を持つ傾向がある。スタンフォード大学ビジネススクールのロッド・クレイマーよれば、交渉術コースを受講したMBAの学生のうち、自分の交渉結果は上位25％に入ると答えた割合は68％にのぼったという[3]。これらの学生は、学習能力やクラスへの貢献度という点でも、クラスメートよりは上であるという、強気に偏った期待を持っていた。より一般化して言えば、自分の能力について自信過剰（overconfidence）で、自分の運命について不合理な楽観主義（irrational optimism）を通しているので、自分の将来は他人のそれよりも明るいと思うのである。

　なぜ、これが問題なのか。フットボールの試合では、クォーターバックが自信満々のほうがいい。商品を売ろうというなら、この商品は絶対だと思えたほうがいい。実は、自分の能力や将来についてポジティブな幻想（positive illusion）を抱くことは、進化の過程で環境に適応した結果だと見ている社会心理学者が少なくない[4]。この見方によれば、こうした幻想は自尊心を守り、難題に直面したときに忍耐を保てる助けになるので、心理的、物質的な安寧に寄与していることになる。さらに、過剰な自信と不合理な楽観論は、人生における不運な出来事に対処するのにも役立つ。起業家を生み出すある種のリスク・テークを促しているのも間違いない。心理学者のマーティン・セリグマンは、企業が営業マンを採用する際ポジティブな幻想の度合い（彼は後天的楽観主義 learned optimism と呼ぶ）を基準にせよとまで勧めている[5]。

しかしながら、交渉については、われわれは異なる立場をとる。クォーターバックが練習通りのプレーを決め、営業マンがリハーサル通りの口上を言うには過剰な自信が役立つかもしれないが、交渉の戦略に関する決定をはじめ、何らかの意思決定をする際には、バラ色の眼鏡を外す必要がある。非現実的な楽観論に陥っていると、求職の際に最高のオファーを断り、自宅を売却するのにこれ以上を望めないオファーを断り、交渉相手が受け容れるとは思えない契約条件を出したりする。過度に楽観的な交渉者は、合意や紛争解決に向けて、たったひとつの戦略しか用意せず交渉に臨むことが多い。その戦略が上手くいくはずだと思い込み、その戦略を策定し、実行するために全精力を使う。もっと現実的な交渉者は、最初の戦略が上手くいかない可能性を認識していて、代替策を用意している。

　交渉のテーブル以外でも、過剰な自信と不合理な楽観主義の影響は見られる。苦労して貯めた生活資金を成功する見込みがほとんどない新規事業に注ぎ込む人が多すぎる。自分は会社にとってなくてはならない存在だと思い込み、レイオフや解雇されると驚く人が多すぎる。求職活動では、応募する企業が少なすぎる。入手可能な客観的証拠を見ていけば別の結論に達するはずなのに、自分は有望な人材なので採用されると間違った思い込みをしているからだ。そして、紛争を裁判所に持ち込む人が多すぎる。自分たちの主張に一部の隙もないとか、少なくとも「かなり分がある」と思い、弁護士は喜んで弁護を引き受けていると間違った思い込みをしているからだ。窓の手すりの設置費用をめぐる係争で、勝訴の見込みや、訴訟に関わる費用、結論が出るまでの期間を正確かつ客観的に評価していたら、積極的に裁判に持ち込んだだろうか。そうは思えない。

　ではなぜ、クォーターバックや営業マンにとっては、ポジティブな幻想が役に立つのだろうか。交渉者と違って、意思決定をしているわけではなく、すでになされた決定を実行しているからである。過剰な自信と不合理な楽観論があれば、パフォーマンスの向上に必要な動機や刺激が比較的低コストで得られるだろう。だが、こうした幻想は、交渉が始まる前にも、交渉の最中にも、交渉が終わった後にも、つねに決断を迫られる交渉者にとっては、極端に高くつきかねない。

交渉者は、将来の見込みを実際よりも明るく見るだけでなく、自分自身を現実より高く評価する。この優位性の幻想（illusion of superiority）から、相手よりも自分のほうが柔軟で能力があり、理性的で、正直かつ公正で、協力的であるとの見方をする⁽¹⁶⁾。こうした優位性の幻想がもたらす不幸な結果のひとつとして、凡庸な交渉者の多くが、拙劣な交渉術を改善する必要性に気づかない。

　興味深いことに、優位性の幻想は、自分自身に関する判断ばかりではなく、自分が属しているグループに関する判断にも影響を与える。国であれ企業であれ、部門であれ、家族であれ、ほかよりは正直で、協力的で、信頼でき、勤勉だと思っている⁽¹⁷⁾。自分の仲間が平均より上だと思っているとすれば、敵対者や交渉相手をどう見ているのか。経営学者のクリスティナ・ディークマンとアン・テンブランセルがMBAの学生を対象にした調査によると、ポジティブな属性を示す項目について、自分たちを平均より上だと評価する一方、交渉相手は平均より下だと評価している⁽¹⁸⁾。

　敵対者や交渉相手を低く見る傾向は、交渉の成功を妨げる大きな要因になる可能性がある。相手を非協力的で、不公正で、信頼できないと思うのであれば、情報を共有しようとは思わないので、価値創造の可能性が低くなる。さらに、自分は相手よりも頭が良く、準備もできているとか、正直だと思っている交渉者は、相手の意見や提案を過小評価したり、無視したりするきらいがある。そのことによって、効率的な合意に至る可能性が低くなり、争いに至る可能性が高まる。

利己的な属性

　自己中心主義、過剰な自信、不合理な楽観論、優位性の幻想が存在するのは、世界や自分自身をポジティブに捉えたいという動機があるからだ。だが、このバイアスが、これほど根深いのはなぜだろうか。経験から学び自分の貢献度や能力、成功の可能性についての見方を調整しないのはなぜだろうか。経験から学ぼうとしているときですら、自分の身を守るような方法でしか過去を見ていないからだ。自分で語る物語や自分や他人の属性

について語る物語は、自分が気分よくいられる種類のものだ。

ジョン・F・ケネディはかつてこう言った。「成功には1,000人の父がいる。だが、失敗は孤児である」[19]。この格言は、まさに交渉者にあてはまる。成功したときには、功労者は自分だといち早く手を挙げ、失敗したときには責任をとろうとはしない。交渉が上手くいった理由を聞かれると、状況に対処できるだけのスキルや忍耐力、独創性があったなどの個人的な要因を挙げることが多いが、交渉が失敗した場合は、難しい局面だったとか、相手が無能だったとか、単に運が悪かったなど、外部要因をあげつらうのである[20]。こうした傾向の深刻な問題は、失敗の原因を外部に求めると、経験から学べなくなる点だ。

交渉相手のほうが上手くいった場合にはとくに、自分の欠点について歪んだ見方をする傾向が強まる[21]。たとえばビジネススクールの学生は、模擬交渉や演習で上手くいかないと、ほかの学生は非協力的で非倫理的な取引をしたから上手くいったのであり、極端に競争心が強くて自己中心的だと批判する[22]。上手くいった人たちを非倫理的で競争心が強すぎると評するとき、何が起きるか。まず、相手から学ぼうとしない。またできるだけ、こうした人たちとの交渉を避けようとする。最後に交渉が避けられない場合は、自分自身が非倫理的な行動をとっても正当化されると考える。

こうした利己的な態度は、「内集団」と「外集団」との交渉でも見られる。たとえば、2社が取引条件について交渉するため顔を合わせると、双方とも譲歩せざるをえない。自社（内集団）が譲歩をするときは、寛大であるとか、ログローリングの必要性を十分に理解できるほど賢明だからだと考える。相手（外集団）が譲歩するのは、こちらの主張に理があると相手が認めたからだとか、それ以外に選択肢はなかったからだと考えるのである。

これがなぜ問題なのだろうか。相手が協力したのは、善意や高潔さが理由ではなく、契約に明記されている法的義務など状況の制約によると考えていると、信頼関係を築くのが難しくなる[23]。信頼を築くには、相手が協力するのは、やむをえずそうしたのではなく、そうすることを選んだと見る必要がある。そして、信頼がなければ、譲歩や情報の提供をしようと

は思わないし、互恵の関係を構築する際に必然的に伴うリスクをとろうとは思わない。

　交渉の達人は、競争状態にあるときや逆境にあるときですら、交渉相手と信頼関係を構築することの価値を熟知しており、相手の行動の理由を正確に測ろうとする。交渉の達人は、親切なふるまいを弱さと考える間違いが、誤解を悪意ととる間違いと同様に有害だと知っている。だからこそ、反応する前に、時間をとって相手の行動を理解するのである。

後悔の回避

　あなたはオリンピック選手だとしよう。銀メダルと銅メダルと、どちらが良いか。銅メダルが良いと言う人は、ほとんどいないだろう。

　では、実際のオリンピック選手は、銀メダルと銅メダルのどちらに満足するか。実は、銀メダルよりも銅メダルを獲ったときのほうが、満足度が高いのである。気鋭の心理学者、ヴィキ・メドヴェック、スコット・マディ、トム・ギロヴィッチの3人は、メダルを受け取る選手を映したビデオを見せる実験で、この傾向を明らかにした[24]。被験者はビデオを見た後選手の表情を採点するよう求められる。ビデオの音声は消され、メダルは見えないので、どのメダルをもらったかは被験者にはわからない。結果はどうだったか。銅メダルの受賞者のほうが、銀メダルの受賞者よりもはるかに満足そうに映ったのだ。どうして、そうなるのだろうか。

　ここでまたしても、参照点の威力、ありえた結果のうち、とくに目立つ点との比較の威力を思い知るのである。そして、「こうなる可能性があった」シナリオほど、目立つものはないのである。銅メダル受賞者は、もう少しでメダルを逃すところだったので、メダルをもらえたという事実だけで興奮する。一方、銀メダル受賞者は、もう少しで金メダルに手が届きそうだったので、一番になれなかったという事実に落ち込む。客観的に見れば、銀メダル受賞者のほうが上だが、後悔の念が強いのだ。

　後悔は心理的に苦しい状態なので、人は後悔を引き起こす可能性のある状況を避けようとする。B+の成績をとって、交渉しても成績を変えられ

ないなら、Aをとるのに何点足りなかったのか本気で知りたいとは思わないだろう。ゲーム大会でグランプリをとれなければ、グランプリの賞品など知りたくないのではないだろうか。封印方式のオークションで入札するなら、入札額が2番目に高いか（あと一歩で勝てたか）、5番目だったか（勝ち目はなかったか）、わからなくてもいいはずだ。交渉においては、後になって最善ではなかったとわかるようなオファーを承諾したいとは思わないだろう。実は、交渉者は後悔の念を引き起こす明確な証拠に直面するのを避けるため、自分の決断を後で歪曲しがちであることが調査によって示されている[25]。さらに、やらなかったことよりも、やったことに対する後悔のほうが大きいという傾向もある[26]。

このように、後悔するような決断を避けたいとの思惑から、交渉者は長期間にわたり、不適切といえるほど決断を先送りする。もう一度、共同アパートの訴訟合戦について考えてみよう。数千ドルを費やした後、裁判を打ち切る（手すりの設置費用を負担する）という決断は、深く後悔することになるのは確実だ。「あと少し我慢したら、どうなっていたか」と思うのは目に見えている。「こうなる可能性」が、将来、実際に明らかになる場合は、さらに後悔を避けるような決断をする。たとえば、住宅の売り手は、売った後に周辺の地価が値上りするかもしれないと思って、妥当なオファーを断るかもしれない。同様に、投資家は、自分が株を売った直後に、その銘柄が値上りするかもしれないとの恐れから、値下がりしている株式を長期間保有し続ける。

どうなる可能性があったかを重視しすぎる交渉者が多すぎるのである。実際には不確実性こそが人生なのであり、振り返ってみれば、予想できなかった結果になっていることに気づくはずだ。こうした後講釈は頭がおかしくなりそうだが、それを無視することは解決にはならない。後講釈を生かすには（そして、重視しすぎないようにするには）、将来より良い交渉をするために、過去から学べる点に注目すべきである。「どうなる可能性があったか」を考えることが、将来、交渉における行動の改善につながるのであれば、過去を慎重に分析すべきである。将来を完全に見通す力がない限り後悔が避けられないのであれば、ほとんどの場合に優れた決断をし

ていれば、人生の決算もまたプラスになるはずであることを肝に銘じておくべきだ。

バイアスの克服に向けて

　おそらくお気づきだと思うが、本章ではもっぱら交渉よりも人間の本性について述べてきた。しっかりとした教育を受けた頭脳明晰な人が公正で客観的でありたいと願っていても、心理的バイアスに影響されやすいことを忘れてはならない。バイアスがあるのは人間だからであって、貧しく愚かだからではない。だからこそ、バイアスを克服しようと思うなら、よほど注意深くなければならない。そして、相手のバイアスをもっと理解すべきであり、相手がそれを克服するのを助けようとするくらいの気持ちがなくてはならない。次章以下では、その方法を示そう。

第6章

不合理の世界で合理的に交渉する

　心理的、認知的バイアスは、頭脳明晰な人にすら影響を与える。対人関係のすばらしいスキルを持ち、押すべきときと引くべきときが本能的にわかっている人もいるだろうが、そうした本能も、これまで述べてきた誰もが陥いる予想できる間違いから守ってくれるわけではない。意外なことに、幅広い経験でも間違いを防げない。経験は貴重なものにもなり得るが、交渉の落とし穴を明確に理解しないまま経験を持ち出すのは危険である。

　数多くの企業幹部を教えた経験から言えば、人は自分の直感と経験を信頼するものだ。だが、経験からのみ学ぶのは、致命的な間違いになり得る[1]。問題なのは、並外れた成功体験——あるいは幸運——を経験した人は、その経験から、自分の力を過信する傾向がある、という点だ。自信があるので、自分自身の行動に十分に気をつけたり、修正したりせず、過剰な一般化をして、特定の状況における自分の経験を別の状況にもあてはめようとする。だが、ある分野の交渉は得意でも、ほかの分野ではそうでもない人は大勢いる、という事実を考えてもらいたい。売買契約交渉はすこぶる得意だが、私生活ではしょっちゅう摩擦を起こしている人がいる。企

業の買収や戦略的提携に関わる交渉のノウハウは万全だが、自分自身の報酬パッケージの交渉はさっぱりという人もいる。なぜなのか。ある分野で多くの経験を積み重ねても、自分が何がよくできているのかしっかりとわかっていない場合があり得るのだ。そのため、自分の経験や成功を一般化して、別の状況にあてはめることには無理がある。

　筆者らが経験の価値に対して懐疑的な見方をするようになったのは、よく訓練され、経験を積んだプロですら、心理的なバイアスを持つことを示す実例を数多く見てきたからだ。投資家、アナリスト、不動産業者、医師、政治家など、あらゆる分野のプロがそうである。組織行動研究の第一人者であるマーガレット・ニールとグレッグ・ノースクラフトは、経験を積み重ねるのではなく専門知識を発展させることによって、心理的バイアスを克服することが可能だと主張する[2]。ニールとノースクラフトによれば個人は似たようなタイプの交渉を何度も繰り返すことで経験を積む。これに対して、効果的な交渉がどのような要素で構成されるかを「戦略的に概念化」することで、知識は磨かれる。知識に関するこうした考え方は、交渉の達人に関する本書の考え方ともきわめて近い。バイアスを克服し、交渉を効果的に進めるために必要なのは、体系的、戦略的に交渉を考え、準備し、実行するための枠組みである。バイアスに関して言えば、交渉の達人は、自分自身の限界、そして他人の限界を認識しており、それに対処するべく慎重に動いている。

　本章では、自分自身のバイアスを克服し、交渉相手のバイアスに効果的に対処するために必要なツールと枠組みを伝授していく。自分自身の意思決定のバイアスを予想するだけでは十分ではない。バイアスを克服するのに役立つ体系とプロセスを組み立てなければならない。同様に、交渉相手が間違いを犯したからといって、自分が利益を得られるとは限らない。自分にとっての結果をよくするには、ときには相手が不合理性を克服する手助けをする必要がある。

自分自身のバイアスに向き合う

交渉において、自分自身のバイアスに向き合い、管理するのに役立つ有力な戦略は3つある。「システム2」思考を活用すること、類推を適用すること、「部外者」のレンズを採用することである。

戦略1 「システム2」思考を活用する

認知バイアスや動機バイアスの影響を受けているときと、合理的な思考と行動ができているときの違いは何だろうか。重要な答えのひとつは、研究者のキース・スタノヴィッチとR.F.ウェストが提唱した、「システム1」と「システム2」思考の違いにある[3]。直感に相当する「システム1」思考は、時間がかからず、無意識的で、努力の必要なく、暗黙的で、感情的である。日常生活では、この「システム1」思考を使って意思決定を行っている。第4章と第5章で論じたバイアスは、「システム1」思考を使っている際に起こりやすい。これに対して、論理的思考に相当する「システム2」は、時間がかかり、意識的で、努力を要し、明示的で、論理的である[4]。時間的なプレッシャーがあるときは、「システム1」を使いがちである。言い換えれば、多忙な専門家は、大半の時間を「システム1」に頼りがちであり、本来あるべき以上にそうしている場合が多いと見られる[5]。

だからといって、意思決定をする際にはつねに「システム2」思考が必要なわけではない。スーパーマーケットで食品を買うときや、重要でないメールに返事を書くとき、職場に車で出勤するときなら、「システム1」思考で十分だ。だが、とくに重要な決定や交渉では、「システム2」思考を使うのが理想的である（交渉の達人への道の初期段階であれば、ごくふつうの交渉でも、「システム2」思考を使い続けると役立つ可能性がある）。交渉者としては、直感が勝る「システム1」から、論理が勝る「システム2」に移行すべき状況を見極められるようになる必要がある。どうすれば見極めができるのだろうか。

以下の交渉術は、通常なら「システム１」思考が優勢な世界で、「システム２」思考を促すのに役に立つはずである。

「システム２」のリストをつくる。毎月、あるいは毎年の初めに、「システム２」思考を使うべきだと考える交渉をすべてリストにする。大きな利害が絡んでいたり、問題が複雑であったり、当事者が複数いたり、最優先の顧客が絡んでいたり、先が見えない交渉などである。こうした交渉では、事前に十分に準備し、十分に関与できるように計画しておくと、時間をより適切に配分できるようになる。また、交渉スケジュールの組み方を慎重に考え、実質的な交渉の議題を決定する予備交渉に積極的に参加しようという気にもなる。準備不足の状態で交渉に臨まざるを得なくなるのは最悪である。

時間的プレッシャーの下での交渉は避ける。時間がないときや焦っているときは、「システム１」思考が優勢になる。賢明な交渉者は、この問題を予想していて、時間的プレッシャーの下での交渉を回避する。少なくとも、プレッシャーが現実のものなのか、交渉の戦術としてつくり出されたものなのかを認識している。時間的プレッシャーを回避するため、交渉するなら１時間のランチではなく、午後いっぱいを空けておく。相手がいきなり電話をかけてきたり、訪ねて来たりして、準備が十分でないのに実質的な話を始めようとするなら、時間をずらすか、日を改めてもらうよう丁重にお願いする。なかには極端な時間的プレッシャーをかけて、相手に交渉や譲歩、回答を迫るのが好きな交渉者がいる。残念なことに、契約を失うのではないか、相手を不快にさせるのではないかと恐れて、この戦術にはまってしまう交渉者が少なくない。こうした戦術にどう対応すべきだろうか。大多数のケースでは、交渉や決断を先送りできない理由はない。少なくとも多少の時間は延ばすことができる。時間が本当に重要だとする理由を具体的かつ信頼できる形で相手が示せないのであれば、プレッシャーをかけようとする相手の戦術に屈するべきではない。これは、情報と影響力を分ける原則を適用すべき問題である（第１章で論じた）。たとえば

採用のオファーを受けて、「金曜日までに回答がほしい」と言われたとき、賢明な判断をするのに時間が足りないと思うのであれば、多少突っ込んだ質問をして、最後通告なのかどうか確かめても構わない。働く機会をくれたことに感謝の意を表し、是非働きたいと熱意を示した後でなら、以下のような質問を付け加えても差し支えない。

● これは最終的な期限でしょうか。
● 個人的な理由で、もう少し決断に時間をいただきたい場合は、どうすればいいでしょうか。

交渉を複数の会議に分ける。一度の会議で交渉をまとめる必要はない。複雑な交渉では、どれほど準備をしていたとしても、予想もしていなかった情報や論点、戦術に出くわす場合がほとんどだ。こうしたときに、「システム1」思考に陥るのを避けるには、必要に応じて考え直したり、戦略を練り直したりできるプロセスを組み立てる必要がある。たとえば、予想外の情報を分析し、対策を練り直せるように、1時間から2時間おきに休憩を挟む。あるいは、初日には事前の情報を電子メールで交換し、2日目には電話で話し、3日目と4日目に実質的に交渉を行うといった具合に、数日かけて交渉を行う方法もある。こうすれば、交渉のプロセス全般に「システム2」思考を適用するのに必要な時間が手に入る。

戦略2　類推を活用して学ぶ

人は成功よりも失敗や間違いから多くを学ぶ、とよく言われる。これが真実であるならば、交渉者は、意思決定のバイアスによる失敗から学び、その後の行動を調整できるはずである。しかしながら、交渉者が過去の失敗から学ぶのはきわめて難しい場合が多く、同じバイアスに繰り返し陥りがちである[6]。なぜなのか。現実の社会では、交渉の結果を左右する要因が数多くあるため、間違いが戦略の欠陥によるのか、不運によるのかを評価するのが難しいからだ。自分の戦略がまずかったと認めたときですら、戦略のどの部分がまずかったのかは、よくわかっていない可能性がある。

では、交渉者はどうすれば、経験から最大限に学べるのだろうか。人はそこから抽象的な原則を引き出せるときに、事例やケース・スタディ、演習実社会での経験から多くを学ぶ[7]。言い換えれば、最近ぶつかったある状況で、「どうすべきであったか」を聞かされても、交渉者には何のプラスにもならないが、将来同じような状況に直面したときに、どのような要素を検討すべきかがわかれば、大いに役に立つのである。状況がまったく同じであることはありえないのだから、過去の経験から「正しい答え」ではなく、「正しい原則」を引き出したほうが交渉者にとってはプラスになる経験や事例から、どのように原則を引き出すかを見極めることがカギになる。

これを実践するためのひとつの方法として、類推（analogocal reasoning）——類似した側面に焦点を合わせて、異なる状況を意識的に比較する方法——がある。この手法の有効性は広範な研究で示されている

心理学者のジェフリー・ローウェンシュタイン、リー・トンプソン、デドレ・ゲントナーの研究では、参加者に2つの複雑な交渉について説明した。2つの交渉からは共通の教訓が引き出せる（解決策は同じ）。つぎに参加者の半数に、それぞれの交渉からどんな教訓を引き出したかを説明してもらった。残りの半数には、2つの交渉にはどのような関係があり、どのような教訓が共通しているかを説明してもらった。その結果、2つの交渉を比較するよう求められたときのほうが、重要な教訓を引き出し、その後の交渉で似たような問題を克服できていることがわかった。端的に言えば、一度にひとつの経験から学ぼうとすると、その状況の「表面的」な要素にばかり目が奪われるが、異なる経験を比較・対照すると、似たような「構造的」要素を引き出せるのである。

たとえば、ある企業幹部が、最近行った提携関係の解消について考えているとする。交渉はかなり難航したので、第三者の調停が必要だと結論づける。直感的には正しいと思えるが、この教訓は大して役に立たない可能性がある。深刻な対立なしに提携関係を解消できる場合があり、そうしたケースでは、この教訓はまったくの無用となる。これに対して、別の幹部は、過去のいくつかの交渉について振り返って、基本的な状況がどうであ

れ、弁護士が関与していて感情が高ぶったときには、合理性を欠いたエスカレーションが起こりやすくなる、と結論づけた。この幹部は、そうした状況に遭遇したら、必ず第三者を連れてきて調停してもらおうと決める。このほうが、結論としてははるかに有用である。

交渉において、類推を上手く生かすには、どうすればいいだろうか。以下の手法を試すといい。

複数の交渉の報告を同時に受ける。交渉の達人は、重要な交渉について、終了後のレビューを習慣にしている。複数の交渉を同時にレビューするとさらによい。その際、共通点と相違点を考える。チームや組織のほかのメンバーに、自分の経験や戦略、結果について意見をもらうのも、各自の経験が加味されるのできわめて有用である。

筆者らが企業の研修で交渉術を教える際には、「グループ報告」の演習を行う。この演習では、参加者を4人から6人のグループに分ける。まず、各自に最近、あるいは現在進行中の交渉について話してもらう。つぎに、さまざまな経験から重要な教訓やヒントを引き出すよう全員に求める。この演習は、さまざまな交渉を比較し、類推するよう促す点で学習効果がきわめて高い。

具体的事実ではなく原則に注目する。過去の交渉をレビューする際には、起きたことの構造的な面や概念的な面を理解するよう努めるべきである。具体的な交渉について状況の特殊性に注目するのではなく、本書で論じている交渉の概念にあてはまるように、自分が経験したことを要素に分解する。すべての交渉には独自性があるが、すべてにBATNAがあり、留保価値があり、ZOPAがあり、隠れた利害があり、情報の交換がある。これらの概念を検証することは、終わったばかりの交渉の教訓を一般化し、将来に生かすのに役立つ。

戦略3　部外者のレンズを採用する

自分自身の判断や能力には過剰な自信を持っているのに、成功する確率

については、自分ではなく他人に関する予想のほうが正確なのはなぜだろうか。ダニエル・カーネマンとダン・ロバロは、この矛盾について、2つの異なる視点、「部外者のレンズ」（outsider lens）と「部内者のレンズ」（insider lens）を使い分けているからだと主張する[8]。交渉者は通常、その状況にどっぷり浸かりながら意思決定をする際、部内者のレンズを採用している。これに対して、状況から離れると、部外者のレンズを採用する。部外者のレンズは透明度が高い。曇っているレンズよりも透明なレンズのほうが良いに決まっているが、残念ながら、交渉や紛争の渦中では部外者のレンズは基本的に使われていない。このため、最初の提案から成約までは6週間から12週間かかると認識していても、3週間もすれば契約を締結できると思っていたりする。さらに危険なことに、過去に上手くいかなかったことがわかっているのに、過剰な自信を持ち続ける。これは部内者のレンズが目の前の状況だけに焦点を合わせる傾向があるからだ。これに対して、部外者のレンズは、複数のエピソードに関して情報を統合するのが得意である。

　自宅の新築について建築業者と交渉する場合を考えよう。友人の経験談から、予算を20〜50％オーバーし、工期は当初の予定より延びるのがふつうだと知っている（部外者の目）。だが、ほとんどの人は、自分だけは違っていて、予定の期間内に予算に近い金額で自宅が完成すると思っている（部内者の目）。見通しが甘いために、最後になってオーバーした予算の金策に走ったり、欲しかった設備を諦めたり、入居できないので住む場所を慌てて探したりすることになる。

　ノーベル賞受賞者のダニエル・カーネマンは、部内者のレンズに関して自分自身の逸話を披露している。カーネマンは、同僚とともに新しいカリキュラムを決め、それに沿って教科書を執筆する業務に携わっていた[9]。カリキュラム・チームは、18ヶ月から30ヶ月かかると見込んでいた。カーネマンは、カリキュラム作成の専門家であるチームのメンバーの一人にこう尋ねた。「過去にも新しい分野のカリキュラムを作成しようとしたチームはあったはずだ。できるだけ多くの事例を集めて、現時点でのわれわれと同じ段階にあったときのことを考えてもらいたい。そこから、完成ま

でどれだけかかっただろうか」。この専門家は、部外者のレンズを採用した結果、最低でも7年かかり、40％は完成することはないだろうと答えた。実際、カーネマンのチームが教科書を完成するのに8年かかったそうだ。

　起業家を目指す人は、部内者のレンズを使ってバラ色の予想をするのではなく、部外者のレンズを使って起業に伴うリスクを現実的に判断し、事業に参入すべきかどうかを決めるべきだ。だが、ある調査によれば、起業家の80％以上が成功する確率を70％以上だと見ており、3分の1は、成功が確実だと見ている[10]。これは、明らかに部内者のレンズである。部外者のレンズを使えば、ベンチャー企業の5年後の生存率は約33％にすぎないことに容易に気づくはずだ[11]。賢明で意欲に燃える人たちが、なぜ歪んだ部内者のレンズを使った決断に基づいて、多額の資金と名声と、人生の何年かを賭けようとするのだろうか。第5章で論じたように、人は世界や自分自身をポジティブに捉えたいという強い動機をもっており、これが意思決定に多大な影響を与え得るのである。

　部内者と部外者の使い分けから、判断の歪みを正すのに使える別の手法が浮かび上がる。以下の方法を検討しよう。

部外者を巻き込む。 重要な交渉の準備をする際には、部外者を巻き込む。社内の専門家に相談する、専門性の高いコンサルタントを起用する、友人に話すといったことだ。前述のように、自分ではなく友人が家を建てるときには、予算や工期のオーバーを見越せるが、自分が建てるとなると、合理的な分析から考えられる以上に自分に都合よく物事が進むと考えがちである。同じことが、交渉にもあてはまる。部外者は、自分が無視していた要因に気づき、マイナスの情報を自分よりも適切に勘案し、自分ではなかなかできない客観的な状況判断をしてくれるものだ。

部外者の視点を採り入れる。 自分がその状況にどっぷり浸かっていなかったら、状況をどう判断するかを自問してみるのは、部外者を巻き込むのと同じように効果的であり、そのうえコストが少なくて済む。そのためには、誰かが同じ状況に遭遇したときのことを思い出したり、その状況で合

理的に予想できるデータ（業界平均のデータなど）を集めたりする必要がある。あるいは、親しい知人から助言を求められたらどのような助言をするか、という単純な質問を自分に問いかけてみてもいい。

「システム２」思考を活用し、類推をして、部外者の目を採り入れることは、次回の交渉が意思決定のバイアスで台無しになる可能性を抑えるために使える有効な戦略である。交渉の達人になろうと本気で思うのであれば、こうした戦略を習慣的に活用すべきある。企業幹部の多くは、交渉術コースに参加したり、交渉術に関する書籍を読んだりするなかで面白い考え方だと思っても、実際の行動はなかなか変えようとしない。だが、情報収集だけでは十分でない。本当に変わるには、既存の意思決定プロセスを一度「解体」し、望ましい変化を助けるようなアイデアや手法を理解し新しいアイデアや手法を組み入れて、自分自身の思考や行動を「再構築」することが必要である[12]。言い換えれば、バイアスを意識し、バイアスを回避、克服する方法を検討し、より効果的で新たな戦略を、習慣的に交渉のアプローチに採り込むよう努力しなくてはならない。

他人のバイアスに対峙する

相手が交渉のテーブルに持ち込むバイアスによって、自分にとっての結果も重大な影響を受けかねない。この章の後半では、相手のバイアスを理解して自分の戦略に採り込む方法、相手のバイアスを正す手助けをする理由と方法、相手から受け取る情報を調整する理由と方法、そして、契約条件を工夫することで相手の意思決定のバイアスに応える方法を探っていこう。

戦略１　相手のバイアスの結果を自分の戦略に採り込む

大リーグの球団経営者は、獲得を検討している選手をどう評価するか、契約交渉を誰と行うかにおおいに頭を悩ませている。オークランド・アスレチックスのゼネラル・マネジャーのビリー・ビーンは、誰よりも上手い

方法を見い出して、負け組を勝ち組に変えた。1999年から2002年にかけて、ビーンはごく限られた予算で、アスレチックスを大リーグの勝率２位に押し上げた。選手の平均年俸はニューヨーク・ヤンキースの３分の１以下だったが、この４年間の勝率はヤンキースを上回っていた[13]。

　ビーンは、どのようにしてこの偉業を成し遂げたのか。ハーバードの経済学部を卒業したばかりのポール・デポデスタの助けを借りながら、他球団の経営者が犯した間違いを研究し、その成果を基に賢明な交渉戦略を編み出したのだ。マイケル・ルイスは、著書の『マネー・ボール』のなかで、ほかの球団経営者は一貫して３つの間違いを犯しており、ビーンとデポデスタはそこにつけ込むことができたと述べている。３つの間違いとは、１）個人的経験を過度に一般化した、２）選手の直近の成績に影響されすぎた、３）複数年の成績を見たほうがはるかに優れているのに、自分の目で見たものに過度に影響された、である。つまり、ほとんどの球団経営者は、「システム１」思考に頼っていたのである。

　ビーンとデポデスタは、確実なデータに注目することにした。高卒の選手は大卒でドラフト入りした選手に比べて成功する確率が低いことがわかった。だが、各球団はこぞって高卒の選手を過大評価する一方、大卒の選手を過小評価していた。この情報を基に、ビーンはドラフトで高卒の選手は獲らないことにした。さらに、出塁率が際立って高い選手がいるが、このデータは不当に低く扱われていることも突き止めた[14]。

　ごく単純なレベルで、ビーンとデポデスタのアプローチの成功は、体系的で厳格な分析が、多くのベテラン交渉者が頼りにする「システム１」思考に勝る可能性があることを示している。だが、実際にはそれ以上のことが起きていた。ビーンとデポデスタは、他球団の意思決定に歪みがあることを利用して、トレードを行ったのだ。それによって、先が見込めない選手を放出し、有望な選手を獲得することができた。つまり、ビーンらは、自分たちの「システム２」思考と、他球団の「システム１」思考がもたらす結果とを結びつけて、価値創造のトレードを行ったのである。

　ここから、交渉者にとってどんな教訓が引き出せるだろうか。自分の「システム２」思考を活用せよ。ただし、相手の「システム１」思考の間

違いに適応できる準備をしておけ、ということである。どうしてもこの価格でしか会社を売らないという人がいたら（おそらく仲介者がその価格に言及したか、兄弟がその価格で会社を売ったためだろうが）、当人にとってその数字が目立つ情報であることを認識する。つぎに、それに反論するのではなく、その目立つ数字に合わせられる方法はないかを考える。どうするか。相手が望む金額を承諾するのと引き換えに、自分が重視するほかの点では譲歩を引き出すのである。たとえば、関連する不動産も含めた価格にしてもらえるかもしれないし、支払い条件で優遇してもらえる可能性もある。実は、金額という目立つ情報に、こだわりすぎる交渉者が多すぎるのだ。「4,000万ドルはビター文まけない」と主張する相手でも、かなり長期間にわたる支払いには応じてくれる可能性がある。相手の意思決定のバイアスについて考えるようになると、相手の間違いに合わせて交渉戦略を立案できる。

戦略2　相手がバイアスを減らす手助けをする

「良い交渉者と悪い交渉者と、どちらと交渉したいですか」と学生からよく質問される。われわれの答えはシンプルだ。良い交渉者と交渉したい。悪い交渉者は、良い交渉の障害にしかならないからだ。残念なことに、未熟で不合理な相手（つまりバイアスがある相手）と交渉したほうが、自分が有利になると誤解している人が少なくない。『マネー・ボール』の例のように、それが正しいときもあるが、バイアスを持った交渉者は、交渉そのものをご破算にしかねない。たとえば、自信過剰な相手なら、こちらが決して提示することのない条件をひたすら待つかもしれない。自分のコミットメントを不合理にエスカレートさせる相手は、対抗意識をむき出しにして、譲歩しようとはしないだろう。パイの大きさは一定であると思い込んでいる相手は、情報の提供を拒み、それによって価値創造のチャンスをつぶす。これらのケースでは、相手のバイアスは、本人の利益だけでなく、こちらの利益まで損ねてしまう。

こうした理由から、相手の考えを整理する手助けをするのが、自分の利益に適っている場合が多いのだ。どうすれば慎重で筋道が通り、秩序だっ

た思考ができるように促せるだろうか。思い出してもらいたいのだが、提案やアイデアを考えるのに十分に時間がとれるときに比べ、時間的なプレッシャーがある場合のほうが、バイアスが強くなる傾向があった。だとすれば、競争相手よりも良い提案をしているという自信があるなら、すぐに回答を求めるのではなく、相手に考える時間を与えるほうがいい。もっと良い条件を引き出せるはずだと過剰な自信を持っている相手は、圧力をかけると、イエスと言うべきときにノーと言ってしまうものだ。ほかでは得られない好条件を提示しているという自負があるなら、相手にほかの案と比較した後で戻って来てください、と言うのが賢明だろう。

　ほとんどの人は、交渉相手が準備不足のほうが好都合だとも思っている。だが、準備不足の交渉者は一度にひとつの論点で駆け引きしたがり、情報を隠そうとするものだ。複数の論点を含んだ包括的な交渉を評価したり、提案したりするのも得意ではない。これらの行動はいずれも価値創造の妨げになる。準備不足の交渉者と相対する場合、各論点の相手にとっての相対的な重要性を考えるよう促す。さらに、こちらがリードして、同時に複数の論点を交渉し、包括的な提案をする。そして、相手も同じようにするよう促す。自分にとって重要度が高い論点がどれかを明確にし、互いに満足できるトレード・オフができないか一緒に考えていこうと前向きな姿勢を示すことも大切である。

　最後に、準備不足の相手を助ける（そして自分自身を助ける）のに最善の方法は、相手にもっと準備するよう促すことである。交渉が滞ったときには、直近の議論で浮上した問題について、お互いがもっとよく検討することが双方のプラスになる、と提案するといい。つぎに、期限を設定し、準備と情報の共有を促す形でスケジュールを決めておく。たとえば、つぎのような取り決めをしておく。1週間後、双方が最優先課題と懸念事項をリストアップして電子メールで送る。その3日後、どちらかが最初の包括的提案をする。もう一方が、数日かけて検討する。その後、双方が顔を合わせて実質的協議に移る。相手にこれほど多くの準備期間を与えるのは危険だと思っている人が多いが、交渉相手が賢明な取引をし、パイの大きさを拡大し、こちらの建設的なオファーを受け容れることができるのは、本

人が自分にとって何が大事かを自覚しているときだけであり、そのためには準備が必要なことを、交渉の達人は知っている。要するに、つぎに準備万端の相手と交渉するときには、相手につけこまれるとか出し抜かれることを心配するのではなく、すばらしい取引ができるかもしれないと、わくわくすべきなのである。

戦略3　相手から提供された情報を検証する

　新しい街に引っ越すことになり、今の自宅を売却するために何人かの不動産業者に相談するとしよう。不動産業者にはできるだけ高く売ってもらいたいが、一方で自宅の価格を正確に鑑定してもらいたい。現実にいくらで売れるのかわからない限り、引っ越し先でどの程度の家を買えるのかわからないのだから。ここでジレンマが生じる。こちらが高値で売りたがっているので、ある程度の限度内ではあるが、高値を提示したほうが雇ってもらえる可能性が高いことを、業者は知っている。残念ながら、業者の鑑定価格が高くなればなるほど、正確さから遠ざかり、引っ越し先の家を検討するときに困ることになる。

　業者が楽観的すぎる鑑定価格を提示し、それを押し付けようとしているかどうかを、どうすればわかるだろうか。つぎの方法を試してみるといい。ひとりの業者と交渉するのではなく、妥当な売り出し価格について4人の意見を聞く。そして、各人が仲介した過去10件の売却物件について、当初の売り出し価格と最終的な成約価格の一覧表を見せてほしいと頼む。これは、業者にとっては簡単に手に入る情報である（データが本物か確認するために、相互にチェックし合うよう頼むこともできる）。業者に鑑定してもらい、過去の売り出し価格と成約価格の差を示したデータも手に入れたことで、自宅の真の価値の推計が、はるかにやりやすくなったわけだ。4人のなかから最高の業者を選ぶのに必要なデータも揃った。高値で売ろうとするだけでなく、現実的な（あるいは、より信頼できる）人が、最高の業者と言える。

　もちろん、交渉の種類が違えば、選ぶべきデータも変わってくる。あなたは小売企業の経営幹部で、各地区の責任者を統括しているとする。地区

は8つに分かれている。来年度の地区別の広告予算について折衝するため、責任者を集めて会議を開いた。会議の冒頭、前年の売上高が1位と2位の地区責任者が、予算は前年の売上高に応じて配分すべきだと主張した。前年の売上は翌年の売上を占ううえで最善の指標であり、売上高は広告費が有効に使われたことを示すよき指標だからだという。この論理のどこがおかしいだろうか。

　第1に、広告に関係なく、売上は地域によってバラツキが出るものだ（たとえば、雪かきのショベルは、南部よりも北部のほうがよく売れる）。したがって、責任者は自分に都合のよい「成功の適切な尺度」を選んでいる可能性がある。だとすれば、過去10年に広告費が売上に与えた限界効果を報告するよう、各責任者に求めるべきである。第2の問題は、多くの結果が時間の経過とともに「平均に回帰する」という事実を考慮していない点だ[15]。優秀な学生の弟や妹は冴えないということも少なくない。背が高い両親から生まれた子どもは、たいてい親よりも背が低い。1年目で大活躍した新人は、2年目になるとパッとしない（いわゆる「2年目のジンクス」だ）。そして、高い売上を記録した地区は、翌年になると勢いが鈍るものだ。なぜなのか。あらゆる成功は、スキルや広告費、遺伝子などの要因にもよるが、運（あるいは未知の要因）にもよるからだ。さらに、きわめて上手くいったとすれば、両方の要因が重なったからである可能性が高い。残念ながら、毎年、運が味方してくれると当てにすることはできない。したがって、予想を下方修正する必要がある。平均値に回帰するからといって、過去が将来を占うのに役立たないわけではない。過去から将来を占うことはできるが、その信頼性は思っているよりも低いというだけだ。

　こうしたバイアスを認識していると、地区責任者との交渉にしっかり臨むことができ、前年度に売上がよかった2つの地区は、引き続き平均を上回る売上をあげるだろうが、前年並みにはならないかもしれないと予想できる。重要な教訓はこうだ。相手の意見にバイアスがかかっていると仮定しておくと、相手から聞いた情報やデータ、主張を定量的、定性的に検証できる。

戦略4 バイアスから生じる紛争の解決に条件付き契約を活用する

　交渉相手のバイアスを「正す」のが、いつでも正解というわけではない。こちらは間違いだと思っているが、相手は将来の見通しに揺るぎない自信を持っているかもしれない。その点について議論するのではなく、バイアスのかかった相手の期待を利用したほうが上手くいく場合がある。どうすればいいのか。第1章と第2章では、条件付き契約の活用について論じた。条件付き契約では、両当事者がそれぞれの将来予想に賭けることができる。相手の見方には歪みがあるとわかっているなら、不正確だと思われる情報に相手が賭けられるように条件付き契約を作成すればいい。そうすることで、自分に有利になり、相手に不利になると予想する賭けができる。

　自社商品がライバル商品よりも明らかに優れていると販売員が主張したとする。自分が意図している使い方には関係ない主張ではあるが、実際には商品が販売員が言うほどの性能ではなかったときにがっかりしたくない。こういう場合は、販売員を嘘つき呼ばわりしたり、主張の矛盾を指摘したりするのではなく、条件付き契約を提案する。具体的には、販売員の説明通りの性能であれば言い値で買うが、それほどの性能でなかった場合は大幅な値引きをしてもらうことを提案する。販売員が意図的に性能を誇張していたのであれば、その提案には乗らないだろう。だが、自信過剰なだけなら、提案に同意するので、いい買い物ができることになる。もちろん、販売員が正しければ、支払い額は増えるが、予想よりも良い製品を買ったことになる。そして、販売員は自分が思っていたよりも知識が豊富で、信用できるということがわかるのである。

さらに先へ

　多くの賢明な人々が、交渉相手の意思決定プロセスに疑問を抱きながらも、相手の論理の欠点を説明する語彙が不足している状況に直面している。第4章から第6章までは、バイアスを認識し、理解するのに役立つように明確に定義され厳密に研究されてきた概念について概略を説明した。他人のバイアスを見破る訓練をするには、新聞を読むかテレビでスポーツ番組

を見るだけでいい。ジャーナリストや政治家、スポーツ・キャスターなど、その道の「専門家」と称される人たちのコメントは、これまで論じてきたバイアスのかかった意思決定プロセスの最たるものである。だが、偏っているのは彼らばかりではない。たった今、あなたが犯す最悪の間違いは、他人がいかに偏っているかについて書かれた3章を読み終えたと思うことだ。

　交渉の達人は、自分がバイアスと無縁だとは思わない。ほかの賢明な人たちと同じように、自分の直感には根本的な欠陥があるという事実を受け容れている。バイアスの影響を受ける度合いを減らそうと努力し、必要とあれば、バイアスを避けるためにより体系だった意思決定プロセスを採用する。さらに、相手の合理的な反応を期待するのではなく、相手のバイアスを予想して、そうしたバイアスに応じた前述のような、戦略を活用している。

　本書の第Ⅰ部と第Ⅱ部（第1章～第6章）は全体として、読者が今後遭遇するさまざまな場面で、有効に交渉するのに必要なツールを授けるものになっているはずである。第Ⅲ部では、この知識を基に、さらに難しく複雑な交渉に対処できるようにしよう。

第Ⅲ部

実社会での交渉

Negotiation Genius
How to Overcome Obstacles
and Achieve Brilliant Results
at the Bargaining Table and Beyond

第7章

影響力の戦略

　本書の前半では全体を通して、相手の見方を理解する必要性を強調した。たとえば、調査交渉術の原則と戦略が不可欠なのは、相手の隠れた利害や優先順位、制約条件を把握することによって効果的に価値の創造と要求ができるからだ。本書の基本的なメッセージのひとつは、交渉を成功させるには、話し上手よりも聞き上手であることが重要である、ということだった。

　だが、話はそれで終わりではない。プレゼンテーションをするとき、譲歩を求めるとき、あるいは自分の提案に賛同を求めるとき、上手くいくかどうかは、自分の考え方を「売り込み」、嫌がる相手を説得し、利点は何なのかを周りに納得してもらう能力にかかってくる。こうしたスキルは、自分自身の価値を要求するときばかりでなく、双方にとっての価値を創造するのに役立つ。しかし、守りを固めるばかりの人、相手を信用しない人、能力のない人は、互いにプラスになる考えや提案ですら台無しにしかねない、とベテラン交渉者は口を揃える。つまり、交渉の達人になろうとするなら、相手のもっともな反対意見を制するだけでなく、閉じた心を開かせ

なければならない。

　本章では、影響力と説得に関する心理学の最新の研究成果を援用しながら、自分の要望や提案、アイデアを周りに納得させるのに役立つ戦略を立案していく。著名な社会心理学者、ロバート・チャルディーニの先駆的研究も活用する[1]。注意してもらいたいのは、こうした影響力戦略は、提案の中身の改善を目指しているわけではないという点だ。中身の改善の必要なしに、相手に承諾してもらえる可能性を高めるものである。もちろん自分も相手の影響力戦略の標的になり得ると予想される。本章では、相手の筋書きに乗せられないための「防衛戦略」や、イエスと言う前に検討すべき数多くの要素についても紹介していく。

戦略1　相手の予想される利得ではなく、予想される損失を強調する

　電力会社の担当者が訪れ、「お宅の電気設備を無料で診断しましょう」と持ちかける。同意して診断してもらうと、「絶縁体を付けたほうがいいでしょう、電気代の節約につながります」と勧めてくる。あなたはイエスと答えるだろうか。サンタクルス大学の研究では、イエスと答えるかどうかは、セールス・トークの内容によって変わってくることが明らかにされている。この研究では、被験者の半数に、「絶縁体をつければ、1日あたりXセントお得です」と説明した（Xドルは、診断結果によって変わる）残りの半数には、「絶縁体をつけないと、1日Xセントの損になります」と、逆から説明した。説明の中身はまったく同じである。だが、勧めに応じなければ損をすると言われたほうが、絶縁体を購入した比率が圧倒的に高かった[2]。

　この研究が示しているように、人は利益を得るよりも損失を回避したいという動機が強い。これは「損失回避（loss aversion）の原則」とも一致している[3]。言い換えれば、意思決定する際は、利益と損失の大きさが同じであっても、利益を得る可能性に関わる情報よりも損失を被る可能性に関わる情報を重視しているのである。このため交渉においては、金額が同じでも、利益ではなく損失としてフレーミングしたほうが有効なのである。

　交渉において損失回避の力を利用した以下の方法を考えてみよう。

●提案する際には、承諾した場合に得られる利得ではなく、拒否した場合に失われる利得の観点から説明する。
●オークションを開催する場合は、「入札額を引き上げれば、Xを得るチャンスをつかめます」と言うのではなく、「入札額を引き上げなければ、Xを得るチャンスを逃します」と言う。
●「当社ではX、Y、Zをご提供できます」と言うのではなく、「競争相手は、X、Y、Zをご提供できません」と言う。

いずれのケースでも、利得のフレームではなく損失のフレームを採用したからといって、提案に含まれる情報が変わるわけではない。だが、影響力は劇的に変わる。

いったん損失回避の原則がわかると、交渉の場面だけでなく、マネジャーや消費者、市民としての日常生活のなかで、いかにこの戦略が多用されているかに気づくはずだ。たとえば、コンサルタントやタスクフォースの代表から、「これらの変革を実施しなければ、1.5%の減益になる」と言われるとき、影響力戦略の標的となっているのである。損失回避の原則はまた、選挙戦でのネガティブ・キャンペーンが不興を買いながらも有効である一因でもある。候補者が自分の長所を挙げるよりも、対立候補が当選した場合の危険性をあげつらうとき、この戦略を活用しているのである。

損失回避の原則は、啓発目的にも使える。アメリカのあるクリニックで、エイズ検査を奨励するビデオを女性に見せて効果を調べる実験を行った。ビデオは2つの版があり、「利得フレーム」版は、検査を受けるメリットに重点を置いた内容になっている。もうひとつの「損失フレーム」版では、検査を受けなかった場合のコストやリスクを説明する（たとえば、検査を受けていないと、自分や愛する彼、妊娠した場合は生まれてきた子どもを危険にさらす、といった内容である）。損失フレーム版のビデオを見た女性の63%が、2週間以内に検査を受けた。これに対して、利得フレーム版のビデオを見た女性で検査を受けたのは23%にすぎなかった[4]。同様の研究で、皮膚がん検診や[5]、乳がんのセルフチェック[6]でも、損失フレ

ームで説明したほうが有効であることが明らかになっている。

損失フレームは、こちらの要求や提案に同意しようという気にさせる力を持っているが、この戦略の活用には重大な落とし穴がある。損失フレームに頼りすぎると、人間関係が悪くなるのだ。リスクやコスト、損失、マイナス面ばかりを重視する人物は、敵対的だとか、居丈高だとか、単純に不愉快だと思われる可能性がある。相手が同じような戦略で応酬することになれば、これらの特徴は交渉の障害になりかねない。したがって、損失フレームは多用するのではなく、戦略的に的を絞って活用すべきである。自分の主張をまとめるとき、「最後の売り込み」をするときのためにとっておき、それまでのプレゼンテーションや議論では避けたほうがいいだろう

戦略2　相手の利得は分散し、相手の損失はまとめる

つぎの2通りのシナリオのうち、どちらがより嬉しいだろうか。

シナリオ1　通りを歩いていて、20ドル札を見つける。
シナリオ2　通りを歩いていて、10ドル札を見つける。翌日、別の通りを歩いていて、また10ドル札を見つける。

どちらのシナリオでも、得られるのは20ドルでまったく同じである。だが、シナリオ2のほうが嬉しいという人が圧倒的に多い。なぜなのか。この問いに答える前に、別の2通りのシナリオについて考えてみよう。

どちらがよりあなたを落ち込ませるだろうか。

シナリオX　財布を開けて、20ドル札をなくしたことに気づく。
シナリオY　財布を開けて、10ドル札をなくしたことに気づく。翌日また10ドルを失くす。

ここでも財布の痛み具合は、どちらのシナリオも同じである。だが、この場合は、シナリオYのほうが、余計に落ち込むと言う人が圧倒的だ。

2つの演習からわかるのは、お金を拾うなら小分けのほうがよいが、失

うなら一度に失うほうがよいという点だ[7]。だとすれば、喜びを最大化するには、一度に大勝するのではなく、小さな勝利を積み重ねるべきだ。一方、痛みを最小化するには、損失を一度にまとめるべきだ。そうすれば、吸収すべき損失はひとつだけになる。

交渉者にとって、この発見はどのような意味を持つのだろうか。以下に示そう。

相手の利得は分散する
- 譲歩できる余地があっても、一度に譲歩してはいけない。たとえば、買い値を100ドル引き上げる余裕があるとしたら、少額ずつ引き上げて合計で100ドルになるようにし、1回の譲歩幅を小さくする。1回にまとめて譲歩するより、繰り返し譲歩したほうが相手は評価するだろう。
- 良い情報は、「小さな宝物」に分割して、相手が何度も頬を緩める機会を与える。たとえば、予算を下回る金額で、期限よりも早くプロジェクトが完成した場合、一度にクライアントに伝えてはいけない。プロジェクトが早く完成したと伝え、日を改めて予算を下回ったと伝えたほうが、クライアントは喜ぶものだ。
- 手当てや報償は、分割して時間をかけて与える。たとえば、従業員に予想外の昇給と昇進を与える権限があるなら、昇給は今日伝え、昇進は明日伝えたほうが喜ぶ。

相手の損失はまとめる
- 相手に譲歩を求めるときは、小出しにするのではなく、まとめて要求する。
- 悪いニュースを伝えなければいけないときは、一度にまとめて伝える。
- コストと負担を押し付けるときは、ひとつにまとめる。

戦略3　「ドア・イン・ザ・フェイス（DITF）」戦略を採用する

「つねにイエスと言わせる！」——多くの営業マンは、この昔ながらの鉄則を守っている。このアプローチの裏にあるのは、売り手は買い手を前向きで、愛想よく、協調的なムードにしておくべきである、という理論である。結局のところ、イエスと答えて同意する時間が長くなるほど、お互いの利害が一致すると思う可能性が高くなるからだ。また勢いの問題もある。最終的に要求を拒否されるのではなく、受け容れてもらえるように勢いをつけたい。

多くの鉄則がそうであるように、この鉄則もまた全面的に正しいわけではない。実は、相手に「イエス」と言わせる方法のひとつは、相手がまず「ノー」と言うのを容認する（あるいは挑発する）ことである。アリゾナ州立大学のロバート・チャルディーニ教授が行った魅力的な研究を見てみよう。教授の研究助手たちは、少年院の職員のふりをして街を回った。通行人に適当に声をかけて、「少年院の少年たちを動物園に連れて行くので付き添ってもらえませんか」と頼んだ。ご想像の通り、ほとんどの人が突飛な依頼に驚き、「イエス」と答えたのはわずか17％だった。つぎにアプローチの仕方を変えた。今度は呼びとめた人に、さらに突飛な依頼をした。「少年院でカウンセラーをする気はありませんか。毎週2時間、3年間お願いできればありがたい」。当然ながら、全員が断った。研究助手はすかさず、こう尋ねた。「もし、それがお願いできないのでしたら、少年たちを1日、動物園に連れて行くので付き添っていただけませんか」。すると驚いたことに50％が同意したのだ。依頼の内容はまったく同じなのに、断られるのが確実な依頼を先にしただけで、3倍もの人がイエスと答えたのだ。

最初に拒否すると、つぎの依頼では、どうして同意する確率が上がるのだろうか。チャルディーニによれば、依頼者が要求を引き下げると、相手はそれを譲歩したのだと受け止め、見返りを与えなくてはいけないと思うからだ[8]。言い換えれば、拒否されたほうが要求を引き下げて「譲歩」したのだから、相手側にとって「中間点まで歩み寄る」のが義務になるというわけだ。「対比効果」（contrast effect）もある。人は何かの大きさ

を測るとき、それが置かれた状況を基に測る傾向がある。3年間奉仕してくださいと言われた後なら、動物園に1日付き添うことなど頼まれたうちにも入らないと思える。このように、まず無理なお願いをして、その後で簡単なお願いに変える手法をチャルディーニは、「ドア・イン・ザ・フェイス（door-in-the-face strategy:DITF）戦略」と名づけた。無理なお願いをしたセールスマンが、目の前でドアをばたんと閉められる図になぞらえたものだ。もちろんセールスマンは、ドアをばたんと閉められてもすごすご引き下がりはしない。2度目は無理のないお願いをする。

　チャルディーニの研究から交渉術のために導き出せる教訓は明らかだ。その一部は、第1章の最初の提案とアンカーの設定の議論ですでに取り上げた。簡潔に言えば、何かを要求するなら、自分が求める（あるいは期待する）以上のものを要求し、譲歩する準備をしておく、ということだ。残念ながら、交渉者は、強気すぎる提案は拒否されると思い込んで、自己規制している場合が少なくない。だが、チャルディーニの研究が示しているように、拒否されるのは必ずしも悪いことではない。当然ながら、法外な要求にはある程度リスクを伴う。相手は「よくわかっていない」とか「どうかしている」と思うかもしれないし、気分を害するだけかもしれない（ただ、動物園への付き添いの調査が示唆するように、ときには途方もないお願いを聞いてもらえることもある）。戦略5では、途方もない要求をする際に、相手が気分を害する可能性を抑える強力な方法を考える。

戦略4　「フット・イン・ザ・ドア（FITD）」戦略を採用する

　つぎの実験結果について考えてみよう[9]。大学のキャンパス近くで行った研究で、地元のバーのバーテンダーが常連客を何人か選んだ。半数には飲酒運転撲滅の嘆願書に署名するよう依頼した。全員が署名に応じた。残りの半数には署名の依頼をしなかった。その後の6週間、バーテンダーはこれらの常連客が酔う頃合を見計らい、帰ろうとしたところで、2つ目のお願いをした。「自宅まで送るのにタクシーを呼んでもいいですか」と。署名を依頼しなかった客のうち、タクシーを呼んでいいと答えたのはわずか10％だったが、署名した客は58％が同意した。

なぜ、嘆願書に署名するという比較的簡単な依頼に同意した後、タクシーを待つというそれより面倒なお願いに同意する人が多かったのか。人は最初の依頼に同意すると、最後までそれを見届けなくてはならないという心理が働くことが、研究によって明らかにされている。つまり、ある依頼に同意すると、最初の依頼から自然に導かれるものであれば、新たな依頼に同意するコミットメントが高まることになる。ここで重要なのは、過去の決定を正当化し、言葉と行動の一致を維持しなければならないという動機である。そして、バーテンダーの最初の依頼にイエスと答えた人は、心理的にコミットしている。自分自身を飲酒運転に反対の立場をとる人間だと見なす。バーテンダーから2つ目の依頼をされたときには、同意する以外に選択肢はないと感じる。同意しなければ、最初に嘆願書に署名したことを正当化するのが難しくなるからだ[10]。

「フット・イン・ザ・ドア（foot-in-the-door strategy:FITD）戦略」と呼ばれるこのアプローチは、最初に突飛な依頼をする、チャルディーニの「ドア・イン・ザ・フェイス（DITF）」戦略と矛盾するように思えるかもしれない。だが、2つの戦略は、根底にあるメカニズムや目的が異なっている。動物園への付き添いに関する調査で明らかになったように、DITF（最初に拒否されるような依頼をした後、要求を引き下げる戦略）が適切なのは、主たる依頼が妥当だと思えるようにすることが目的の場合である。これに対してFITD（最初に単純な依頼に同意してもらった後要求を引き上げる戦略）が適切なのは、主たる依頼に対するコミットメントを築く必要がある場合である。

　たとえば自動車のセールスマンは、DITF戦略を採用し、顧客が安い車しか検討していないと見抜いていても、最初に高い車を勧める。高い車を先に見ておくと、対比効果によって安い車が手ごろに思えてくるからだ。その後、同じ顧客に対して、FITD戦略を使うこともある。まず、安い車に試乗するよう勧める（やさしい依頼）。試乗が終わると、安い車への顧客のコミットメントは高まり、是非ご購入くださいと勧めやすくなる（難しい依頼）。

　DITFとFITDの活用については、重要な違いがもうひとつある。DITF

（難しい依頼の後、やさしい依頼をする）戦略を適用するときには、難しい依頼を断られたら、すかさず、やさしい依頼を持ち出すようにするべきだ。そうでないと、対比効果が小さくなり、やさしい依頼が譲歩だとは受け止めてもらえず、まったく別個の依頼だと受け止められる。これに対して、FITD（やさしい依頼の後、難しい依頼をする）は、やさしい依頼が承諾された後、ある程度時間をおいてから難しい依頼をする（最初の同意が忘れられていないことを前提とする）。立て続けに依頼をしてしまうと、コミットメントの感覚を根づかせる時間がなく、ずうずうしいとか遠慮がないと思われかねない。

戦略5　正当化の力を利用する

　ハーバード大学の心理学者エレン・ランガーらは、図書館の司書に館内のコピー機を1台だけ稼動させ、あとは止めるように頼んで、面白い実験の舞台を整えた。すると、1台のコピー機の前に長い行列ができ始めた。どんな理由があれば、列に並んでいる人たちが割り込みを許すのかを明らかにするのが、実験の狙いだ。たとえば、単純に「すみません。5ページをコピーしたいんです。コピー機を使っていいですか」と尋ねる。こう聞かれた人のうち60％が、自分の前に割り込ませてくれた。ほかの人にはせりふを少し変える。「すみません。5ページなんです。コピー機を使っていいですか。なぜなら、コピーをしたいのです」。おわかりの通り、2番目のアプローチでは理由を付け加えているのだが、正当な理由になっていない（コピー機の前の列に割り込みたいのは、コピーしたいからに決まっている！）。この場合に、割り込ませてくれた割合はどのくらいだろうか。なんと93％が自分の前に割り込ませてくれたのである[11]。

　この結果からわかる通り、全く取るに足らない理由であっても、正当化には同意を促す力がある。なぜなのか。人間は、互恵関係を築くため、他人の正当な（と思える）要求や押し付けに応えて、お返しをするように「生まれついている」からだ。言い換えれば、恩義を感じる人を助けるためには無理をしようと思うが、自分の頼み事だけして、お返しをしない人は助けたいと思わない。そして、人は押し付けられた要求には抵抗するが、

少なくとも相手がその要求を正当な要求だと思っていると感じれば、抵抗を緩め、要求を検討するようになる。ランガーらによれば、こうした判断をするために、人は単純な経験則を使う。「なぜなら」という言葉のような単純なシグナルですら、同意を得るには十分であることも多い。たとえば、コピー機の実験では、「なぜなら」に続く言葉に中身がなくても、たいして重要ではない。

　交渉者がこの知見を生かすには、どうすればいいか。第1章で最初に論じたことだが、重要なアドバイスをしよう。「Xをお願いしたい。なぜなら〜」という文章にあてはまらない要求（とくに強気な要求）は控えるべきである。言い換えれば、何らかの方法で自分の立場を正当化できれば、それによって同意を得られる可能性が高まる。少なくとも要求が不当だとか、根拠がないとか、馬鹿げている、失礼だと受け止められるリスクは抑えられる。DITF戦略の場合のように、極端な要求をそのまま通すことを目的にしているのではないときでも、正当な理由を述べることで、主張が補強され、相手がいきなり席を立つ可能性は低くなる。

　要求の正当性の根拠になるものは何だろうか。一般に、正当性の根拠になり得るものは数多く存在し、交渉者は望ましい結果にふさわしい根拠を選択しなければならない。不動産の売り手なら、近隣地域で最近、物件が高値で取引されていること、物件の状態が平均以上であること、地域の不動産価格の上昇が見込めることといった分析を引き合いに出して、もっとも高い提示価格を示す。一方、買い手は、最近低い評価が出されていること、現在の価格は全国的な不動産バブルにより上昇しすぎているリスクがあること、その日もっと低い価格で売り出されている物件を見たことを引き合いにして、提示価格が低い理由を述べる。

　別の例として、従業員が賃上げ交渉で使う以下のせりふの違いを考えてみよう。

提案A　どのくらいの昇給が妥当だと思うか、というご質問でしたので、考えてみました。10％の賃上げが妥当だと思います。

提案B　どのくらいの昇給が妥当だと思うか、というご質問でしたの

で、考えてみました。昨年はとくに成績がよかったので、10％の昇給が妥当だと思います。
提案C どのくらいの昇給が妥当だと思うか、というご質問でしたので、考えてみました。昨年はとくに成績がよかったので、10％の昇給が妥当だと思います。わたしの主張を裏付ける資料として、昨年のわたしの売上データをお持ちしました。

要求（10％の昇給）の根拠を示している点で、提案Bは明らかに提案Aよりも優れている。しかしながら、最善なのは提案Cである。理由とともに、それを裏付ける証拠を示しているからだ。仕事の出来を評価する尺度はさまざまなものがあるが、最初に議論の主導権を握ることによって、適切な尺度を決める機会が得られる。提案Cは要求する理由を含んでいるが、同時に理由が最大限の力を持つように交渉の枠組みをつくっている。より一般化して言えば、交渉においては、オファー自体に「語らせる」のではなく、要求の根拠を示し、根拠が正当であることを示す物語を語るべきである。

戦略6　社会的証明の力を利用する

アメリカでは近年、「インフォマーシャル」が深夜のテレビ番組を席巻している。インフォマーシャルとは、商品の長所や使い方、使っている有名人を紹介する長時間の広告だ。通常30分の放映時間のなかで、司会者が「画面の番号にお電話ください」と繰り返し、割安な価格での商品の購入を呼びかける。自然に汚れが落ちるオーブン・ミットといった商品を買うために、この真夜中に電話をかけようという人がどれだけいるのか、不思議に思った人も少なくないはずだ。番組のシナリオ・ライター、コリーン・ショットも長い間、まったく同じことを考えていたようだ。あるとき、ほぼすべての番組で使われていた「オペレーターが待機しています。今すぐお電話を」という常套句を変えようと思い立った。実際には、ほんの少し文章を手直ししただけだ。「オペレーターが話し中の場合は、再度お電話ください」。どうなったか。注文の電話が急増したのだ[12]。

なぜだろうか。表面だけ見れば、どちらも伝えている情報はまったく同じであり、どちらも商品については何も語っていない。だが、ほかの視聴者の行動について伝えている内容が異なっている。元のせりふでは、電話をかけてくる人がいるとしても非常に少なく、オペレーターは手持ち無沙汰で電話を待っているように聞こえる。これに対して、２番目のせりふは商品を買っている視聴者がほかにいて、電話が話し中なのでかけ直さなくてはいけない場合もあると暗に伝えている。心理学では、この現象を「社会的証明」（social proof）の力と呼ぶ[13]。10代の若者なら誰もが知っている通り、行動に迷ったときは、自分と似たような他人の行動を参考にすべきだ（「ママ、みんなやっているよ！」）。おわかりの通り、そう考えるのは、10代の若者ばかりではない。だからこそ、奥はがら空きなのにバーやナイトクラブが入り口に人を並ばせておくのだ（店内で酒を売ればよいと思われるかもしれないが、店側は客を並ばせたいのだ）。テレビのお笑い番組が「笑い声」を使う理由も、ここにある。ほかの人たちの笑い声が聞こえると、ジョークがいっそう面白く感じられるのだ。

　社会的証明の原理を生かして、交渉結果を改善するにはどうすればいいのか。以下の戦術を検討してみよう。

●住宅の売り手は、内覧時間を１時間に制限し、購入希望者が同じ時間に顔を合わせるようにする。

●クライアントから初会合の候補日を出してほしいと言われたら、ノドから手が出るほど契約をとりたい相手と思っていても、スケジュールがほとんどふさがっているふりをして、翌週のいついつしかないと伝える。

●自社の商品やサービスを勧めるときは、まず、誰々さんも使っていますと、顧客を挙げていく（ビジネススクールなら、パンフレットに有名な卒業生の名前や写真を並べる）。

戦略7　形式的に一方的に譲歩する

　数年前、建設業の下請け業者の全国組織が、会員にアンケートをとることにしたが、こうした市場調査の大きな壁に気づいていた。調査やアンケートは、なかなか答えてくれないものだ。回答率の向上に役立つことを願いつつ、調査に金銭的なインセンティブを導入したときの効果を試すことにした。無作為に選んだグループのひとつには、金銭的インセンティブを提供せずにアンケートを送付した。このグループの回答率は20.7％だった。無作為に選んだ別のグループには、アンケートに答え、返送すれば50ドルをプレゼントすると約束した。残念ながら、回答率は23.3％で、たいして変わらなかった。その理由として考えられるのは、インセンティブが十分ではなく、100ドルか200ドルにすべきであったというものだ。だが、第3のグループに何が起きたか考えてみよう。このグループには、質問票に添えて1ドル札を送付した。すると、40.7％が返送してきたのである[14]。

　標準的な経済理論では、回答者のこうした行動を説明することはできない。1ドルは、インセンティブとして50ドルよりも圧倒的に少ないだけでなく、そもそもインセンティブですらない。質問の依頼に答えるかどうかにかかわらず、支払われることが保証されていたからだ。経済理論家はこの行動を説明する理論をつくろうとしているが、理論家でないわれわれは、1ドルはインセンティブではなく、一方的な譲歩――あるいはギフトであり、受け取ったほうはお返しする義務を感じるからだと考えることができる。こうしたささやかな譲歩の効果がきわめて高い点は注目に値する。信頼と互恵に関する調査によれば、ギフトと譲歩を受けた人は、贈った人のコストには無頓着であることが示唆されていて[15]、形式的な低コストの譲歩でも、互恵、承諾、同意を引き出すのに十分だと考えられる。　たとえば、次回の交渉では、以下のような形式的な譲歩を検討してみよう。

- 自分よりも相手に都合のよい時間帯や場所で会うことに同意する。
- 交渉相手と一緒に食べるために、途中でドーナツとコーヒーを買っていく。
- 相手の要求のうち、応えやすいものに同意してから、実質的な交渉

に入る。

　いずれのケースでも、相手にとってこちらが譲歩したことが目立つほど（こちらにとって不便な場所での会議に同意したことを相手がわかっているなど）、相手は実のある形でお返ししようという気になる。

戦略8　自分の提案や要求が妥当に見える参照点を使う

　経営幹部を対象にした最近の交渉術コースで、参加者の半分に、ダニエル・カーネマンとエイモス・トベルスキー[(6)]の研究をアレンジした以下のシナリオを示した。

> **シナリオA**　電卓を50ドルで買おうとしている。店員から、車で20分の場所にある別の支店で、同じ電卓がセールの対象になっていると教えられる。今いる店での値引き交渉はできないとすると、最低何％の割引があれば、20分かけて行く価値があると思うか。

　読み進める前に、読者自身の答えを書きとめてもらう。つぎに、残りの半数の参加者に示したシナリオBを検討してもらおう。

> **シナリオB**　ノート・パソコンを2,000ドルで買おうとしている。店員から、車で20分の場所にある別の支店で、同じパソコンがセールの対象になっていると教えられる。今いる店で値引き交渉はできないとすると、最低何％の割引があれば、20分かけて行く価値があると思うか。

　よく読むと、どちらのシナリオも同じ質問をしていることに気づくはずだ。つまり、自分の20分の価値はいくらかと聞いているのだ。だが、シナリオによって、経営幹部が考える20分の価値は異なっていた。シナリオAを示された幹部は、平均で20ドルの割引があれば別の支店まで車を飛ばす価値があると答えた。シナリオBを示された幹部は、同じ距離を移動する

のに200ドル近い割引が必要だと答えた。

　この実験が示している通り、人が自分の利害（この場合は時間）を評価する方法は影響を受けやすいものである。コンピューターや乗用車などの高額商品を買おうとしているときは、20ドルを節約するために20分も移動するのは馬鹿げていると思えるかもしれない。だが、電卓や60ドルのセーターなど、低額商品が20ドル値引きされるとすれば、行かずにはいられなくなる。つまり、人はある商品やある問題のコストを客観的に評価しているのではなく、その日に自分が支出する総額など、目立つ参照点と比較してコストを評価しているのである。自動車の営業マンが多くの付属品をつけて売るのは、まさにそのためである。すでに３万ドルの車を買うことにしたら、フロアマットや傷がつきにくい塗装に200〜500ドル追加で出すのはたいしたことではないと思える。これに対して、すでに車は持っているところに、営業マンが訪ねて来て、フロアマットや傷がつきにくい塗装を売り込んできたら、おそらくドアをぴしゃりと閉めるだろう。

　交渉術コースを受講した企業幹部が、パソコンではなく電卓で20ドルの割引を追い求めた理由はほかにもある。買おうとしている商品の価値だけでなく、「良い取引」をすることに関心があるのだ。良い取引、あるいは「公正」な取引をしたいと思うと、影響を受けやすくなる[17]。たとえば、買い物をする際に、商品の本来の価値がどうであれ、元値が750ドルの商品が500ドルで売られていれば、買う気になりやすい。同じように、海辺で飲むことに変わりはないのに、「さびれた食料品店」ではなく、「洒落たリゾートホテル」のほうが、ビール１缶に高い値段を出してもいいと考えることが経済学者のリチャード・テイラーの研究でわかっている。言い換えれば、取引の価値が同じときですら、提示のされ方や、比較の対照、「値引き幅」によって、魅力度は変わってくるのである。

影響力の戦略から自分自身を守る

　これまで論じてきた戦略はすべて、科学的研究のみならず、相手に自分の希望や要求を聞いてもらい、同意をとりつけることで生計を立てている実務家の経験によって裏付けられている。読者が実際に交渉をする際には影響力行使に熟達した相手と対峙することになるだろう。残念ながら、戦略について学ぶだけでは、強大な影響力から身を守ることはできない。

　自分自身を守るには、影響力を予想し、緩和するための意識的な努力をしなくてはならない[18]。交渉に採り入れられる防衛戦略をいくつか見てみよう。

防衛戦略1　体系的な準備をする

　影響力戦略から身を守る最善の方法のひとつは、体系的、包括的な交渉の準備をすることである。これには、BATNAについて厳密な分析をしZOPAを慎重に評価し、あらゆる論点を徹底的に調べることが必要である議論に入る前に、自分自身の利害や優先事項を慎重に評価しておけば、提示のされ方がよかったからといって、不利な提案に同意する可能性は低い

防衛戦略2　採点システムをつくる

　第2章で論じたように、採点システムを使えば、代替案の価値やBATNAの価値、自分の希望などと比較することによって、提示されたオファーの総合的な価値を客観的に評価できる。あらゆる提案を客観的に評価できれば、影響力戦略で説得される可能性は低い。

防衛戦略3　情報と影響力を明示的に区別する

　第1章で説明した通り、交渉相手の発言には情報と影響力の二面性があることを、交渉の達人は知っている。相手の発言に反応したり、答えたりする前に、情報と影響力を明確に峻別しなければならない。相手が説得力のありそうな発言をしたら、交渉の達人は、つぎのように自問する。「新

しいことが何かわかったのか？　わかったとすれば、それはどんな情報か？　自分の利益と優先事項に照らして、相手の発言をどう評価すればいいのか？」。情報と影響力を区別するのに役立つ問いには他に、以下のようなものもある。「これを、ほかの人のためにも進んでするか？　昨日、あるいは1時間前なら、これをしようと思ったか？　重要な関係者に自分の決定の正しさを説得できるか？」。

防衛戦略4　相手の発言を別の言葉で言い換える

　相手の実質的な発言をあえて別の言葉で言い換えることで、影響力戦略の影響を緩和することもできる。損失フレームに基づく相手の発言を、利得フレームで言い換えて、提案がどれだけ魅力的かを見る。たとえば「入札額を引き上げなければ、落札できるチャンスを失う」と言われたら、入札額を引き上げたくなるものだが、そうする前に、つぎのように言い換える。「落札のチャンスがほしいなら、入札額を引き上げなければならない」。同じように、入札額を引き上げる気になるだろうか。カギとなるのは、相手の提案に対する自分の反応が、提案自体の中身によるものなのか、プレゼンテーションの仕方によるものなのかを見極めることである。

防衛戦略5　反対役を指名する

　第4章で論じたように、自チーム内で反対役を指名しておくのは有効な戦略である。反対役には、交渉に関わるあらゆる点について、自分の考え方に対する疑問点を出してもらう。反対役はその場にいる必要はなく、いつでも「呼べる」ようにしておくほうが適切である。

防衛戦略6　可能であれば、時間的プレッシャーの下では交渉しない

　相手が迅速に回答しなければならないとき、影響力戦略は高い効果を発揮する。ここから導かれる結論として、交渉する際は十分な時間を確保しておき、重要な決定をする前には1日あるいはそれ以上の時間をとること、そして、オファーやプロポーザルを検討する時間がほしいと相手に遠慮なく言えるようにしておくべきである。たとえば、動物園に少年を引率して

ほしいと頼まれた人たちの多くは、一晩考える時間を与えられていれば断っただろう。

　もちろん、これらの防衛戦略は、互いに排除し合うものではない。交渉の達人は、多くの戦略あるいはすべての戦略を同時に活用している。さらに、これらの戦略は、相手の影響力戦略に対抗するためだけに有効なのではない。どれも、いかなる状況にも通用する健全な交渉テクニックである

影響力の限界

　これまで論じてきた影響力戦略は、考え方や提案を改善するのに役立つものではない。提案すべきものを売り込むという仕事を単純化するものだそして、これらの戦略は、自分の提案を受け容れ、要求に同意してもらうように相手を説得する強力な手段である一方、もっぱら影響力戦略ばかりに頼っていると、限られた成功しか収められない。理由は2つある。第1に、第3章で浮き彫りにしたように、「交渉」ではなく、「売り込む」ことにしか関心がない者は、相手の利害について知る機会を逃し、その結果価値を創造する機会を逃すからだ。第2に、交渉相手が手ごわいとき、あるいは激しい論争に巻き込まれたとき、相手を同意させ、屈服させ、承諾させる能力は著しく限られる。頼れるのが影響力の「ソフト」な戦略だけであれば、まったく太刀打ちできないだろう。すべての交渉が順調にいくはずもなく、すべての交渉者が友好的であるはずがない。交渉の達人は、この点を予期しており、厳しい局面に直面したときに、どうすべきかを知っている。以下の章では（難しい交渉相手に対する戦略に焦点を絞った第12章を中心に）、交渉の達人の秘密を解き明かしていこう。

第8章
交渉の盲点

 2004年12月15日、ジョンソン&ジョンソン（J&J）は、医療機器製造会社のガイダントを254億ドルで買収することで合意した[1]。当初は、ガイダントの株主にとってもJ&Jにとっても望ましいことだと思われた。市場では、この買収は相乗効果がある、つまりガイダントは単独企業としての価値よりもJ&Jが買収したときの価値のほうが高いと見られていた。

 2005年5月24日、J&Jとガイダントが取引を完了するまで時間がかかると見られるなか、ニューヨーク・タイムズ紙が暴露記事を掲載した。ガイダント製の埋め込み式除細動装置に欠陥があり、26台がショートして故障していたにもかかわらず、同社は3年間、医師に知らせていなかったというのだ。装置を埋め込んだ患者は2万4,000人にのぼる。食品医薬品局（FDA）はガイダントに対する調査を開始した。3週間後の6月17日、ガイダントは除細動装置のリコールを発表した。

 J&Jは10月18日、条件を見直して買収を再提案する意向を表明し、11月2日には、FDAの調査とリコールによって、ガイダントの「短期的な収

益と長期的な見通し」が影響を受けた、とする声明を発表した[2]。同日ニューヨーク検事総長のエリオット・スピッツァーはガイダントに対して訴訟を提起すると発表し、連邦取引委員会（FTC）はJ＆Jとガイダントの合併を条件付きで承認した。両社の契約では、J＆JはFTCの承認が得られた後、48時間以内に取引を完了することになっていた。J＆Jがガイダントの事業の「不利な方向での重大な事情変更」を理由に、期限内に取引を完了しなかった場合、ガイダントが履行を求めてJ＆Jを訴えることができることになっていた。J＆Jは48時間以内の取引完了を履行しないことを選択した。11月7日、ガイダントはJ＆Jを提訴した[3]。9日後、ガイダントに対する批判が激しさを増すなか[4]、J＆Jは買収価格を215億ドルに引き下げて再提案した。

　一方、ガイダントの買収をめぐる最初の報道ではまったく触れられていなかったが、J＆Jがガイダントを買収すれば、戦略上、不利になるのがボストン・サイエンティフィック社であった。同社はメディカル・ケア業界においてJ＆Jの最大のライバルだが、J＆Jによるガイダントの買収で今や業界地図は塗り変わろうとしていた。J＆Jが買収提案する前日の2004年12月4日から、ガイダントの株主が提案を承認した翌日の2005年4月28日までの間に、ボストン・サイエンティフィックの株価は、35.88ドルから29.46ドルに下落していた。

　さらに、J＆Jが215億ドルで再提案したときには、ボストン・サイエンティフィックの株価は25ドルにまで下落していた。12月5日、J＆Jによるガイダントの買収は到底容認できないとして、ボストン・サイエンティフィックはガイダントに対して247億ドルで買収する対案を提示した。その間も、ガイダントの法的問題や企業イメージは悪化を続けた。12月27日、FDAはガイダントに送った製品の欠陥に関する警告書を公表した[5]。

　3社が絡んだ交渉は2006年に入っても続いた。ボストン・サイエンティフィックの買収額の高さよりも、J＆Jの買収形態（ストラクチャー）を評価したガイダントは、1月11日、J＆Jが引き上げた232億ドルでの買収を暫定的に受け容れた。翌日、ボストン・サイエンティフィックは買収額を250億ドルに引き上げた。その翌日、ガイダントはJ＆Jが再度引き上げた242億ドルでの買

収を暫定的に受け容れた。17日、ボストン・サイエンティフィックは、買収額を270億ドルにまで引き上げた。これは、ガイダントの法的問題が持ち上がる前に、J＆Jが支払う意志のあった金額をはるかに上回る額である[6]。J＆Jは再度の引き上げはしないことに決め、翌1月25日の朝、発表した[7]。その日、ガイダントはボストン・サイエンティフィックの270億ドルでの買収提案を受諾した[8]。ボストン・サイエンティフィックは買収合戦を制したわけだが、この戦いに本当に勝ったのは誰なのか。

買収に合意した翌日、ボストン・サイエンティフィックの株価は23.15ドルに下落した。ガイダントに最初に買収提案したときに比べて2ドル近くの下落になる。注目すべきは、J＆Jの株価が、ガイダントへの買収提案を公表する度に下落していたことだ。ボストン・サイエンティフィックが参戦した日から、ガイダントが同社の270億ドルでの買収提案に同意するまでの間の株価の下落率は4.4％に達した。数ヶ月後の2006年6月、ボストン・サイエンティフィックは、傘下のガイダント部門のペースメーカー2万3,000台をリコールし、ガイダント製の装置を使用中の患者2万7,000人に対し医師に相談するよう勧告せざるを得なくなった。今や株価は17ドルにまで下落していた。フォーチュン誌は後に、ボストン・サイエンティフィックによるガイダント買収を、「AOL・タイムワーナーの世紀の大失敗に次ぐ、史上2番目に悪い買収劇だと言える」と報じた[9]。

ボストン・サイエンティフィックは、株価を50％以上下落させるような決定を、なぜ下したのだろうか。技術、法律、財務、さらにはイメージの面で明らかに負債を背負った会社の買収に、あくまでこだわったのはなぜなのか。またJ＆Jは、ガイダントに対する最初の買収提案を通じて、大幅な株価の下落を招くようなプロセスになぜ手をつけたのか。J＆Jとボストン・サイエンティフィックは、やがて明らかになる結末を予想し、回避することは可能だっただろうか。可能だったと、われわれは考えている。激しい競争環境のなかで、関連するあらゆる情報を検討することができていないために、お粗末な決定をしてしまう組織や個人は少なくない。こうした情報は、入手可能であると同時に、きわめて重要なものである場合がほとんどだが、いわゆる「交渉の盲点」にあるために、見落としてしまうのだ。

筆者のひとり、マックス・ベイザーマンと同僚のドリー・チューが「認識の限界」（bounded awareness）と名づけた現象によれば、交渉者は自分たちがしなければならない決定に焦点を絞り込みすぎるきらいがあり、狭い焦点の外側にある関連情報を無視しがちである(10)。

本章では、交渉者に共通する意思決定の間違いが、どのような仕組みで起きるのかを見ていく。具体的には、交渉者が以下の要素を見落としていることがいかに多いかを明らかにしていく。

- ●交渉のテーブルについていない当事者の役割
- ●ほかの当事者の意思決定の方法
- ●情報の非対称性（information asymmentry）の役割
- ●競争相手の手ごわさ
- ●当面は関係ないが、将来、重要になってくる情報

どの場面でも盲点となりがちな情報を、明確に把握するための戦略も伝授していく。

テーブルについていない当事者が盲点となるとき

J&Jとボストン・サイエンティフィックによるガイダントの買収合戦は高くついたわけだが、どこが悪かったのかを追求する前に、もっと抽象的な以下の問題について考えていこう。

A社とB社は、ある業界を代表する企業である。同じ業界で2番手グループに位置するC社は、単独では10億ドルの企業価値があるが、最近、経営陣は価格がよければ身売りも検討すると発表した。アナリストの分析によれば、買い手の候補としてはA社かB社が有力であり、いずれもC社を買収すれば業界で支配的地位を築けるという。A社、B社ともC社の買収の可能性を分析し、それぞれ自社が買収した場合のC社の価値は12億ドルであると結論づけた。つま

り、A社もB社も、12億ドルを下回る価格でC社が買収できれば利益を得られるが、12億ドルを上回る場合は純損失が発生し、株価の下落に見舞われることになる。だが、A社がC社を買収すれば、B社は圧倒的に不利になり、5億ドルを失う。同様に、B社がC社を買収すれば、A社も5億ドルを失う。A社かB社のどちらかがC社に買収提案をすれば、提案をしなかったほうも、その事実を知ることになる。あなたがA社のCEO（経営最高責任者）だとすれば、何をすべきだろうか。

企業幹部を対象にしたコースでこの問題を出すと、A社はC社に11億ドルで買収提案をすべきである、という答えが多い。提案が受諾されれば、買収によってA社には1億ドルの純利益が、C社にも1億ドルの純利益がもたらされる。11億ドルの買収提案は、明らかにZOPAの範囲に入っている。

だが、B社はどう考えるのか。B社の立場を考えれば、C社がA社からの11億ドルの買収提案に同意する必要がないことが明らかになる。A社が買収提案をすると、B社は対案を提示しない限り、5億ドルを失うことになる。B社は5億ドルを失うよりは、収支がトントンになるように、12億ドルの買収提案をする可能性が高い。

だが、A社はどう考えるのか。A社は買収額を引き上げて再提案しない限り、5億ドルを失う立場に追い込まれる。このため、A社は13億ドルで再提案し、再びB社が不利になる。

今やパターンは明らかである。A社もB社も、5億ドルを失うよりも、再提案したほうがましだ。その結果、買収価格は17億ドルに達するまでつり上がり、その時点で買収合戦に終止符が打たれることが容易に想像できる。A社かB社のどちらか1社は、買収できないことで5億ドルを失うが、もう一方は、買収合戦を「制し」、C社に対して5億ドル余計に支払うことで、やはり5億ドルを失う。残念ながら、最初の買収提案がなされた瞬間から、どちらも5億ドルを失う状態にならない限り、抜け出すことはできない。

この買収合戦で勝利するカギは何か。第1に、標的（C社）に対してどんな価格を提示しても、不毛の競争となることを認識すべきである。第2に、競争相手が価値を破壊するエスカレーション・プロセスを仕掛けるのを断念するような法的な戦略を考えるべきである。

　受講した企業幹部の多くは、なぜこうした解決策を見落とし、C社に買収提案をすべきだと考えたのだろうか。C社に11億ドルで買収を提案するというこの戦略は、交渉の範囲を狭く捉えすぎた結果である。具体的に言えば、この提案は、交渉の当事者がA社とC社のみだと考えたから出てきたものだ。状況がそれほど単純なら、A社は、ZOPAがあるか否か、C社は単独企業としてよりもA社にとって価値が高いかどうかだけを検討すればいい。だが、この分析は2つの重要な要素を無視している。第1は、A社の行動がB社に及ぼす影響、第2は、C社は買収提案を受けた後、B社を引き込むことができるというゲームのルールである。

　より広い観点から言えば、A、B、C社のストーリーは、交渉のテーブルにいない当事者の視点を考慮に入れなかったときに何が起きるのかを示している。これに対して、交渉の達人は、焦点を拡大して、みずからの行動が他者に及ぼす影響を検討し、相手の戦略から生まれる競争力学を考え抜いている。

　実はA、B、C社の問題は、実例を下敷きにしている。1990年代半ば、アメリカン航空、ユナイテッド航空、USエアが絡んだ買収合戦である。C社と同様、USエアは、適切な価格での身売りを表明した。航空業界に詳しい記者は、業界をリードするユナイテッドとアメリカンの2社による買収合戦になるだろうと予想した。USエアの企業価値は、単独の場合よりも、どちらかに買収されたほうが高まるからだ。本件はユナイテッドとアメリカンの2社にとって極めて重大な案件であった。アメリカンが買収すれば、ユナイテッドは大きく後退することになり、ユナイテッドが買収すれば、同じようにアメリカンは打撃を受ける。つまり、アメリカンとユナイテッドは、A社とB社と同じジレンマに直面していた。2社はどうしたのか。

　USエアが身売りを宣言して間もなく、アメリカン航空のCEO、ロバー

ト・クランドールは、11万8,000人の自社の従業員宛てに、つぎのような公開書簡を書いた[11]。

> アメリカン航空が事業の規模と範囲を拡大する最善の道は、合併ではなく内部成長であると、これまでつねに考えてきましたし、この見方は今後も変わりません。……したがって、当社が最初にUSエアに対して買収提案をすることはありません。一方で、ユナイテッド航空がUSエアに買収を提案した場合、当社の競争上の地位を守るために、対案を出すか、何らかの必要な手段を講じる準備を整えています。

 この書簡は、表面的にはアメリカンの従業員に宛てたものだが、実際にはユナイテッドへのメッセージとして書かれた可能性は十分ある。つまり、クランドールはユナイテッドに対し、「現状を変えるな。さもなければ、互いに多額の資金を失うことになる」というメッセージを送ったのだ。その結果どうなったか。1990年代半ば、USエアに対して買収提案は一切行われず、アメリカの航空業界が不毛な買収合戦を回避した稀有な例のひとつとなった。クランドールはUSエアとの交渉の範囲を検討する際、視野を広げて、アメリカンが買収提案した場合にユナイテッドが直面することになるジレンマと、どちらかが買収提案をした場合、その後の買収合戦で起こり得る結果を考慮に入れていたのは明らかである。

 USエアの物語は珍しいものではなく、多くの買収合戦が同様の構造を内包している。いったん買収合戦に突入すれば、敗者が巨額の市場価値を失うことになると2社が知っている場合、どちらも標的企業の価値を上回るまで買収価格をつり上げるインセンティブを持っている。こうした戦いでは、第4章で論じた100ドル紙幣の入札と同じように、いったん参加して安全に撤退するよりも、最初から参加しないほうが簡単である。どの点から見ても、J&Jやボストン・サイエンティフィックのような市場リーダーですら、こうした罠に陥る可能性があると言えよう。

相手の意思決定ルールが盲点となるとき

　あなたの会社は、自社のニーズに合致する画期的な製品を開発した小規模メーカーの買収を検討しているとする。買収すれば、製品に付加価値をつけられると考えている。この小規模メーカーの企業価値は、前提の置き方により、500万ドルから1,000万ドル程度と見られるが、買収による相乗効果で価値が創造されるため、約1,400万ドルになると評価している。この会社の株式は、3人の創業者が3分の1ずつ所有している。自社の企業価値に関する3人の見方は異なっていることも考えられる。この会社を買収するために、いくら提示するだろうか。

　ここでひとつの条件を考えてみる。3人の創業者は、全員が同意した場合に限って会社を売却するという取り決めを交わしていたとする。この情報を新たに入手したことで、提示額は変わるだろうか。だとすれば、いくらを提示するか。

　では、別の条件を考えてみる。買収提案を受けた場合、3人のうち1人でも賛成なら、売却を強制できることで合意しているとする（ただし、ほかの2人が買収に同意する1人の保有株式を同額で買い取れば別だが、まず確実にその余裕がないことはわかっている）。この情報を知って、提示額は変わるだろうか。変わるとすれば、いくらを提示するだろうか。

　創業者がそれぞれ異なる留保価値（売却する際に必要とする最低価格）を持っていることに気づいたならば、3人の創業者がいつ、どのような形で会社を売却するかについて、どのような取り決めをしているかを考慮すべきであることが明らかになる。言い換えれば、創業者たちの意思決定のルールに焦点をあてる必要があるのだ。創業者のうちの1人が売却を承認できる場合の最善の戦略は、おそらく全員の同意を必要とする場合の最善の戦略ではない。

　会社の売却にあたって、3人の創業者の留保価値にはばらつきがあり、Aは600万ドル、Bは700万ドル、Cは900万ドルであるとする。創業者の1人が売却を強制できるとすれば、600万ドルを若干上回る程度の金額を提

示すれば、Aが承諾して売却を強制するので、買収が成立するのは明らかである。だが、創業者全員の同意が必要な場合はCがカギを握ることになり、買収を確実に成立させるには900万ドル以上を提示しなければならない（多数決で売却が決まるのであれば、AとBを満足させるために、700万ドル以上を提示しなければならない）。

　この問題を注意深く分析すれば、相手の意思決定のルールや制約条件、社内政治を考え抜く必要があることが明らかになる。しかしながら、このシナリオを企業幹部の受講者に提示すると、3人の創業者の意思決定権を検討する重要性を見落としていることが多い。しかも、現実社会ではそうした点を重視しないのがふつうだと言う。今述べた例では、売上高、財務面での相乗効果など、もっぱら財務や会計の観点に注目する幹部が多い。こうした計算はもちろん必要である。被買収企業に対して客観的な評価を示すとともに、最大いくらまで出せるかを理解する手立てになるからだ。だが、こうした点ばかりに注目し、相手の意思決定の力学を見落としていると、必要以上に高く買うことになりかねない。

　ほとんどの交渉者にとって、相手の意思決定のルールは、認識の境界の外にある。これに対して交渉の達人は、相手の利害だけでなく、相手の評価方法や意思決定の方法も検討する必要があることを理解している。

相手の情報の優位性が盲点となるとき

つぎの問題文を読み、先に進む前に自分の考えをまとめてみよう。

企業を買収する

　あなたはA社（買収企業）の代表であり、T社（買収対象）の株式の100％を現金で取得する買収提案を計画している。主な問題点は以下の通りである。T社の企業価値は、現在進行中の大型油田探査の成否に連動している。探査が失敗すれば、現経営陣の下でのT社の企業価値はないに等しい（1株＝0ドル）。だが、探査が成功すれば、現経営陣の下でのT社の価値は、最高で1株あたり100ド

ルになり得る。0～100ドルの間のどの価格になる確率も等しいと考えられる。

どの推定を見ても、A社が買収すれば、現経営陣が経営している場合より、T社の企業価値は50％高まるとされている。探査が失敗すれば、どちらの経営であっても、企業価値はゼロである。探査プロジェクトが成功して、現経営陣の下で1株50ドルの価値になるのであれば、A社の傘下に入れば1株75ドルになると見られる。同様に、現経営陣の下で、1株が100ドルであれば、A社の傘下に入れば1株は150ドルになると見られる。

細かい点をもうひとつ。買収提案はたった今、探査の結果が判明する前に行わなければならない。提示される1株あたりの価格が、現経営陣の下での価値を上回っていれば、T社は提案に同意する。しかしながら、T社は探査の結果が判明するまで決定を先送りにし、判明したところで受諾するか拒否するかを決める。つまり、あなた（A社）は買収提案をするときに探査の結果を知らないが、T社は提案を受諾するか拒否するかを決めるときに結果を知っているわけだ。他社は絡まない。T社はA社によって買収されるか、どこにも買収されないかのどちらかである。

A社の代表として、あなたは、1株＝0ドル（これは提案をしないに等しい）から150ドルまでの間で価格を検討する。T社の買い付けをするのに、1株あたりいくらを提示するだろうか。

「わたしは1株＝〜ドルで株式を買い付ける」に、答えを入れよ。

買収する立場として、T社には何を提示すべきだろうか。単純な問題に思えるが、実は分析に手こずる人が少なくない。監査法人のパートナーから投資銀行家、企業のCEO、幹部に至るまで、われわれの交渉術コースには数千人が参加してきたが、1株50～75ドルの間という答えが一般的である。この一般的だが危険なほど間違った反応の基になっているのは、「平均すると、T社は自社にとっては50ドル、A社にとっては75ドルの価値がある。したがって、このレンジであれば、両社にとってプラスに

なる」という論理である。言い換えれば、ZOPAは平均で50～75ドルの間なので、この間であれば戦略上も理に適っていると考えるのである。

だが、このレンジで提案をするかどうか論理を考え抜いた際に、実際に何が起きるか見てみよう。たとえば、1株あたり60ドルでの買収を提案するとする。

> 60ドルの買収提案は、60％の確率で受け容れられる。つまり、T社が自社の価値を0～60ドルと考えているときに受け容れられる。0～60ドルの間であれば、どの価値になる確率も同じなので、平均すればT社にとっての自社の価値は1株30ドルになる。これは、A社にとってT社は平均で45ドルの価値があることを意味する。提示した買収価格は60ドルなので、A社は平均で1株あたり15ドルを失うことになる。したがって、1株60ドルでの買収提案は賢明とは言えない。

この論理を追求していくと、どんな提案に対しても同様の分析があてはまる。そもそも、同意される提案では、A社は平均で買収価格を25％下回る価値の企業を買うことになる。その理由は、同意される買収価格がいくらであれ、探査後のT社の価値は、0から提示された価格の間にあり、その間のどの価格になる確率も等しいからである。つまり、企業価値は平均すれば、T社にとっては提示価格の半分で、A社にとっては提示価格の4分の3になる。この結果、1株＝0ドル以外のいくらを提示しても、資金を失う可能性が高い。つまり、1株＝0ドルでの買収を提案すべきだったのである。

このパラドックスのカギは、T社の情報の優位性にある。具体的に言えば、T社は探査が完了してから提案を受諾するか拒否するかを決めるので、A社に利益が出る価格で売る場合もあるが、極端に価値が低いとき、つまり俗に言う「レモン（不良品）」であるときに、売る可能性が高いのである。

ジョージ・アカロフは、オファーを選択的に受諾することが、市場の歪

みをもたらすことを示した研究でノーベル経済学賞を受賞した[12]。たとえば、市場に出回っている平均的な中古車は、品質が平均なのではない。というのは、品質が良ければ、そのまま乗り続けるか、親戚や友人に売る傾向があるからだ。品質が悪いほど、一般市場に出回る確率が高くなる。これを知って、買い手が不安になるのは当然である。その結果、何が起きるか。中古車は品質が良くても高い値段で売れないのである。

アカロフの分析は、交渉において情報が少ない側が直面する危険性を浮き彫りにしている。そして、一般に買い手は情報が少ないものである。だが賢明な人々はなぜ、「企業を買収する」演習で、この問題を予想し、買収提案を回避しないのか。その理由は、分析する際、相手が何を知っているかに関する決定的な情報を一貫して排除する傾向があるからだ。具体的に言えば、買収提案によって自分たちが手にする利益は、相手がどの段階で同意するかに左右され、相手が同意する可能性がもっとも高いのは、こちらが過大な価格を提示したときであるという事実を認識していない。この現象は、「勝者の呪い」（winner's curse）の問題の具体的な表れである。

勝者の呪いとは、相手の情報の優位性を考慮していないために、本来の価値以上の価格を支払って、落札する状況を指す。勝者の呪いは、相手の情報の優位性がカギとなる盲点の特殊な形態である。自分を会員として受け入れるクラブには所属したくないと皮肉を言ったグルーチョ・マルクスは、「勝者の呪い」の背後にある論理を直感的に把握していたようだ。自分を受け入れるような、入会基準の低いクラブには、属したくないというわけだ。

勝者の呪いを回避するカギは経験であると思っている人は少なくない。だが、この場合、経験は解決策にはならない。筆者のひとり、マックス・ベイザーマンは、同僚のシェリル・ボール、ジョン・キャロルとともに、聡明なMBAの学生に勝者の呪いを回避するための学習能力があるかどうかをテストした[13]。学生には、「企業買収」の演習を20回試してもらい、どれだけ儲かったかに基づいて実際に報酬を与えた。毎回、演習が終わった直後に、無作為に選んだ企業価値に基づいて、学生にただちにフィードバックを提供する。さらに、自分の資産状況の変化を観察させる（資

産は大幅に減る)。0ドル以外の価格を提示するのはお粗末な戦略であることを示す証拠が積み上がっていき、資産はどんどん減っていくにもかかわらず、20回を通して、学生が正しい答えを学ぶことはなく、平均して1株あたり50ドルを上回る価格を提示し続けた。実は、優秀なMBAコースの学生72人のうち、トライアルの間に0ドルでの買収を提案することを学んだのは、わずか5人だった。最近の調査では、100回トライアルをしても、こうした間違いが見られることが明らかになっている[14]。

では、どうすれば勝者の呪いの犠牲にならずに済むのだろうか。

1．提案がただちに受け容れられたときにどう感じるかを想像する。自動車であれ、住宅であれ、会社であれ、価格を提示する前に、自分の提案を相手がすぐに受け容れたらどう思うかを想像してみる。つぎに、こう自問する。「すぐに受け容れたということは、商品の価値について何かを物語っていないか。自分が知らないことを相手は知っているのではないか。だから、すぐに受け容れたのではないか」。勝者の呪いは、相手の意思決定について考えられないからではなく、相手の情報の優位性を考慮していないから起きるものだ。

2．客観的な専門家のアドバイスを仰ぐ。とくに重要な交渉で採るべきもうひとつの戦略は、専門家に支援を仰ぐことである。中古車なら、メカニックによる客観的な評価、住宅であれば鑑定、企業であれば質の高い独立した評価を仰ぐ。

3．付帯条件付きの提案をする。さらに一般論を言えば、重要な取引で情報の優位性を持つ相手に対するときはいつでも、相手の優位性を減らす努力をすべきである。企業買収の演習で、買収企業が0ドルを上回る価格で利益を得られる提案方法を考えよう。1株いくらで提示するのではなく、油田探査が終了した後のT社の価値にX％上乗せして買収するという合意もできる。たとえば、25％上乗せすることで合意しておけば、両社とも買収によって利益を得られる。実際、付帯条項は、買収契約ではごく一般的

である。

競争相手の手ごわさが盲点になるとき

　あなたの会社が、4社と特許権争いをしているとする。特許に必要な科学的研究をいち早く終えた企業は、市場で圧倒的に優位に立つが、研究には莫大な費用がかかる。特許を取得できない残りの4社は研究開発費をまったく回収できないことになる。

　特許レースで自社が勝てる見込みについて研究主任に尋ねたところ、「エンジニアリングの問題は難しいものではありません。勝てる見込みは40％です」との答えが返ってきた。

　この評価を信じるべきだろうか。もっと正確な評価を得るにはどうすればいいだろうか。

　この状況もまた、最近の心理学の研究が役に立つ。人は、客観的に見て難しい作業よりも、慣れた作業や簡単な作業を行うよう求められたときのほうが、競争に勝てる確率を高く見積もる傾向があることが、ドン・ムーアの研究によって明らかにされている[15]。当然ながら、自分にとって簡単な作業は、競争相手にとっても簡単だし、自分にとって難しい作業は相手にとっても難しいという点が見落とされている。2桁の足し算といった簡単な作業では、自分が勝つ確率を過大に見積もっているわけだ。だが、素人ジャグリング大会への参加をためらっているとすれば、ほかの出場者にとっても難しいことが見えていないのかもしれない。同じ原理が、高度な研究開発の決定にもあてはまる。

　「準拠集団の無視」（reference group neglect）[16]に関する研究も、同様のパターンになっている。行動意思決定論の研究者、コーリン・カメラーとダン・ロバロは、企業には、自社の独自技術や製品、流通網などを重視する一方、競争相手の質については視野に入れない傾向があることを示している。たとえば、市場に参入するかどうかを決める際、競争相手の手ごわさを評価できていない場合が多い。これは極端に高くつく間違いである。

幸い、競争相手にしかない能力に注目することによって、この問題は解消できる[17]。競争相手を個々に見ていくと、他社が勝つ確率（ひいては自社が負ける確率）をより正確に評価することができる。

特許権争いの予想に戻ると、研究主任の回答をどう解釈すべきだろうか。最低でも、以下の点については自問すべきである。

1　自分たちにとってはやさしい問題だと考えているが、だとすれば競争相手にとってもやさしい問題であるという事実を見落としているのではないか。
2　自社の独自技術を重視しているが、競争相手の優位性や脅威を見落としているのではないか。
3　競争相手について各社が勝つ確率を検討したのか、それとも4社をまとめて脅威と考えたのではないか。

こうした可能性を検討することで、40％という予想は自社の研究開発が順調であることを示す指標かもしれないが、競争相手の脅威を捉えていない可能性にも気づくことになる（自社が上手くいっていれば、競争相手も上手くいっている可能性があるのだ）。

将来が盲点となるとき

筆者のひとり、マックス・ベイザーマンは最近、何人かのチームの一員として、世界のトップ20に入る、ある大企業の最高幹部向けの研修を開発し、実施した。この会社では、長期契約が一般的であり、情勢が不安定で、取引関係が欧米人の期待通りにいかない国に多額の投資をしている。そのため、交渉術に関する最高の研修を求めていた。

ひとつの事例では、幹部の多くが過去に交渉した経験があるか、まもなく交渉する予定のある国を取り上げた。事例自体は、この会社が絡んだ最近の事件を下敷きにしたものだ。講義には、幹部クラスの元外交官にも参加してもらった。事例の舞台となる国で駐在経験があり、現地の習慣や流

動的な政治情勢、ビジネス慣行などについてヒントをもらえると考えたからだ。元外交官はこれらの情報だけでなく、それ以上のものを提供してくれた。

　最大のヒントとなったのは、効果的に交渉を進めるには、まず「関連する」情報の収集について広く考えるべきであるという意見である。現時点および将来において何が関連するのか、あるいは重要か否かは自明でない場合が多い。交渉者のほとんどは、「たった今」の機会や問題、危機にばかり目を奪われるあまり、将来について質問したり、情報を集めたりするという作業が疎かになっている。

　外交官が提起した重要な問題の一部を紹介しよう。

●法律の改正によって、取引のノウハウはどのような影響を受けるか。
●将来の取引のために、どのような前例をつくるか。
●合弁事業を計画している相手先のキーパーソンに関する情報を、どのような方法で収集するか。
●合弁事業の相手の競合企業は、どのような反応を示すか。
●これら競合企業には、どの程度の力があるのか。その力の源泉は何か。
●戦略の長期的な成否を予想する際、どんな前提条件を置いているか。

　議論を進めるにつれ、実際の事例に関与した幹部は、外交官が提起した問題を検討していなかったことが明らかになった。検討していれば、この会社の事業開発はもっと上手くいっていただろう。

　文化的な隔たりが大きい国や移り変わりの激しい環境で交渉した経験を持つ多くの交渉者は、こうした「外交官の視点」を共有している。2002年、ハーバード・ロースクールの「交渉プログラム」（the Program on Negotiation）は、国連大使のラクダール・ブラヒミに、その年の「偉大な交渉者」賞を授与した。外交官として数々の功績があるが、とくに2002年、国連事務総長の特使としてアフガニスタンに派遣され、政治交渉を仲介し、その後にタリバン政権を崩壊に追い込んだ点が評価された。また、イエメン、リビア、スーダン、ナイジェリア、南アフリカが危機に陥った

祭にも、国連団を率いて事態の収拾にあたっている。パネル・ディスカッションでは、アフガニスタンで複雑で高度な交渉に臨むにあたり、どのような準備をしたか、という質問が出た。ブラヒミは、「年配のイギリス人外交官」からもらった助言が役立ったと語った。「よその国に行ったら、いつかその国と交渉する必要があるかもしれないと思って、理解しようと努めるべきだ」(18)。

ビジネスでも政治でも日常生活でも、交渉の達人は、危機に陥って初めて、その状況に注目し始めるといったことはしない。事が起きるよりもかなり前に準備している。現在の状況に関連しそうな情報だけに焦点を絞ると、いつか成否を分けるかもしれない情報に幅広く注目することの違いを理解しているからこそ準備ができるのだ。

目の前の正しいことが盲点になるとき

1970年代、コーネル大学の心理学者ウルリック・ナイサーが作成した1本のビデオは、今では広く知られている。このビデオは、バスケットボールをパスし合う2つの学生グループの映像を合成したものだ(19)。ビデオでは、白いユニフォームと黒いユニフォームの2つのグループが、それぞれグループ内でボールをパスし合っている。われわれは、企業幹部やMBAの学生にこのビデオを見せ、白いユニフォームのグループが何回ボールをパスしたかを数えてもらう演習を何度も実施している。ビデオはグループごとに撮影した後に合成したものなので、パスした回数を数えるのは簡単ではない。2個のボールを混同しないように、神経を集中させる必要がある。

多くの参加者は、パスの回数が11回であると正確に答えることができる。だが、ほとんどの参加者が見落としている点がある。白のユニフォームの選手が4回目のパスを終えた後、2つのグループの前を傘を差した人物が横切るのだ。パスの回数を数えろと指示されなかった者はすぐに、傘を差した人物に気づく。だが、パスの回数を数えろと指示されたグループでは、回数を数えることに夢中で、傘を差した人物に気づくのは5〜20

％しかいない。白状すれば、筆者のどちらも最初にビデオを見たときは気づかなかった。ナイサーはこの現象を「非注意性盲目」（inattentional blindness）[20]と名づけた。見えないのは、視力に問題があるからではなく、人間の認知能力に限界があり、同時に複数の作業に集中することができないからだ。

文字通り目の前にある映像を、これほど簡単に見逃すとすれば、相手にとっては重要な論点や利害、観点でも、自分にとってはそれほど重要でない場合には、もっと簡単に見逃してしまうことは想像に難くない。

認識を広げる

多くの作業を効果的、効率的にこなすうえで、問題に焦点を絞る能力が重要なのは間違いない。だが、認識の限界に関する研究を知れば、交渉において焦点を絞りすぎている時期に何か見落としているのではないかと疑問を持ってしかるべきである。相手がいくらまで出すか計算するのに忙しいとき、この取引が自社の競争相手に与える影響を無視しているのではないか。買収後の相乗効果に目を奪われ、実権を握る利己的な人間が交渉をご破算にする可能性を見落としているのではないか。自社の商品やサービスが、いかに問題を解決するかを顧客に説明するのに忙しく、顧客のほかの利害や関心を無視して、他社製品に向かわせてしまうのではないか。業界の新規参入者として、売上を伸ばすためになりふり構わず働いているとき、将来、利益率の高いビジネス・モデルに移行しようとした際に直面する難しさを無視しているのではないか。

これらの問題に覚えがあるなら、交渉において、必要なときには焦点を絞り込みつつ、認識を広げて普段は盲点になっている要素を視野に入れるという２つのスキルを獲得するにはどうすべきかを知りたいと思うのではないだろうか。一見、矛盾する２つの作業を両立するにはどうすればよいか。第１に、一般に盲点になり得る要素を予想するうえで、本章で述べてきたことが役立つはずである。ふつうは「見えない」ことが多い情報には細心の注意を払うべきである。より重要で複雑な交渉では、盲点となりが

ちな情報の収集がさらに必要になってくる。

　もうひとつの戦略は、過去のとくに重要な交渉を振り返る時間をとることである。重要な機会を逃さなかっただろうか。役に立ちそうな情報の発掘を怠ったのではないか。その情報は、どのようにして見つけることができたのか。これらの質問に対する答えが、現在および将来の交渉における情報収集力と戦略立案能力を磨くうえでヒントになる。

　最後に、社内で力になってくれそうな人をリストアップすることによって、さまざまなソースから情報を収集し、統合するという作業を簡略化できる。とくに重要な交渉では、盲点を明らかにすることを目的にチームをつくる。チームのメンバーには、交渉のテーブルにいない当事者を分析し、動向を追う者、競争相手の強さを評価する者といった具合に、担当を割り当てる。そして、週に一度の会議などのなかで、各自が報告し、それに従って戦略を見直す機会を設ける。「手が多ければ作業が楽になる」のと同じように、「目を多くして、認識を広げるという作業を楽にする」ことはできるのだ。

交渉の達人には、なぜ盲点が少ないか

　交渉の際に目を向けるべき点としてここまでに挙げたことは、多すぎると感じるだろうか。そうだとすれば、第3章で論じた調査交渉術の視点を採り入れることで、認識を広げるという作業を楽にすることができる。どんな交渉にも、ミステリーを解くつもりで臨み、自分が置いた仮定を注意深く把握するようにすれば、自然に多くの交渉者が無視する情報源に行き当たることになる。自分が無視した情報が盲点となり、足をすくわれるのは、自分が持っている情報の価値を過大評価し、相手が持っている情報の価値を過小評価するときだ。交渉の達人は、徹底的に調べようという精神を持つことで、この罠を回避している。ときに達人とは、ほかの人が目を向けないものを見る時間をとっているだけということもあるのだ。

第9章

嘘とごまかしに対峙する

　企業幹部やMBAの学生のグループに、交渉で嘘をついたことがあるかと尋ねたところ、ほとんどの人が、嘘をついたことがあると認めた。同じグループに、交渉で嘘をつかれたことがあるかと尋ねたところ、全員があると答えた。実際、多くの学生やクライアントから、嘘やごまかしは交渉の一部にすぎないという声をよく耳にする。言い換えれば、そうでないことを願いながらも、交渉者はみな嘘やごまかしと対峙しなければならないのである。幸い、そうした事態に備えて、できることは数多くある。

　以下の3つの逸話について考えてみよう。いかにもありそうだと思えるものがいくつあるだろうか。似たような状況に陥った経験がどのくらいあるだろうか。

逸話1　あからさまな嘘

　小規模な照明器具メーカーの創業者兼社長であるラファエルは、大口の受注案件について顧客と交渉していた。ラファエルが市場の実勢価格とほぼ同じ価格を提示したところ、顧客は検討する時間がほしい

と言う。2日後、電話があり、ラファエルよりも5％安い価格を提示した会社があると言ってきた。これより価格を下げてくれるならラファエルの会社に発注するつもりだと言う。ラファエルは迷った。本当に5％も安い価格を提示した会社があるかどうかは、かなり疑わしい。だが、相手を嘘つき呼ばわりすることもできない。それに、たとえ相手が嘘をついていると確信したとしても、価格の引き下げを拒めば、相手は体面を保つために発注をやめるだろう。ラファエルの言い値を受け容れれば、他社からのオファーはなく、自分が嘘をついていたと認めることになるのだから。ラファエルはジレンマに陥った。明らかな嘘だと思ったが、価格を下げて製品を納入した。

逸話2　見抜くのが遅すぎた嘘

ステイシーは、ある業界で20年のキャリアがあり、フォーチュン500の企業の幹部として活躍していた。転職を決意したとき、いくつかの名だたる企業から破格の条件のオファーを受けた。だが、ステイシーは、知人から紹介された小規模ベンチャーのCEOからのオファーにとくに惹かれた。報酬はとくに魅力的なわけではなく、大企業ならもっと稼げるところだが、この会社なら新しいことに挑戦する機会があり、生まれたばかりのニッチ分野で大きな影響を与えることもできる。何よりも、事業を一から育てていく幅広い決定権が与えられる点に魅力を感じていた。ステイシーはこのオファーを受けた。だが、1年もしないうちに、失望し、不満を抱え、信じられない思いで会社を去ることになる。後になってわかったことだが、ステイシーの役割と権限に関して、CEOは正直に話していなかった。業界に顔の利く有名幹部がほしかっただけなのだ。入社後、ステイシーは営業担当に格下げされた。最初から欺かれていたのだとステイシーは思った。

逸話3　見抜けない嘘

あるメーカーの購買担当であるトーマスは、サプライヤーと交渉していた。部品を外部から調達する場合は入札を実施し、最安値を提示

したサプライヤーから購入することになっている。だが、今回の部品は特殊なものなので、トーマスは納期までに仕様を満たした部品を納入できる唯一の会社と交渉するという難しい立場に立たされた。悪いことに、相手はトーマスの要求に応えられるのは自分たちしかいないことを知っている。議論を重ねた後、サプライヤーは価格を提示したトーマスの予想よりも高く、会社が部品に割り当てた予算を上回っていた。少なくとも多少の譲歩を引き出そうと、トーマスはこう尋ねた「今回は大量の発注ですし、今後も御社から購入するつもりです。部品の価格を、これ以上下げていただくことはできないのでしょうか」サプライヤーはトーマスの目をじっと見て、こう答えた。「お取引いただけるのは有り難いと思っていますし、今後も取引を継続させていただきたいと思います。ですが、この部品に関しては、これまでの販売価格のなかで最低の価格です」。価格には不満が残ったものの、サプライヤーの答えに満足したトーマスは契約をまとめた。サプライヤーには価格を20〜25％下げる余地があったと、トーマスが知る由もなかった。

これらの逸話から明らかな通り、嘘はさまざまな形態をとり得る。話している本人が正しくないとわかっていること（嘘）を言う場合もあれば、形のうえでは正しいが、ミスリードしたり誤解させたりすることを言う場合もある。大きな嘘もあれば、小さな嘘もある。あからさまな嘘もあればなかなか見抜けない嘘もある。嘘をつかれることが予想できる場合もあれば、不意を突かれる場合もある。

先に進む前に、交渉において人が嘘をつく理由もまたさまざまである、と指摘しておくことも意味があるだろう。相手を気持ちよくさせるために「お世辞」を言う場合もあれば（「今日は素敵ね」）、相手の体面を保つために嘘をつく場合もあり、（「これ以上は１ミリも動かせないほどギリギリの提案でしたので、承諾していただけて光栄です」）、無用な争いを避けるために嘘をつくこともある（「交渉では、よくやっていただいた」）。だが、それ以上に多いのは、儲けを多くするとか、好条件を引き

出すといった、もっぱら利己的な目的のためにつく嘘やごまかしである。

　他人の嘘やごまかしと無縁な人はいないが、交渉の達人は、さまざまな不正な戦術に対抗し、その力を弱めるのに何が必要かを理解している。本章では、交渉の陰鬱な側面に真正面から対峙するための以下の戦略を紹介していく。

●嘘をつかれにくくする方法
●嘘をつかれたときに察知する方法
●嘘をつかれたと察知したときに、するべきこと
●嘘をつきたいという自分自身の衝動と嘘をつく必要性をなくす方法

　多くの学生やクライアントが、人と接する際は倫理的でありたいと思うが、嘘をつきたいという衝動を抑えきれない場合があるとこぼす。誠実でありたいが、そのために多額の損失を被るのであれば話は変わってくる。どうすれば、交渉のテーブルで大損をすることなく倫理的でいられるかを理解するのに本章は役立つはずだ。

嘘やごまかしを未然に防ぐ

　嘘やごまかしに対する最善の防御策は、嘘をつきたいという相手の衝動を取り除くことである。一般に、相手には嘘をつく確かな動機がある。たとえば、嘘をついて好条件を引き出そうとする。だが、嘘をつかないという動機も確かにある。嘘がばれれば、取引を失い、評判が傷つくというリスクがあるのだから。嘘をつくという相手の動機を取り除くには、嘘をつくべきでないという理由を納得させる必要がある。そのための方法はいくつかある。

防衛戦略1　万全の準備ができているように見せる

　本書全体を通して、われわれは準備することのメリットを説いてきた。入念な準備をすれば、それだけ良い交渉ができる。だが、それで話は終わ

らない。実際に準備ができているだけでなく、準備ができていると見せることもプラスになる。端的に言えば、準備ができているように見える相手には、嘘をつく気がなくなるものだ。なぜなのか。準備ができているように見えると、嘘をついたら見破られるのではないかと思わせることができる。嘘をつくリスクが高くなるからだ。

逸話1について考えてみよう。顧客はラファエルに「他社から好条件を提示されている」と言った。ラファエルがもっと前に、個人的にライバル会社をよく知っているとか、他社の価格動向はつねに追っていると話していたら（そして、それが事実であれば）、どうなっていただろうか。どちらかの発言をしていれば、顧客は他社から好条件をもらっていると嘘を言う戦略を考え直しただろう。

価格が問題となるとき、知っているという態度を示すのが有効である理由はわかりやすい。だが、交渉者は、もっと一般的な問題で準備ができているように見せることの価値を見落としがちである。以下のような方法で自分がすべきことをしていて、準備が万全であるというシグナルを送ることを検討すべきである。

- すべての会議、すべての交渉に時間通りに臨む。
- 関連する数多くの論点について、細かい点まで議論できるように入念な準備をする。
- 秩序立てて、効率的に物事を進める。
- 相手の事業や業界に関連する事柄について高度な話をする。たった今の交渉に直接関係のない事柄についても話題にする。
- 相手との過去の議論について、ごく細かい点までも覚えていることを示す。また、前の議論の際にとったメモに言及する。
- 情報提供の依頼や、相手からの提案には迅速に答える。

これらの戦術はすべて、交渉を効率よく進めるうえで役立つほか、相手に嘘をつかれる可能性を抑えるものである。いつでも準備ができていて、交渉にあたって秩序だった方法をとる姿勢を見せておけば、尊敬を集める

と同時に、相手が裏をかこうという気持ちを萎えさせることができる。

防衛戦略２　情報収集力があることを示す

　こちらは嘘をつかれているかどうかがわからず、相手は嘘を見抜けるはずがないとタカをくくっているとする。これは窮地なのだろうか。必ずしも、そうとは言えない。たった今はわからなくても、明日、嘘だと気づく力を持っていたらどうなるか。自分に嘘をついたら、将来、見抜くことができるというシグナルを送っておけば、相手は最初から嘘をつこうという気をなくす可能性がある。

　実際にどのようになるのだろうか。逸話３のトーマスについて考えてみよう。サプライヤーは部品の価格をこれ以上下げるのは無理だと言った。トーマスが別の形で譲歩を求めていたら、どうなっただろうか。つぎの２通りのシナリオを比べてみよう。

> **元のシナリオ**　「今回は大量の発注ですし、今後も御社から購入するつもりです。部品の価格を、これ以上下げていただくことはできないのでしょうか」
>
> **修正シナリオ**　「今回は大量の発注ですし、今後も御社から購入するつもりです。部品の価格を、これ以上下げていただくことはできないのでしょうか。今回は急いで納品していただく必要があるので、御社にご無理は言えない立場です。ただ、ご承知のように、将来に関しては、当社の注文に応じてもらえる力のあるベンダーがほかにもあります。そこで彼らと会って、将来いくらで納品してもらえるか話し合うつもりです。おそらく御社ほどの価格は出せないでしょう。ですが、彼らと会う前にお聞きしておきたいと思います。本当に、これ以上は価格を下げられないのでしょうか。なんとか価格を下げる方法をお考えいただけないでしょうか。あるいは、御社より低い価格を出せるベンダーがいるようなら、将来はそちらにお願いするべきなのでしょうか……」

防衛戦略3　警戒されにくい、間接的な質問をする

　相手に留保価値を明らかにするよう求めたら、何が起きるだろうか。よほどの信頼関係がない限り、相手は回答を拒むか、嘘をつくだろう。これは意外ではないはずだが、交渉者はしばしば相手が確実に嘘をつきたくなる質問をしてしまう。ほぼ同じ情報を入手できる、もっと良い方法がある警戒されにくい、間接的な質問をするのだ。

　取引のあるサプライヤーの生産コストが知りたいとする。コストはいくらかと単刀直入に聞くのは、相手に嘘をつかせるようなものだ。サプライヤーが本当のコストを教えた途端、コストをわずかに上回る額での受注を求められるに決まっているのだから。サプライヤーがもっと真摯に答えるような質問の仕方を以下に示そう。

- 御社の生産プロセスについてお聞かせください。
- 御社のサプライ・チェーンの仕組みについてお聞かせください。
- 原材料は国内で調達していますか。
- 主要な取引先はどちらですか。
- 典型的な買い手の特性を教えてください。
- ほかの顧客のリストをお見せいただけますか。
- 価格で譲歩していただくには、どのくらい発注量を増やせばいいのでしょうか。

　これらの質問をしたからといって、サプライヤーの生産コストを計算するのに必要な情報がすべて手にできるわけではないが、業界をよく知っていれば、答えを組み合わせることで精度の高い推計ができる。

防衛戦略4　嘘はつくな

　今後、交渉で嘘は一切つくなと言われたら、忠実に守れるだろうか。守れないとすれば、なぜなのだろうか。こう質問するとたいていの人は、交渉のテーブルでひとりだけカモになりたくないと思うからだ、と答える。自分はあくまで誠実でありたいが、悲しいかな世の中には嘘をつく人がい

る、と言うかもしれない。自分ひとりが正直者なら、バカを見るだけだ。もっともな主張だ。

　だが、この考え方には問題がある。同じ論理で、全員が自分の嘘を正当化したらどうなるか。ほとんどの人が嘘やごまかしのない世界に生きたいと思っているのに、誰もが自分を守るために嘘をつくしかなくなっているとしたらどうなのか。残念ながら、交渉においては、こうした悪循環に陥っている人が少なくない。相対する交渉者は、正直であることを好んでいるとしても、嘘をつかないようにするほど、こちらを信用しているわけではない。相手がそうなら、こちらも嘘をつこうという気になる。

　幸い、この論理から解決策を導ける可能性がある。こちらが絶対嘘をつかないと約束すれば、相手は誠実になりやすくなる。この戦略は、こちらの正直さにつけ入ろうとする人のやる気をくじくものではないが、自己防衛の手段として嘘をつこうとする人たちにその気をなくさせる。時間の経過とともに、こちらの誠実さが相手に伝われば、相手も心を開いてもいいと思うようになるだろう。

　こうした関係を望んでいることを相手に伝えるには、どうすればいいか。自分が少しばかり危うくなるような情報を提供すればいい。言い換えれば、こちらが若干のコストをかけていることが相手にわかるような情報を提供するのだ。これで、どのようなメッセージが伝わるか。世間知らずだとか無防備だと見られるかもしれないが、信頼の姿勢を示したことに感謝して、お返しをしてくれる可能性も高くなる。意図を明確にすれば、理解されやすくなる。「多くの利害が絡んでいますので、誰もが疑心暗鬼になるのはよくわかります。ですが、最初からお互いに胸襟を開き、誠実な対応をとれば、お互いにメリットのある長期的な関係が築けるのではないかと思います。こうした考えから、当社のコスト構造に関してお伝えしておこうと思います」。最初の一歩は、誰かが踏み出さなければならない。そして、交渉の達人になろうと思う人は、そうしたほうがいい。

嘘を察知する

　誰かに嘘をつかれたとき、見破ることができるだろうか。多くの人は見破れると思っている。残念ながら、そういう人のほとんどは間違っている。直感が信頼できないときに、直感に頼りすぎる人が多すぎるのだ。悪いことに、直感に基づく判断には深刻な限界があることを示す証拠が積みあがっているにもかかわらず、直感を頼れと指南する「専門家」が少なくない（たとえば、マルコム・グラッドウェルがベストセラーになった『第1感「最初の2秒」の「なんとなく」が正しい（The Power of Thinking Without Thinking）』で、そう論じている）[1]。心理学者のポール・エックマンは長年、人間が真偽を見極める能力について研究した結果、平均的な人間は嘘を察知する能力が著しく低いと結論づけている[2]。エックマンは、嘘を探知する専門的な手法も開発してきたが、その研究によると交渉者は眼球の動きや声のピッチの変化、顔の「微妙な表情」などのサインに注目すべきだという。

　本書は異なるアプローチをとる。エックマンの研究室内での実験に参加した被験者と違って、交渉者を取り巻く環境は複雑で、刻々と移り変わっているので、嘘の微妙な兆候に注目するのは容易ではない。交渉相手の眼球の動きを見逃すまいと身を乗り出し、「今言ったことを、もう一度言ってもらえませんか」と頼むようなことはしないほうがいい。以下の戦略を推奨する。

嘘を察知する戦略1　複数のソースから情報を収集する

　何より覚えておくべきことは、嘘やごまかしが情報の非対称性に依存しているという点である。交渉において、ある種の情報やデータを相手が知っているのに、自分は知らないし、知ることもできないという事態は避けられない。この情報の非対称性があるために、嘘をつかれやすくなる。だが、自分は知らないが、交渉相手や周りから聞き出すことのできる事実やデータが数多くあるのも事実である。嘘をつかれにくくするためには、万

全な備えをするべきである。

　交渉の達人は、交渉の前にも、交渉の最中にも、交渉の後にも、あらゆる情報源にあたっている。情報量が多ければ多いほど、嘘は見抜きやすくなる。たとえば、逸話２のステイシーの場合、CEOが自分を起用したのは、対外的な人脈を利用するためであり、実質的な仕事にタッチさせるつもりがないことに気づいていなかった。だが、気づけた可能性はある。まず、この会社で自分が就くことになるポストの前任者に話を聞くことができた。ほかの従業員からCEOの経営手法について聞くこともできただろう。CEOに紹介してくれた知人に、なぜCEOが自分に興味を持ったのかを尋ねることもできた。もちろん、これらを聞いたからといって、嘘を見抜ける保証があるわけではないが、CEOの不誠実さを見抜ける確率は上がったはずだ。

嘘を察知する戦略２　罠を仕掛ける

　百戦錬磨の交渉者のなかには、相手の誠実さをテストできるごく単純な方法があると言う人がいる。自分が答えを知っている質問をわざとして、相手の反応を見るというものだ。もちろん、この罠が上手く機能するには、相手が嘘をつきたくなる論点に関わる質問をしなければならない。

　以前、繊維業界でバイヤーとして働いていた学生は、こんな体験談を話してくれた。ある素材について、自分が提示された価格が最低かどうかを業者に尋ねた。バイヤーが新参者だと知っていた業者は、ほかにもっと安い価格で売ったことはないと断言した。あいにくバイヤーは下調べをしてあった。同じ業界の友人と話して、最近この業者から同じ素材を安く買ったという情報を得ていたのだ。最初の不誠実な態度を理由に、この業者とは一切取引をしないことにした。

嘘を察知する戦略３　真実を三角測量する

　船が主な移動手段であった大昔、航海士は大海原で自分の位置を知るのに、星図と基本的な三角測量に頼るほかなかった。等距離を保った２つの星と船を結んで三角形をつくり、船を第３の頂点と考えることで、「三角

測量」を行い、自分の位置を知ることができた。

これが、交渉において嘘を察知することとどう関係するのだろうか。ポイントは、ひとつ質問しただけでは、嘘は見抜けないということだ（質問の答えをこちらが知らない場合は、とくにそう言える）。いくつも質問して、真実を「三角測量」する必要がある。相手が真実を言うつもりがないとき、こちらが質問すればするほど、一貫性のある答えをするのが難しくなる。逸話1のラファエルは、以下のような質問の答えから三角測量して顧客が本当に他社からオファーを受けているのか、真実を突き止めることができた可能性がある。

- ●いつ、そのオファーを受けましたか。
- ●具体的にどんな条件を提示されましたか。
- ●具体的な製品の情報を提供されましたか。
- ●どんな情報でしたか。
- ●そのオファーは書面になっていますか。
- ●書面になっていないとしたら、どうして信じられるのですか。書面にするよう依頼しましたか。
- ●書面をお持ちなら、見せていただけますか。

相手が答えを渋ったらどうするか。少なくとも多少は疑うことになる。相手は自分の留保価値を明かしたくないだけなのかもしれない。だが、代替案に関するごく単純な質問にも口を閉ざし、質問に答えないことについて納得できる理由を言えないとすれば、相手がはったりをかましていると考えて、話を進めるべきだ。

嘘を察知する戦略4　答えになっていない答えに注意する

嘘を察知するために役立つ戦略は、重要な知見に基づいている。ほとんどの人は嘘をつきたくないと言うが、自分の発言に相手が欺かれることには無頓着である場合が多い。言い換えれば、人は形式のうえで正しくないこと（つまり嘘）を言わないように大いに努力するが、自分の反応で間接

的に相手をミスリードするのは平気なのだ。典型的な例について考えていこう。

逸話3のトーマスとサプライヤーとの会話を思い出してもらいたい。

トーマス　「今回は大量の発注ですし、今後も御社から購入するつもりです。部品の価格を、これ以上下げていただくことはできないのでしょうか」

サプライヤー　「お取引いただけるのは有り難いと思っていますし、今後も取引を継続させていただきたいと思います。ですが、この部品に関しては、これまでの販売価格のなかで最低の価格です」

　注意深く読めば、サプライヤーがトーマスの質問に答えたわけではないことに気づくはずだ。トーマスが価格を下げられないかと聞いたのに対して、サプライヤーはこれまでの販売価格のなかで最低だと答えている。トーマスの質問に対する答えのように（暗に「これより安くは売れません」と言っているように）聞こえるが、明らかにそうではない。サプライヤーがこの仕様の部品をこれ以上安い価格で売ったことがない可能性はあり、形式的には本当のことを言ったのかもしれないが、それは別の問題だ。

　トーマスに物事を見通せる力があれば、質問に答えていないことに気づき、過去の販売価格が現在の状況とどう関係するのか問いただしただろう。たとえば、大口の発注であること（この部品に関しては、おそらくサプライヤーにとって過去最大）、今後も継続して購入することを再度、指摘する。また、過去にまったく同じ部品を安い価格で売ったことはないとしても、似たような部品ならもっと安い価格で販売したことがあるかもしれない。このように詰めていくと、サプライヤーが自分の主張を正当化するのは難しくなったはずだ。

　ところが実際は、サプライヤーがこのやりとりに後ろめたさを感じる可能性は低い。自分の行動を正当化する方法はいくつもあるし、自分自身に「嘘をついていない」と言い聞かせることもできる。それがカギである。人間にはあからさまな嘘をつくのではなく、形のうえでは本当のことを言

い、同時に相手をミスリードしようとする傾向がある。嘘を察知しようという人にとっては、この巧妙な策が手がかりになる。交渉の達人は、相手がありのままを答えざるを得ないような的を絞った明快な質問をする。人はあからさまな嘘をつくよりも、間接的に欺く可能性が高いので、相手が口にした答え（そして口にしなかった答え）を注意深く聞く交渉の達人は「嘘ではないごまかし」を捉えるのを得意とするのである。

嘘を察知する戦略5　条件付き契約を活用する

　筆者のひとりは、小売業界のある大手企業をコンサルティングしているこの企業は、海外メーカーから商品を買い付ける場合、たいてい大量に発注する。メーカーとの契約は非常に細かい点まで決められていて、商品をアメリカに運搬する際の船名まで契約書に書いてある。契約書の調印を済ませたが、まだ船が出港していない段階で、アメリカ政府がこの商品群に対する禁輸措置を決め、商品がアメリカに到着する予定日に発動することに気づいた。船は禁輸措置が発動されるまでに到着する可能性もあるが、到着しない可能性もある。

　小売業者は海外のメーカーに禁輸措置について伝え、ついては商品を空輸し、空輸で大幅に増加する運賃をメーカー側に負担するよう求めた。するとメーカーは、船は期限内に着くから安心しろと主張し、アメリカ側は必要以上に神経質だとほのめかした。小売業者は、空輸してくれないなら契約を取り消すと迫ったが、メーカーは、「商品が期限通りにアメリカに届かないリスクが実際にあるなら指示通りにするが、リスクは存在しないしかも署名済みの契約書がある。なんなら契約書のコピーをファックスしても構わない」と譲らない。激しい応酬が続くなか、時間的プレッシャーは高まっていった。

　そこで小売業者は、交渉の達人を投入した。達人はメーカーに対して、商品は空輸し、差額の運賃については、主張が間違っていたほうが負担することを提案した。商品を空輸するので、船は関係なくなるわけだが、船がいつアメリカに入港するかを双方がチェックする。運賃の差額は、船が禁輸措置の発動前に到着すれば小売業者が負担し、到着が遅れればメーカ

一が負担する。小売業者は、すばらしい条件付き契約だと考えた。双方とも自分たちの評価を変える必要はなく、商品は期限内にアメリカに到着する。今の技術をもってすれば、互いの「賭け」の行方をネット上でチェックすることができる。非のうちどころのない内容に思えた。だが、メーカーの担当者が電話でこの条件付き契約は受け容れられないと言ってきた。そして、「煩雑なので、差額の運賃を折半しよう」と提案してきた。

小売業者はこの反応から何をつかんだか。メーカーは、その主張とは裏腹に、船が期限内に到着するとは思っていなかったのだ。そう思っていたら、追加のコストを負担しなくて済む条件付き契約に飛びついていたはずだ。第1章、第2章で論じたように、将来の見通しについて相手が疑わしい主張をするとき、それを額面通りに受け取る必要もなければ、どちらが正しいかを争う必要もない。条件付き契約を提案することによって、「口に出したことには、カネも出してください」と頼めばいいのだ。第2章で見たように、条件付き契約は、正直な人々が異なる予想に金銭を賭けることができる、すばらしい仕組みである。また、相手の意見や予想に関する嘘を発見する検知器にもなる。相手が条件付き契約への同意を渋れば、本心と違うことを言っているのだと確信できる。

読者諸氏は、メーカーとの交渉がその後どうなったかに興味がおありだろう。小売業者はどうしても商品を入手する必要があったため、運賃を折半することに同意した。そして、船の到着は1日遅れたのである。

相手の嘘を突き止めた。……では、どうするのか？

嘘を突き止めるのは簡単ではないが、嘘を突き止めた後どうするかを知るのも、それほど簡単なわけではない。まず、怒りや不安、失望、驚きなどのさまざまな感情を経験するだろう。加えて、相反するいくつもの動機を持つようにもなるだろう。仕返しすべきか、関係の維持に努めるべきか、取引をご破算にすべきか、取引から最大価値を引き出すよう努めるべきか、嘘はやめろと相手に言うべきか、つぎの出方を待つべきか、嘘つきとののしって原則を貫くべきか、怒りを隠して利益だけに注目すべきか。

これらの問いは、どれひとつとして唯一の正解があるわけではないが、こうしたジレンマを解消する方法として、系統だった方法がある。こうした状況でまずすべきことは、冷静になって、嘘を交渉につきものの問題のひとつとして扱うこと、すなわち、よく理解し、慎重に解決すべきものとして扱うことだ。つぎに、以下の3つの質問に答えていけば、最善の判断をする助けになるはずだ。

質問1　これは本当に嘘なのか？

　言っていることが真実ではないと本人すら気づいていない可能性はないだろうか。つまり、意図的に嘘をついたわけではなく、ただ知らなかっただけではないのか。ほとんどの交渉では、疑わしきは罰せずという姿勢をとるほうがいいが、先に進むにつれて慎重でなければならない。相手が嘘をついていると思っても確証がない場合は、これまで述べてきた戦術を活用して調べを進める。だが、相手が嘘をついたと確信できなければ、嘘つき呼ばわりしても得られるものはない。ほぼ確実に相手は否定するだろうし、対立が激しくなるだけだ。

　自分には嘘だと思えても、相手にすれば嘘だと思えない可能性があることも念頭に置いておくべきである。逸話3で、サプライヤーの発言の受け止め方は、トーマスと本人とではまるで違っている。価格の引き下げが可能であることがわかれば、トーマスはサプライヤーが嘘をついたと思うだろうが、サプライヤーはまずそうは思わない。同様に、企業幹部やMBAの学生に模擬交渉をやってもらうと、一方が嘘をつかれたと主張し、相手がそれを強く否定することがよくある。一般に「嘘つき」は、あからさまな嘘をついているわけではなく、相手の思い違いを放置しているのである。こうした状況で何をすべきか。相手を嘘つきよばわりしてはいけない。自分に誤解や思い違いがあるかもしれないと説明し、それが意図的なものなのかどうかを話し合うべきである。

　最後に、あらゆる状況や文化において、すべての嘘が「非倫理的」と考えられているわけではないことにも注意すべきである。インドの露天商から絵を買おうとしたら、次々と値段を示し、それぞれにもっともらしい理

由をつけ、ありもしない話をしてくれること請け合いだ。これを非倫理的だとは誰も言わない。露天商が商売するときには、こういう「言語」を使うものだと思われている。だが、ほかの場面で、これと同じことをすれば、著しく非倫理的だと見られる。交渉相手に不誠実であるというレッテルを貼る前に、文化に関する自分の見方を検証すべきである。嘘とは何か。あなたがそこでの規範を理解できていない状況で、交渉しているのではないだろうか。

質問2　自分はこの交渉を続けたいのか？

相手が故意に嘘をついたと確信したとき、交渉をご破算にするのか、あるいはご破算にすると失うものが多すぎるのかを判断しなければならない。原則に基づいて交渉をご破算にするなら簡単だ。嘘つきに面と向かって感情をぶつけるかどうかを決め、BATNAに戻ればいい。だが、たいていの場合、交渉のテーブルを離れるのは、それほど簡単ではない。

質問3　相手に警告する必要があるのか、あるいは対決する必要があるのか？

交渉を続けたいのであれば、「嘘つき」とののしるべきではないだろう。そうではなく、嘘に気づいているというシグナルを送りつつ、同時に、相手が顔をつぶさずに済むような戦略が必要である。そのための方法は2つある。どの戦略を選ぶかは、目的によって決まる。とくに嘘に動揺しているわけではないが、今後、嘘をつかせないようにしたいのであれば、「警告」シナリオを使うべきだ。嘘がより深刻なもので、交渉を続ける代わりに謝罪や譲歩を求めたいのであれば、「対決」シナリオを使うべきだ。以下で、それぞれのシナリオがどのようなものか見てみよう。

警告シナリオ　「この原材料のコストが1ユニットあたり1.05ドルだとおっしゃいましたが、データをチェックする必要がおありになると思います。当社の親密なサプライヤーが何社かあり、その情報によると0.90ドルだと思います。古いデータをご覧になったか、途中

で情報が間違って伝えられたのではないでしょうか。いずれにしても、今後この取引を進めるにあたっては、事実と数字をしっかり確認するようにしましょう」

対決シナリオ　「この原材料のコストが1ユニットあたり1.05ドルだとおっしゃいました。はっきりしておく必要があると思いますが、御社のほかのお客様と違って、当社では数社のサプライヤーと親密な関係にあります。そのため、どこかがコストを水増しすれば、わかるようになっています。たとえば今、問題になっている原材料のコストは、実際には0.90ドルです。われわれはこれまで誠実に交渉してきたつもりですし、双方にとって価値を創造することを目的にしてきました。ただ、ここにきて、あなた方のやり方に若干不安を感じています。コストの数字が食い違っている理由は、簡単に説明できるのかもしれません。あなたが受け取った情報が間違いだったのでしょう。ですが、今回の件で、われわれが失望したことはご承知おきいただきたいと思います。この点について、どうお考えかお聞かせ願えますか。そして、われわれが抱いている不安を解消するために、何らかの方法をご提案いただければと思います」

お気づきのように、2番目のシナリオには、強い言葉が含まれ、暗に謝罪や譲歩を求めている。見返りに具体的な譲歩を求めたほうが適切なケースもある。これもお気づきだと思うが、どちらのシナリオも、相手に体面を保つ機会を与えている。交渉を続け、関係を維持する方針が固まっているのであれば、この点はきわめて重要である。

ごまかされたと思ったときは、すぐに仕返しをしたくなるものだが、それが賢明だとは限らない。交渉の達人は、相手が間違った情報を与えられていたのか、その状況では適切な行動だと思っていたのかを、時間をかけて見極める。交渉の達人はまた、自分自身の利害もつねに念頭に置いている。問題を解消するのに十分なほど強い態度に出つつ、相手に逃げ道を残しておくように自制することも必要である。

嘘に対する賢明な代替案

　嘘やごまかしは、交渉のテーブルの向かいに座る相手だけから出てくるわけではない。交渉（あるいは日常生活）において、厳密な真実とは言えないことを口にする機会は多い。曖昧なことを言ったり、自分に有利になるように真実を隠すことを言ったりすることも少なくない。もちろん、これには倫理的な問題がつきまとう。人はたいてい、自分がもっと正直で倫理的であればと願っている。もし、読者がそうした人のひとりだとすれば、以下の戦略が役に立つだろう。だが、倫理的であることに興味がないとしても、このアドバイスが役に立つ理由がある。嘘をつくのは倫理に反するだけでなく、お粗末な戦略であることがきわめて多いのだ。

　たいていの交渉者は、どこかの時点で、自分自身の嘘につまずいて痛い思いをした経験がある。1万5,000ドルまでなら出すつもりがあるが、交渉の最中に、「1万3,000ドルまでしか出せない」と粘ったとき、何が起きるか考えてみよう。話を進めるうちに、相手が1万4,000ドル以下では売るつもりはないことに気づく。つまり、自分の「最終オファー」は、ZOPAに入っていないわけだ。では、どうするか。残念ながら、取引を打ち切るか（1万4,000ドルから1万5,000ドルの間でまとまる可能性があった取引だ）、自分が留保価値を偽っていたと認めるしかない。別の例として、たいして重視していない論点について、交渉の最中に重視しているふりをした場合、どうなるかを考えてみよう。大袈裟に言っておいて、それを断念する代わりに相手から譲歩を引き出そうと考える。だが、相手がその点については仰る通りにしましょうと言ったらどうなるか。たいして重視していない点で相手に借りができ、ほかの点でお返ししなくてはいけなくなる。

　動機は自分の性格を良くするためでも出来の悪い嘘のコストを抑えるためでもよいのだが、以下の戦略は、不誠実で汚い相手に対して、あるいはもっと可能性が高いのは、自分と同じように良い面も悪い面もある複雑な相手に対して、あなたを不利にすることなく、誠実に交渉するのに役立つ

はずである⁽³⁾。

戦略1　評判と関係のコストも計算に入れる

　MBAの学生に、ほしいものを手に入れるために嘘をつくことは容認できるかと尋ねると、半数まではいかないが、がっかりするほど多くの学生が容認できると答える。同じ質問を企業幹部の受講者にすると、容認できると答える人は（いるとしても）ごく少ない。この見解の違いは、MBAの学生に比べて企業幹部は、長年、交渉の現場で鍛えられてきたという事実に負うところが大きい。彼らは、不誠実な交渉の結末を目撃したり、経験したりしてきているのだ。自分自身の経験や、組織や業界での出来事を通じて、関係や評判を失うのはほんの一瞬だが、再建するのは並大抵のことではないことがわかっているのだ。

　残念ながら、交渉者のほとんどは近視眼的で、目の前の取引やたった今の関係しか見えていない。より長期的な観点から物事を考える人は、誠実で正直であるのは難しくないと気づく。短期的には損しても、長期的には引き合うのだから。

戦略2　厳しい質問に対する答えを準備する

　交渉において人が嘘をつく大きな理由のひとつは、厳しい質問に対してどう答えていいのかがわからないからである。不意を突かれ、自分が不利になることを言ってしまうのではないかと恐れて、つい嘘をついてしまうのだ。こうした反応を回避することはできる。相手が聞いてきそうな厳しい質問、突っ込んだ質問を予想している人は、自分が不利にならない形で真摯に答える準備ができている。就職の面接で、ほかの企業からのオファーがない求職者が、「他社からオファーを受けていますか」と聞かれたときの2通りの答えを見てみよう。

準備ができていない答え　「はい。いくつかオファーをいただき、検討中です」

準備ができている答え　「いいえ。今の時点でオファーを受けている

のは御社だけです。ただ、最近、何社か履歴書を送ったばかりで、これから面接が続きます」

　準備ができていない求職者ほど、最初の答え（嘘）をしてしまいがちだ。他社からのオファーについて聞かれて「ない」と答えたのでは、切羽詰まっていると見られるのではないかと不安になる。そうした不安を振り払うための手っ取り早い手段が嘘をつくことなのである。だが、こうした嘘はきわめてリスクが大きい。他社のオファーについて、さらに突っ込んだ質問をされると、嘘がばれる可能性がある。準備ができている人の答えは、嘘をつかなくて済むだけでなく、切羽詰まっているという印象を和らげることもできる。

戦略3　時間的プレッシャーの下での交渉や質問への回答は避ける

　どれほど準備していても、不意を突かれる質問はある。どうするべきか。慎重に検討したうえで答えられるよう、できるだけ回答を先延ばしにすることである。これはさほど難しくもないし、ぶざまでもない。たいていの場合、以下のように話しても差し支えない。

- ●今は手元に資料がありません。ただ、午後遅くには必ずお伝えできると思います。
- ●興味深い質問ですね。よく検討して、お答えしたいと思います。
- ●その質問は初めてです。今ここで部分的にはお答えできますが、お許しいただけるなら、会社の方針を確認する時間をいただき、そのうえで完全なお答えをしたいと思います。

　時間的制約の下で厳しい質問に答えるのを避ける方法として、交渉の段取りを変える方法もある。たとえば、厳しい質問を先に出してもらうことを目的に、電子メールで事前に議論しておく。電子メールにしておけば、自分のペースで答えられる。同じことだが、電話ではなく、堅苦しくない昼食会を設定しておけば、「自分」の番になったらただちに質問に答えな

ければならないというプレッシャーを感じることもない。

戦略4　特定の質問については答えを拒む

　相手のすべての質問に答える必要はない。たとえば、留保価値を聞かれたからといって、答えなくてはいけないと義務感にかられる必要はない。「今回の出荷に関して、受け容れ可能な最低価格はいくらですか」と聞かれた場合、「答えはご存じではないでしょうか。御社がお支払いになる最高の価格です」と答えれば、気詰まりな瞬間をユーモアでやり過ごせる。より一般的に言えば、答えたくない質問に対しては、以下のように答えて差し支えない。

- その点については、双方が取引に合意した後、議論できると思います。今ここでお話しするのは支障があります。
- 当然ご理解いただいているものと思いますが、戦略上の理由により、その点についてはお答えできかねます。
- 御社の質問に対する答えは、これから議論するさまざまな要素によって変わってきます。

戦略5　別の質問への回答を示す

　直接的な質問への答えを拒むのが不安ならば、関連する別の質問に答えることによって不安を和らげることができる。具体的な質問に答える力がないか、答える気がなければ、ほかの有用な情報を提供することで譲歩するのである。たとえば、販売している製品の生産コストを聞かれて、厚い利幅を確保するために本当のことを言いたくない場合は、つぎのように言う。「残念ながら、わたしには、コストに関する具体的な情報をお伝えできる権限がありません。ですが、ご趣旨はよくわかります。高い価格を支払うのだから、それに見合った質の高い製品を確実に提供してほしいということですね。その点については、ご安心いただける情報を提供できます当社の生産プロセスや価格モデルについては、具体的なことをかなり申し

上げられます」。

　相手が重視する情報を提供し、なおかつ、それで自分が不利にならないのであれば、複数の目的を同時に達成できる。嘘をつかなくて済み、相手にとって価値ある情報を提供でき、相手から話のわかる人、仕事ができる人だと評価され、取引が円滑に進む可能性が高まるのである。

戦略6　真実を話しやすくなるように現実を変える

　そもそも、なぜ人間は嘘をつきたくなるのだろうか。嘘をつくのはたいてい、こうあってほしいという願望と現実が違うからだ。就職の面接の話に戻ると、求職者が嘘をつきたくなるのは、他社からのオファーがないという現実が、複数のオファーがあるという本人の願望と違っているからだ。このジレンマは、つぎのように準備した答えによって解消された。

> **準備した答え**　「いいえ。今の時点でオファーを受けているのは御社だけです。ただ、最近、何社か履歴書を送ったばかりですので、これから面接が続きます」

　だが、面接の予定が一切なければどうなるか。悪いことに、応募した先にすべて断られていたらどうするか。本当のことを話して、切羽詰まった状況にあることを明らかにしなければならないのか。「いいえ、オファーをいただいているのは御社だけです」が、唯一の誠実な答えなのだろうか。

　そうとは限らない。厳しい質問を受ける前に現実を変えることができれば、ほかの選択肢が出てくる。たとえば、唯一の面接日の前日に、新たに何社か応募するのである。面接では、以下のように真摯に答えることができる。

> **現実を変える答え**　「いいえ。現時点でオファーをいただいているのは御社だけです。ただ、10社ほど応募したばかりなので、2〜3週間後には返事をもらえると思います」

この答えであれば、嘘をつく必要がないので、真摯に答えることができる。より一般論を言えば、嘘をついたり、ごまかしたりしたくなったら、なぜ偽りの現実を描く必要があると感じるのか、時間をとって考えることだ。自分が置かれた状況が気まずかったり、恥ずかしかったりするからだろうか。だとすれば、それに関して嘘をつくのでなく、現実を変えるためにできることはないか考えてみよう。

戦略7　嘘をつきたくなる制約を取り除く

大手消費財メーカーの部長のダンは、副社長から担当部門の年間予算の細目を提出するよう指示された。残念ながら、ダンには予想コストを過大に見積もるインセンティブがあった。コストが予想を上回った場合、多少の余裕があればあてにできる。来期の部門の予想コストは約1,400万ドルだったが、ダンは1,600万ドルと書いた報告書を提出した。もちろん、ほかの部門の部長にも、予想コストに関して嘘をつく（過大に見積もる）インセンティブがあった。その結果、会社全体の予算の合計は、各部門に割り当てた予算の合計を上回っていた。副社長は、どの部門がどれだけ必要としているのか正確に把握しないまま、予算を効率的に配分するよう彼なりに努力した。当然ながら、必要な予算がもらえなかった部門があれば必要以上に予算をもらった部門もあった。ダンの部門も含めて予算が多く配分された部門は、当初の要求を正当化するために、余剰が出ないようにせっせと消化しなくてはいけない気になった。

この問題について、考えられる解決策のひとつを見ていこう。ダンが毎年のコストで一番予想しづらいのは、下請け業者に関する費用であった。予算要求の期限は2月だが、下請け業者の多くは3月まで雇えない。1ヶ月後に修正予算を提出することを認めるよう、ダンが副社長に掛け合い、認められていれば、そもそも嘘をつく必要はなかった。1ヶ月かけてより正確なコスト予想をはじき出し、予算を水増しする必要性を取り除いていただろう。

自分自身の誠実さ（そして、相手は非倫理的だとレッテルを貼るとき、その相手の誠実さ）は、ルールや方針、時間的プレッシャー、インセンテ

ィブ制度による制約を受けている場合が多い。「真に」倫理的な人間なら、こうした制約があっても誠実なはずだ、と主張するのも結構だ。だが、人は、そして組織は、真摯で誠実な行動を思いとどまらせるのではなく、そうした行動を促す環境をつくる義務がある。

交渉の達人は一切嘘をつかないのか？

　「交渉では嘘をついても構わないのか」という質問、あるいは少し形を変えて、「交渉で嘘をついても構わないのは、どのようなときか」という質問をよく受ける。筆者らの答えは単純明快だ。嘘をついてはいけない。嘘は一切いけない。嘘は割に合わない。それよりも、優れた交渉者としてスキルを磨くために時間と精力を使うべきである。交渉の達人は、嘘をつく必要を感じていないはずだ。もちろん、哲学的問題は残る。人を助け、命を助け、相手を気持ちよくさせるのであれば、嘘をついてもいいのではないか、と。経験から言えば、この質問に答えは必要ないだろう。純粋に人を思う気持ちであれば、そして、利己心がまったくなければ、この質問に対する本人の答えは、少なくともわれわれの答えと同じくらい優れているはずだから。

第10章

倫理的なジレンマを認識し、解決する

- もちろん、買っていただければわたしの得になりますが、この商品がお客様や御社に最善のものだと思わなければお売りしません。
- 当社で働けば、人種や性別に関係なく全従業員を平等に扱う会社だということがおわかりいただけます。
- われわれの合意は、万人のために価値を創造します。パイを拡大しつつ社会に還元しているのです。
- 過去2年の好業績の7割は、わが販売チームの貢献によるものだと思います。

　交渉相手が、以上のような言葉を口にしたとする。さらに、相手が並べる事実が信じられないとする。最初にどう反応するか。たいていの人は、相手が非倫理的であり、交渉で優位に立つために嘘をついていると結論づけるだろう。

　だが、今度、相手の発言が嘘だと思ったとき（あるいは知ったとき）、

人間は非倫理的な行為をしているという自覚すらなく、かなり頻繁に、自分に都合のよい不正確な説明をするものである、という説を検討してみるべきだ。交渉者も例外でない。こうした交渉者を嘘つき扱いすれば、本人は自分の発言がすべて真実だと思っているし、正当性を主張できることも少なくないのだから、かなり気分を害することになるだろう。さらに、嘘つき扱いすれば、関係がどんどん悪化して、取り返しがつかなくなることもある。では、この問題にどう対処すればいいのか。

倫理の限界の問題

　交渉の最中に犯す非倫理的行為の多く（あるいはほとんど）は、ありふれた、意図しない心理的プロセスによるものであり、当人に意図的にごまかそうというつもりはなく、意識すらしていない。第8章で、交渉者が、容易に入手できる重要な情報を見過ごしてしまう型通りの失敗を指す言葉として、「認識の限界」という言葉を使った。筆者のひとり、マックス・ベイザーマンは、マザリン・バナジ、ドリー・チューとの共同研究で、交渉者も含めて人々が自らの倫理観とすら矛盾し、倫理的に疑問のある行動をとるようになる、誰もが陥りやすい予想可能な心理的プロセスを、「倫理の限界」(bounded ethicality) [1] と名づけた。交渉者が相手を傷つけ、自分自身が考える善悪の基準と衝突する行動をとるとき、倫理の限界が作用している。

　倫理の限界の力を理解するには、第1段階として、非倫理的に見える相手の行動は、相手の倫理基準が自分ほど高くないか、正しい行為ではなく自分に都合のよい行為を意識的に選んだためだとする、一般的な思い込みを捨てなくてはならない。近年、社会心理学の研究では、人間のあらゆる行動は意識的であるという考え方が徹底的に覆され、潜在意識が行動に与える影響の大きさが強調されている。

　第2段階では、倫理の限界の問題が影響を与えるのは相手だけではない点を理解することが重要である。自分もまた影響を受ける。倫理的に振る舞うことを心から望むのであれば、正直な人間がどのような経路で、そう

とは気づかないまま非倫理的な行動をとるのかを理解する必要がある。自分は悪いことをしていないと思っていても、同時に、自分自身の倫理基準に満たない行動をとっているかもしれない。倫理観が問題ではないのだから、こうしたとき、倫理基準は役に立たない。善意の倫理的な交渉者ですら陥ってしまう心理的な落とし穴をしっかり理解できるようにすることが解決策になる。本章では、さまざまな要因のために、読者や交渉相手がそうとは気づかないまま非倫理的行動をとっていることがいかに多いか、こうした行動を是正するにはどうすればいいのかを伝授しよう。

利益相反

　人が利益相反について語るときには、専門家達が自分にとっての利益と専門家としての義務という対立する要因を意識的に検討している場面を想定していることが多い。たとえば、弁護士に関するこんな古典的ジョークがある。「勝つか負けるかではない。どれだけ長くゲームするかが問題だ」。弁護士は、報酬を請求できる実働時間を最大化することを最大の動機にしているというわけだ。だが弁護士達は、時間単位で報酬を受け取るときには、徹底的に時間をかけたプロセスがクライアントのためになると本気で信じる可能性がある一方で、成果型報酬を受け取るときは、迅速な合意がクライアントのためになると考える可能性が高い。こうした思い込みは意識的なものでもわざと非倫理的にしているわけでもなく、状況によりバイアスに陥っているのである。アプトン・シンクレアは、こう論じている。「ある問題を理解していないことが理由で、ある者の報酬が高くなっているとき、この者に当該問題を理解させるのは難しい」。

　売買交渉では、買い手よりも売り手のほうが商品の品質を高く評価しているのが一般的である。実は買い手は、ほかの売り手の商品と見分けがつかないと思っているのに、売り手は、自分の商品がほかの売り手の商品よりもずっと質が良いと考えていることが多い。このため、販売員が「もちろん、買っていただければわたしの得になりますが、この商品がお客様や御社に最善のものだと思わなければお売りしません」と口にするとき、本

気でそう思っている可能性がある。だが、実際に調査してみると、売り手は利益相反（誠実であることと、商品を売ることの対立）によって無意識のうちに偏ったレンズで見ており、実際にそうでなくても、自分が勧める商品が買い手にとって最善だと思ってしまうことがわかっている。売り手が最高の品質だと主張している商品が、買い手から見れば他社商品と区別がつかない場合、買い手は売り手の倫理観に問題があると考えて悪感情を抱く可能性が高い。やりとりが終わったとき、売り手の言葉は非倫理的な行動を示すものだと買い手は受け止める。だが実際には、売り手はシンクレアが予想した通りの心理的な罠に陥っていただけなのである。

エージェント問題

利益相反の問題は、エージェントが絡んだ場合に複雑になる場合が多い。エージェントが投資銀行家であれ、弁護士であれ、著作権代理人であれ、不動産業者であれ、交渉の結果に利害を持つそれ以外の第三者であれ、問題が複雑になるのは同じである。住宅の買い手の立場で考えてみよう。合理的な評価に基づいて価格を提示しているにもかかわらず、不動産業者から買い値を引き上げるよう助言された場合、どう考えるか。不動産業者は自分の手数料収入のことしか頭にないのではないか。おそらく故意にごまかそうと思っているわけではないが、不動産業者も人間なのだから、自分の報酬が最大になるような見方をする動機を潜在的に持っていると見ることができる。不動産業者は過去に、希望する住宅を買えなくなるリスクをとるよりも多めに払うほうがよいと買い手が考えたケースや、価格を上乗せするという不動産業者の助言に従わなかったばかりに、買い手がひどく後悔する結果になったケースをすぐに思い出せる。一方、起こる頻度はもっと高いにもかかわらず、価格を上乗せするのが間違った助言であったときのことは、なかなか思い出せない。

住宅の売買を検討しているとき、不動産業者は間違いなく、「お客様の利益を最優先して動きます」と言うはずである[(2)]。だが、状況を客観的に見れば、不動産業者は取引に関しては第三者であり、その利害が、売り手や買い手の利益と完全に一致するわけではないのは明らかである。買い

手はできるだけ価格を抑えたいと希望していて、取引を急いでいるわけではないのに、価格が高いほど報酬が高くなり、できるだけ早く取引をまとめようとする不動産業者を相手にしなければならない可能性がある。同様に、売り手は売り急いでいないのに、市況が冷え込む前に売るのがベストだと不動産業者に説得される場合もある。この問題に関して、何かできることがあるだろうか。

監査法人や投資銀行、不動産会社など多くの業界で、エージェントの職業倫理にもとる行動が相次いだことから、連邦政府や州政府が対策に乗り出している。一般的な対策は、情報開示を義務づける規則を定めることであった。アドバイザーやエージェントは相反する利益を抱えている、と消費者が理解していれば、自分自身を守る手段を講じられる、というのがその論理だ。だが、こうした対策は有効だろうか。おそらく有効ではない。買い手と売り手双方の不動産業者は、売買価格の何パーセントを報酬とすると明記した開示資料に顧客の署名をもらうことが、大半の州で義務づけられている。だが、ほとんどの人は開示資料に署名を終えると、買い手と売り手の利益相反など考えもしない。不動産業者が客観的なアドバイスをしてくれるものと思い込んでいる。

さらに、情報開示によって、利益相反による問題が逆に深刻化する可能性があることが研究によって示唆されている[3]。組織意思決定論を研究するデイリアン・ケイン、ドン・ムーア、ジョージ・ローウェンスタインはある実験を行った。「アドバイザー」役の被験者は、商品に高い価値があるとクライアントに思わせれば利益が得られる立場にあると、「クライアント」役に伝えるよう求められる。この情報開示によって、「アドバイザー」は、高めの評価を示すことに安心感を持つようになった。「自分の評価にバイアスがかかっていると伝えてあるのだから、問題はない」というわけだ。逆に、「クライアント」は、アドバイザーが利益相反を開示したときのほうが、信頼できると考えることが多かった。つまり、情報開示がなければ、アドバイザーはもっと正直であり、クライアントはもっと慎重だったはずなのである。

情報開示が、この倫理的なジレンマの解消に役立たないとすれば、何を

するべきか。第1に、取引の結果に利害を持たない人、あなたの行動や意思決定を操作することで利益を得ることのない人にアドバイスや教えを請う。これができない場合は、外部から追加的な情報を収集し、自分がもらったアドバイスが現実的かどうかをチェックするのに役立てる。たとえば、ある不動産業者から特定の物件や地域への投資を勧められたら、別の不動産業者（あるいは友人や知り合い、仲介を依頼していない人）にその助言が適切かどうかを尋ね、第三者の意見を聞く。最後に、投資を勧めてきた不動産業者には、分析の根拠を示すように積極的に求める。「専門家の意見」を額面通りに受け取るのではなく、どのような客観的尺度や手続きに則って主張しているのかを見極める。不動産業者は自分の「直感」を信じているかもしれないが、買い手が信じる理由はない。

　最後にひと言述べておきたい。利益相反は正真正銘の社会的な問題であり、解決しなければならないと考えている人がほとんどである。とはいえ、利益相反が他人の判断を歪め得ることは理解できるのだが、自分自身の判断に影響を与えているとはなかなか思えない。だが、影響を受けない人は誰ひとりとしていない、というのが真実だ。自分なら相反する動機や利益を持っていても、エージェントや監査人、買い手、あるいは売り手とは違った行動をとると信じるに足る十分な理由はない。こうした意図せぬ非倫理的行動を回避するには、自分自身が非倫理的な行動をとりかねない事実に気づくことが第一歩になる。

潜在的連想と固定観念

　会社の購買担当者のスティーブ・バレットは、5つのビルの敷地を手入れするため、2つの造園業者のうちどちらかを選択する必要に迫られた。A社は地域の老舗企業で、かなり伝統的なサービスを提供する。B社は新興企業で、現代風の斬新なサービスを数多く揃えている。A社の経営者で打ち合わせに出てくるのは、白人男性である。B社の経営者で打ち合わせに出てくるのは、ヒスパニック系の女性である。バレットは、A社の実績に基づく信頼性と、自社が伝えたい現代的なイメージを天秤にかけた。ほ

ほすべての議論や分析からも、B社と最終的な交渉に入るべきだと考えるようになった。だが、バレットは結局自分の直感に従い、老舗のA社を起用することにした。

1ヶ月後、バレットは、自社のサプライヤーのダイバーシティに関する報告書に記入していた。女性やマイノリティが所有する企業との契約を真剣に考えるべきであるとの会社の方針を強く支持していたので、報告書を書くのは嫌ではなかった。A社の経営者の人種と性別、「白人」「男性」の欄にチェックを入れた後、過去十数件の取引で候補となった企業の人種や性別を調べた。すると女性やマイノリティが所有する企業は、最終候補に残っているが、最終的な契約に至っていないことに気づいた。バレットは振り返ってみて、少しばかり後ろめたい気持ちになった。だが、結局こうしたサプライヤーは十分な競争力がなかったのだと結論づけ、近い将来は競争力をつけてほしいと考えた。バレットは、社会における平等と公正、会社のアファーマティブ・アクション（積極的差別是正措置）の方針を、時に声高に支持してきたことを誇りに思っていた。

造園業者との契約を終えた直後、バレットはNBCの番組で紹介されたハーバード大学の心理学者、マザリン・バナジのニュースを見てうろたえた。ハーバード大学のウェブサイトにある潜在的連想テスト（IAT）が紹介されていた（http://implicit.harvard.edu）[4]。（読者諸氏には、本書を読み進める前に、ウェブサイトにアクセスし、「テスト」を1つか2つ受けるようお勧めする）。このウェブサイトには、人種や性別に関する無意識の偏見を明らかにすることを目的とした、いくつかのテストがある。造園業者との一件が念頭にあったので、バレットは自分の判断に偏見はなかったことを証明するため、テストを受けてみることにした。

バレットが選択したテストの最初の課題は、写真の人物をヒスパニック系か白人系かにできるだけ速く分類せよというものだった。サイトに表示されたキーを使いながら、「ヒスパニック系」と「白人」により分けていったつぎのテストは、画面上に表れた言葉を、ポジティブ（「良い」）、かネガティブ（「悪い」）に分類せよという問題だ。「すばらしい」「愛」「平和」といった言葉は「良い」に、「死」「悪魔」「爆弾」といった言葉を「悪い」

に、難なく分類していった。

　つぎの段階では、これらの2つのテストがひとつになっていた。ヒスパニック系の顔か、「良い」言葉が画面上に表れたときには、あるキーを押し、「白人系」の顔か、「悪い」言葉が表れたら、別のキーを押さなければならない。この作業はかなり難しく、バレットはいくつかミスをしたうえ、それまでの作業に比べて、えらく時間がかかった。

　30の写真や言葉が表示された後、作業が変わった。今度は、ヒスパニック系の顔か、「悪い」言葉が表示されたら、あるキーを押し、白人か「良い」言葉が表れたら、別のキーを押さなければならない。バレットは、この作業を正確で速くできたことを喜んだ。

　バレットの予想通り、最初の作業よりも後の作業の反応が格段に速かったのはコンピューターでも裏付けられた。白人の顔と「良い」言葉、ヒスパニック系と「悪い」言葉を結びつける作業のほうが、白人と「悪い」言葉、ヒスパニック系と「良い」言葉を結びつける作業よりも、情報の処理が迅速で正確にできたようだ。この結果、バレットは「ヒスパニック」と「悪い」、「白人」を「良い」と潜在的に結び付けていると診断された。本人にそういう意識はなかったが、無意識のうちに、ヒスパニックよりも白人を優先する姿勢をとっていたようだ。こうした潜在的連想は、造園業者の選定に関係したのだろうか。白人男性が経営する会社のほうが新参者だが斬新だとしたら、バレットは経験よりも新奇性が重要な要素だと結論づけただろうか。いずれにせよ、白人男性を起用する根拠を見つけただろうか。バレットは、テストの結果と、それが意味するものを知り動揺した。

　自分自身をリベラルで、人種や性別による偏見はないと自負している人も含めて、ほとんどの人は、潜在的連想（implicit associations）について自覚していない可能性がある。人は潜在的プロセスを自覚していないだけでなく、自分では意識できないのに行動に影響を与える思考プロセスが存在することすら信じようとしない。では、就職面接で、企業の担当者が、「当社で働けば、人種や性別に関係なく全従業員を平等に扱う会社だということがおわかりいただけます」と言うとき、何を意味するのかを考えてみよう。ひとつの可能性として、担当者は本気でそう考えているが、本人

やほかの社員が潜在的思考プロセスによって差別していることもあり得る。

　人はたいてい自覚なしに、自分とは異なる集団の人々に対して固定観念（stereotyping）を持ちがちである。固定観念は、ある集団の一部のメンバーを説明する主な特徴を見つけ、その特徴を全メンバーにあてはめ、個別のメンバーの独自性は見落とすことによって形成される。言うまでもなく、固定観念の最大の欠点は、ほかの集団のメンバーに対して偏見を持ち冷淡に振る舞うようになることである。個々人に関する重要な情報を見落とすようになり、その結果、相手が実際にどういう人なのかを考えれば不適切で無知で不合理な振る舞いをするようにもなり得る。固定観念を抱くことによって、交渉結果も影響を受ける。ニューヨーク大学スターン校のドリー・チューは、他人に関する固定観念を克服しないことによる代償を固定観念税（stereotype tax）と名づけた[5]。要するに、自分が抱く固定観念によって、他人ばかりか自分自身も傷つく可能性があるのだ。

　残念ながら、交渉術の教科書には、交渉相手をある一定の型にあてはめて考えるよう促すものが多い。型にあてはめることを奨励し、中国人や日本人、南アメリカ人、イスラエル人と交渉するときにはこうせよ、と単純すぎるアドバイスをしている。異文化間交渉では、事前に相手の文化の規範についてできるだけ学ぶことは重要だが、十把ひとからげに「何々人」と交渉しようとするのは危険である。行動様式の違いは目につきやすいが国や文化が異なる人々に関する固定観念を鵜呑みにしがちである。固定観念があると、相手のことをかなり知っているかのように振る舞うが、先入観なしに交渉に臨み、個々人に関する情報を探すことによって、あるいはさらにいいのは、事前に準備し、質問し、交渉相手の見方や個性、多様な関心についてできるだけ情報を収集することによって、はるかに多くのことがわかるのである。

　固定観念と言うと、一般に考えられるのは、人種や性別、国籍といった目立った違いに基づくものである。だが、個別の企業やその交渉スタイルについても固定観念を持ち、この会社はこういう風に考えるはずだと即断する可能性もある。もちろん、考えるのは会社ではなく人であり、同じ会社の人間でもそれぞれ違っている。自分の会社のなかだと多様な見方や考

え方があることはわかっているのに、交渉相手については、複数の人間を交渉者としてひとくくりに扱うことも多い。以前に別の担当者から不親切な対応や失礼な対応をされたからといって、電話会社や航空会社の担当者に、いきなり居丈高になって話を切り出したことはないだろうか。そんなときは、話が上手く進まなかったのではないだろうか。

では、スティーブ・バレットが、ヒスパニック系女性が経営する革新的な会社ではなく、白人男性が経営する老舗の造園会社を選んだとき、潜在的な姿勢と、自分に似ている人を選好していることを自覚していたのだろうか。おそらく、自覚していなかっただろう。より倫理的で役立つ交渉者になるには、意図的なバイアスに対峙するだけでなく、潜在的な選好を理解しようとする必要がある。交渉の達人とは、バイアスがない人なのではない。自らのバイアスと対峙し、バイアスを克服したり打ち消したりするために、できる限りの努力をしているのである。

寄生による価値創造

製薬会社のX社は、利益率の高い薬を製造し、1錠4.05ドルで年間1億錠を販売している。製造コストは1錠あたり0.05ドルなので、年間の利益は4億ドルになる。しばらくしてY社が、同じ病気に効く薬を投入する。Y社の参入で、X社は価格を約1ドル下げ、3.05ドルにするとの見方が有力である。さらに、Y社はX社よりも安い2.55ドルで販売することで、40％のシェアを獲得すると予想されている。つまり、X社は年間6,000万錠を販売して、1億8,000万ドルの利益をあげる一方、Y社は4,000万錠を販売し、1億ドルの利益をあげると予想されている。Y社が市場に参入した後のX社とY社の利益の合計（2億8,000万ドル）は、X社が独占的に稼いでいた4億ドルを大幅に下回る。

幸い、X社の交渉責任者は、交渉術と価値創造に関するコースを受講し、本書の第2章と第3章で述べた考え方を身につけていた。彼は翌年、Y社の責任者に会い、X社が年間1億2,500万ドル支払うので、市場への参入をやめてくれないか、と持ちかけた。1億2,500万ドルは、Y社の年間の予想

利益の1億ドルを上回っているので、市場でX社と競争しないほうが財務的には得策である。X社にとっても、現在の4億ドルの利益からY社に支払う1億2,500万ドルを差し引いても、Y社が参入した場合の予想利益の1億8,000万ドルを上回るので好都合である。

この解決策は完璧ではないだろうか。X社とY社が手を組むことでパイを拡大し、1億2,000万ドルの価値を創造したのだ。祝杯を挙げなくてはならない！

だが、ちょっと待っていただきたい。「創造された」価値は、どこからもたらされたのか。残念ながら、病に苦しむ患者である。Y社が参入していれば、2.55ドルか3.05ドルに下がったはずなのに、4.05ドルを払い続けなければならない。言い換えれば、1億2,000万ドルは実際に創造されたのではない。患者から製薬会社に移転されただけなのだ。こうした合意は競争を阻害することから、連邦取引委員会（FTC）（あるいは他国の同様の機関）によって違法だと判断される。こうした合意が容認されれば、X社とY社は結託して消費者を犠牲にして価値を創造できることになる。ジェイムズ・ギレスピーとマックス・ベイザーマンは、交渉者が交渉のテーブルにいない当事者から価値を奪うことによって価値を創造することを、「寄生による価値創造」（parasitic value creation）という言葉で評した[6]。交渉者は、他者の犠牲の上に利益を手にしているのだから、「寄生」という言葉は適切だと考えられる。

こうした類の合意は明らかに違法なので、X社はY社に対して先述のオファーを持ちかけることはできなかった。現実の世界で、寄生による価値創造がどのように行われるかを考えてみよう。どのような体裁をとるのだろうか。先述のシナリオの変形だが、FTCは製薬会社のシェリング・プラウとアプシャー・スミスを、競争を阻害する合意に達したとして提訴した。FTCが提訴する前、アプシャー・スミスでは、シェリング・プラウが独占していたカリウム補給剤（K-Dur20）を脅かす後発薬の投入を検討していた。シェリング・プラウはアプシャー・スミスの市場参入を阻むため、特許権を侵害したとして同社を提訴した。両社は、アプシャー・スミスが市場参入を遅らせ、シェリング・プラウが本件とは関係のない5つの

商品に6,000万ドル支払うという内容で和解した。

　FTCが製薬会社を提訴したのは、6,000万ドルが5つの商品に対する公正補償ではなく、アプシャー・スミスの後発薬の市場参入を阻むことを目的としており、実際には市場参入を遅らせることへの代償であるという理由であった。製薬会社側の弁護人は、係争中の事案の和解とほかの5つの商品の取引を絡めるなど、複数の論点を同時に交渉することが価値の創造につながり、社会のためにもなると主張した。証人として著名な交渉専門家まで駆り出し、価値創造が社会のためになると証言してもらった。

　筆者のひとりマックス・ベイザーマンがFTC側の証人として逆の立場にいたため、この件には詳しいのだが、当時も今もマックスは、寄生による価値創造が起きたと見ている。製薬会社側は、あくまで自社のために価値を創造したのであり、自分たちの行為が消費者に、広い意味では社会に与える打撃を懸念した形跡は見られない。5つの特許権をめぐる係争は、それを覆い隠すためのものにすぎない、というのがマックスの見解である[7]。

　残念なことに、交渉術セミナーで行われる演習の多くは、寄生による価値創造を促す内容が潜在している。一般的な演習では、学生は寡占状態にある業界の企業の交渉担当者となる。何度か交渉を重ねるなかで、各企業は価格を高くするか低くするかを決めなければならない。1社が高価格を選択し、もう1社が低価格を選ぶと、低価格を選んだほうは市場シェアを獲得し、高価格を選んだほうを犠牲にして勝利する。だがゲームは、両社が高価格を維持したほうが双方にとって得になるように設計されている。こうした演習の基になっているのは、有名な「囚人のジレンマ」（prisoner's dilemma）の問題である。囚人のジレンマでは、個々人としては非協力的な戦略（低価格）をとったほうが得となるが、集団としては協力的な戦略（高価格）をとったほうが得になる[8]。こうした演習では、互いに高価格をつけ、両社に価値創造をもたらすパターンを見い出した者が褒められる。寄生による価値創造の実態を知るわれわれとしては、こうした演習の多くが、超過利潤がどこからもたらされたかを考慮することなく行われているのを遺憾に思っている。超過利潤をもたらしているのは消

費者なのである。

「寄生による価値創造」という言葉を使うとき、価値創造をもたらす大半の合意を貶めるつもりはなく、市場が耐え得る価格であれば、どんな価格を設定しようと異議を唱えるつもりもない。交渉のテーブルにいない当事者にコストを押し付けることになっても、たいていの場合、価値創造は容認されるべきである。たとえば、アメリカの製薬業界は過去100年間、とくに大きな成功を収めてきた。製薬会社が適切な利益を確保していなければ、生命を救う多くの薬も生まれていなかったし、手術の必要性が減ることもなく、患者が痛みから解放されることもなかっただろう。

一方で、製薬会社間の協調による利益のみを重視し、消費者への打撃を無視した分析は不完全であり、おそらく非倫理的である。こうした企業(および交渉者)は、反トラスト法で考慮するよう求められているように、自分たちが社会的価値を創出しているのか、あるいは消費者やほかの利害関係者を犠牲にして、できるだけ多くのカネを引き出すのを扶助し合っているのか、を考えるべきである。消費者や将来世代など、交渉のテーブルにいない人々に影響を与える交渉では、こうした人たちの懸念を無意識に排除することによって倫理の範囲を限定することがないようにすべきである

交渉によって創造した価値が社会のためになっているかどうかは、どうすれば判断できるだろうか。ひとつの基準として、交渉のテーブルについている当事者によって創造された価値が、部外者に課したコストを上回っている場合を、社会的に便益をもたらす価値創造と呼ぶべきである。創造された価値の一部は寄生による価値創造の結果だとしても、全体としては社会にプラスになっている。より一般的に言えば、価値創造活動に寄生的な面がないかどうか注意するには、以下の質問をすることを推奨する。

- ●この合意で影響を受ける当事者は誰か?
- ●各当事者は、どのような影響を受けるか?
- ●これらの当事者のいずれかに配慮すべきだろうか?
- ●合意が交渉のテーブルにいない当事者に与える影響は、合意に関係する当事者に与える影響と比較したとき、どのようになっているだ

ろうか？

この項を、政治に関する発言で締めくくろう。寄生による価値創造の例として、合法だが憂慮すべきものに、選挙における利益団体の役割がある。アメリカでは、企業やNPOをはじめとする利益団体が、選挙活動に巨額の献金をしている。政治家はその見返りに、連邦政府へのアクセスを提供し、政策に影響を行使できるようにする。献金によって選挙資金が賄えるので、政治家にはメリットがある。そして、利益団体が毎年、ロビー活動に多額の資金を投入している点からすると、投資に見合ったそれなりのリターンを得ていると見られる。単純な価値創造の観点から見れば、この交渉によって、すべての当事者は得をしている。ただし、強力なロビーを持たない平均的市民は別である。選挙で選ばれた政治家は、一般大衆を犠牲にして利益団体に恩恵をもたらす歪んだ政策を実現するのではなく、万人のための賢明な政策を実施するのが理想である。だが、繰り返しになるが、本章で論じてきた倫理の限界をもたらすさまざまな理由から、良心の呵責で夜も眠れない政治家やロビイストは、いたとしても少ないのではないかと思う。自分の行動を正当化する方法は数多くあり、自分に有利な戦略に疑問を抱くインセンティブはないに等しい。

貢献を過大に主張する

ジムとカレンは結婚12年で離婚することになった。幸い2人とも穏和な性格で、財産を公平に分け、2人の子どもに悪影響を与えるような争いはしないことで合意した。2人が雇った離婚調停人は、金融資産の分割方法について、個別に意見を聞いた。

ジムはこう言った。「僕は資産の6割をもらってもいいと思います。新婚当時、叔父から多額の遺産を相続し、それで随分助かりました。そのカネがなければ、家の頭金は用意できませんでした。僕はカレンより多少多めにもらってもいいと思います」

調停人はつぎにカレンに会った。カレンもまた6対4が妥当だと主張し

たが、ジムが6割ではなかった。「わたしが6割、ジムが4割もらうべきだと思います。なんと言っても、この12年は、わたしがジムの2倍近くを稼いできたのですから」

ジムが欲深いのか、それともカレンが欲深いのか。2人とも自分が多くをもらう権利があると本気で思っているのだろうか。離婚で倫理観が悪いほうに変わったのだろうか。より可能性が高いのは、第5章で論じた自己中心主義のために、実際よりも結婚生活への自分の貢献度のほうが高いと心底思っているのだろうか。

新興企業から結婚生活まで、自分の貢献の過大な主張は、さまざまな協力関係の遂行や発展の妨げになり得る。人は自分の行動について自分に都合のよい解釈をしがちであり、誠実で善意の人ですら、実際よりも自分の貢献度を高く考え、自分の意見に同意しない人について非倫理的だと考える可能性が高い。これで対立が深まる。そのため、会社の同僚が、「過去2年の好業績の7割は、わが販売チームの貢献によるものだと思います」と主張したときは、こちらはそう思っていなくても、本人はおそらく信じているという事実を受け容れたほうがいい。反論すると、おそらくこちらは取るに足らないと思えるものであっても、相手は自分の主張の裏付けとなる何らかのデータや論理を探し出してくるだろう。

社会的なレベルでも、過大な主張が甚大な被害をもたらしかねない。世界的にかつて栄えた漁場が乱獲によって荒れている。多くの漁場が荒廃しいつ、どのような形で持続可能なレベルに戻るのかはおおいに不安視されている。問題のかなりの部分は、さまざまな漁業団体がそれぞれに、自分たちは「適正な分」だけしか獲っていないと思っているという事実に遡ることができる[9]。

人間が生まれながらに持っている過大申告という性向を抑制するには、どうすればいいだろうか。筆者のひとり、マックス・ベイザーマンは、同僚のニック・エプレイ、ユージン・カルソーとともに最近、有名講座のMBAの学生グループに、集団研究のうち自分が行った部分の割合を評価するよう求めた[10]。各グループの全員の回答を足していくと、平均で139%になった。もちろん100%にならなければならない。だが、自分以外

のメンバーの貢献度を「分解する」、つまり、自分の貢献度だけでなく、ほかのメンバーひとりひとりの貢献度について考えるよう求めると、過大に申告する傾向は縮小することがわかった。過大申告がまったくなくなるわけではないが、約半分に減った。意識的、明示的に各メンバーの貢献度を考えることによって、バイアスが小さくなったのである。グループやチームで貢献度を過大に申告する傾向を減らしたいとすれば、各メンバーに、自分がやったことだけでなく、それぞれのメンバーが何をしたか個別に検討するよう求めるのがひとつの方法である。

実践に移す

交渉における倫理に関する議論のほとんどは、個人の意図的な選択を重視している。意図して嘘をつき、情報を隠すことが許されるかどうかを考えている。だが、この章で強調してきたのは、交渉者が倫理的に疑問のある行動をとっていることに気づいてさえいないことが多いという事実である。さらに、人間は忙しくなればなるほど、無意識の思考プロセスに頼り、一般に非倫理的とされる行動をとりがちである[11]。残念ながら、ほとんどの交渉者は忙しく、交渉は日々こなさなければならない業務のひとつにすぎない。さらに悪いことに、交渉となれば、いかに価値を創造し、要求すべきか、いかに優れた調査交渉者になるか、いかに影響力の戦略から身を守るか等々、考えるべきことは山のようにある。交渉者がこれらをすべてこなし、なおかつ無意識のうちに非倫理的行動につながる罠を避けるには、どうすればいいのか。

倫理の限界に関する筆者らの見解を基に、自分自身の倫理的行動を管理し、他人の行動を理解し、管理するための具体的なアドバイスをしよう。自分自身の行動に関して、とくに気をつけるべきこととしては以下のものがある。

1. 自分が利益相反の状況にあるときは、細心の注意を払う。可能な限り、利益相反のタネを取り除く努力をする（例：利益相反のある

意思決定には関与しない)。
2. 無意識のうちに人を差別している可能性を自覚する。こうした生来の傾向を評価するのに、先述のIATテストが役立つ可能性がある。自分が無意識のうちに好む人たちを優遇する傾向を打ち消すために、積極的に必要な手段をとる。
3. 自分が価値を創造したと思ったときはつねに、その価値が正確にはどこからきたのか分析するようにする。誰かが損をしていないだろうか。そのトレード・オフは容認できるものだろうか。
4. 貢献度を評価する際には、自分自身や自分が気に入っている人の貢献度を過大に主張しないよう気をつける。とくに、自分が得意な要素、よく見える要素を過大視する傾向に注意する。

倫理の限界に関する知識は、交渉相手を理解し、相手との関係を発展させるためにも活用できる。その際の3つの指針をお教えしよう。

1. 相手の主張をよく吟味し、意図しないバイアスを探す。
2. 相手が自身の倫理の限界に気づいていない可能性があるという事実を受け容れる。本人にはバイアスがあるとか、寄生的に価値を創造しているという自覚はないかもしれない。相手が非倫理的だという解釈は避ける。自分の考えと違う発言をする人や、他人を犠牲にして価値を「創造」する人に、嘘つきや泥棒のレッテルを張らない。代わりに、当人が自分自身の判断や行動の原因やそれがもたらす結果を自覚するのを助ける。
3. 最後に、相手のバイアスのかかった見方を是正するのを助けられなければ、第6章と第9章で紹介したアドバイスに従い、相手の認識の誤りを考慮に入れた反応をする。たとえば、営業マンが製品の品質を誇張していると思ったとしても、話を打ち切ったり、誇張していると非難したりするのではなく、こうした非倫理的行動はごく一般的だと受け止め条件付き契約を利用して対処する。品質のよさをどうやって測るのかを尋ね、その計測の結果を価格に反映させる。

営業マンが意図的に騙そうとしたのであれば、主張を引っ込めるだろう。だが、ありがちな非倫理的行為をとっているだけで、しかも誇張した主張を信じているのであれば、こちらの得になる条件付き契約を受け容れるはずだ。

倫理的な交渉の達人

　以上のアドバイスを簡単に実践できる保証がないことは、われわれも認識している。しかしながら、倫理的な交渉の達人は、より明白で意図的な非倫理的な行動のみならず、意図しない非倫理的行動を排除しようとする人物であることを納得いただければと思う。意図せぬ非倫理的行動はありふれたものだからと言って、許されるわけではない。交渉における倫理とは、「容認できる」現状に甘んじることではなく、積極的によき人間になろうとすることだと、われわれは考えている。

第11章

弱い立場からの交渉

　学生やクライアントの多くは交渉の経験が豊富だが、そうした人たちから、つぎのような質問をよく受ける。「提示いただいた枠組みも戦略もすばらしいと思いますし、大いに助けられました。ただ、こちらに力がないとき、交渉で何ができるのでしょうか？　すべてのカードを握っている相手と、良い取引などできるでしょうか？」。学生やクライアントに具体的な状況を説明するよう求めると、さまざまなバリエーションをもって語られるが、基本的なパターンは共通している。とくに一般的なものを紹介しよう。

逸話１
　われわれの業界では、顧客からつねに価格の引き下げを求められ、価格を下げなければ他社に乗り換えると言われます。価格以外の話はしたくないようです。実のところ、顧客は他社に乗り換えて、希望するものを手に入れることができます。こうした状況で、好条件の取引を交渉することは可能なのでしょうか？

逸話2

　最近、働きたい会社からオファーをもらいました。最大の問題は、報酬が希望ほどよくないことです。もうひとつの大きな問題は、わたしのBATNA（不調時対策案）です。他社からのオファーはなく、切羽詰まっているのです。交渉で好条件を引き出すことはできるでしょうか？

逸話3

　わたしは争いに巻き込まれ、相手から訴えると脅されています。相手の訴えは取るに足らないものですが、わたしが破産するまで裁判を続けることができます。相手には資金力があり、長期の裁判費用も簡単に賄えるのです。わたしはどうすればいいでしょうか？

逸話4

　わが国は世界の舞台ではちっぽけな存在です。経済や政治の国際条約交渉になると、つねに蚊帳の外です。強国はわれわれの利害を顧みないので、われわれは必要なものを嘆願して求めていくほかありません。わが国の地位を向上する方法はあるのでしょうか？

　これらの逸話が示す通り、交渉における立場の弱さは、相手のBATNAが相対的に強く、自分のBATNAが相対的に貧弱なことの結果である。こうした窮地に陥った経験があるだろうか？　そのとき、どう対応しただろうか？　筆者らの経験によれば、こうした状況になると、パニックに陥るか、交渉で窮地から脱することはできないと諦める人がほとんどである。効果的に交渉し、結果を好転させるために必要なことを実践する人はほとんどいない。だが、こうした状況について慎重かつ体系的に考えている人、本書で開発した交渉の枠組みを放棄しない人は、絶望的だと思えるほど不利な状況で、めざましい成果を挙げているのも確かである。

　本章は、こうした交渉の達人の秘密を理解する手立てとなるはずである。

まず、力がないときでも活用できる戦略を紹介していく。つぎに、力関係を覆す戦略、つまり、交渉において弱い立場から強い立場へ形勢を逆転する戦略を紹介しよう。

力を持たない者の交渉

　交渉者にとって、良い代替案がないときの切羽詰まった気持ちほど不安なものはないだろう。相手が自分ほど取引に熱心でないことに気づくと、状況は悪化するばかりだ。入社の打診を受けた唯一の会社との条件交渉であれ、どうしても必要な製品を唯一提供できるサプライヤーとの契約であれ、「取引が成立しない」のは絶望的な状況だと自覚していると、それが大きな重圧になる。残念ながら、こうした不安から浮き足立ち、価値を創造し要求するという望みを断念し、慎重かつ体系的に交渉を準備し、進めていくことの必要性を見失うことがある。どんなコストを払っても、取引を成立させようとする。こうした状況で心配する理由は何もない、と言ってしまうのはフェアではないが、状況を好転させるためにできることはほとんどない、と言うのもまたフェアではないし、およそ正確でもない。以下の戦略を考えていこう。

戦略1　自分が弱い立場にあることを明かすな

　第1章で紹介した逸話を思い出してもらいたい。ルーズベルト大統領の選挙対策責任者が、300万枚の演説ビラに使う写真の使用料をめぐって写真家と交渉した話だ。問題は、選挙対策本部がすでに300万枚のビラを刷り終えていて、写真1枚につき1ドルの使用料を請求する権利を著作権者である写真家が持っている、ということだった。選挙対策責任者のBATNAはきわめて貧弱だった。使用料について交渉で合意できなければビラを破棄するか、提訴されるかしかない。結局、どちらの事態も起きなかった。選挙対策責任者は写真の使用権を確保しただけでなく、写真家が250ドルを支払うと申し出るよう仕向けたのである。

　成功のカギはどこにあったのか？　責任者は弱い立場にあったが、写真

家はそれを知らなかった。300万枚のビラがすでに刷り上っていることを知っていれば、自分が強い立場にあることを理解し、もっと儲かる取引ができただろう。

この教訓は明白である。自分のBATNAが貧弱だとしても、相手がそれを知らないなら、たいした問題ではない。自分のBATNAが貧弱だとしたら、それを相手に知らせてはいけない。

意外にも、このアドバイスに従わない人が少なくない。実のところ、そうとは意識しないまま、自分のBATNAが貧弱なことを暴露して、状況を悪化させる場合が多いのである。顧客に対して、「時間が決定的に重要です」、あるいは「お時間のあるときに、いつでも伺います」などと言うとき、まさにそうしている。時間的制約があるとか、スケジュールには柔軟に対応できると伝えることが重要な場合も多々あるが、切羽詰まっていると思われないようにして、同じメッセージを伝えることはできる。たとえば、「私どもは、迅速な処理を重視しています」、あるいは「交渉の日時については、多少の都合はつけられます」などと言うのだ。重圧を感じるときや、自分のBATNAの貧弱さに目がいくとき、このように弱みを悟られにくい言葉を使うよう気をつける必要があるだろう。

戦略2 相手の弱点を利用して、自分の弱点を克服する

最近、筆者のディーパック・マルホトラのもとに、企業経営者のひとりが相談に訪れた。相談者は、50％の持ち株を、やはり50％の株を保有する共同経営者に買い取ってもらおうとしていた。相談者は、自分の切羽詰まった状況しか見えていなかった。すぐにでも現金が必要なのだが、株式を買い取ってくれそうなのは共同経営者しかいない。何よりも相談したいのは、買い取ってもらうためには、株価をどの程度割り引くべきか、ということだった。「どこまで下げるべきでしょうか」と聞いてきた。

相談者は、共同経営者にとって株式はどれだけの価値があるか、つまり、買い手がどれだけカネを出すつもりがあるか、という分析はまったくしていなかった。ディーパックがこの方向で質問をしていくと、共同経営者にとっても、株式の買い取りは願ったり叶ったりであることがわかった。

資金は豊富にある。以前から新たな経営方針を温めていたが、相談者に反対されていた。株式を買い取れば、会社の未来は完全に自分のものになる。話しを進めていくうち、相談者は、自分だけが「弱い」わけではないことに気づいた。理由は大きく違うが、共同経営者もまた「弱かった」のだ。こうした要素に注目することで、相談者は目標価格を引き上げ、交渉の軌道を修正することができた。共同経営者との話し合いでは、相手にとって株式を買い取るメリットをいくつも挙げていき、自分の切羽詰まった状況はおくびにも出さなかった。そして、強気の価格を提示した。結果はどうなったか。相談者は株式の40%しか売らなかったが、売却収入は50%を売却して受け取れるよう望んでいた額を上回った。

　この逸話から、自分のBATNAしか頭にない交渉者と、相手のBATNAを評価する交渉者の違いが見えてくる。相手のBATNAが貧弱であるということは、自分が取引に多くの価値をもたらすことができ、その価値の一部（あるいは大部分）を要求できることを意味する。つまり、相手のBATNAも貧弱であれば、自分のBATNAが貧弱であることは特段の問題ではないのである。

　ここで再び、ルーズベルト大統領の選挙対策責任者がなぜ成功したかを考えてみよう。責任者のBATNAが極端に貧弱であることを写真家が知っていたとする。その場合、間違いなく写真家が有利になり、選挙対策責任者が不利になるのだろうか。必ずしも、そうとは言えない。写真家のBATNAもまた貧弱だったからである。「取引が成立しなければ」、選挙対策本部は300万枚のビラを刷り直すコストを負担しなくてはならないが、写真家は自分の作品が大勢の人の目にふれるという、「千載一遇」のチャンスを棒に振ることになるのだ。

　一般に、双方に弱みがあるとき、どうなるだろうか。第1章で開発した基本的な枠組みに立ち返って考えると、双方のBATNAが貧弱であればZOPAが大きいことがわかるはずだ。つまり、双方が合意に達すれば、多くの価値が創造されるのである。その価値の多くを確保するのは誰か。通常は、第1章で論じた基本を理解し、戦略を活用する者である。この事例で得をするのは、交渉を通して相手の弱みを際立たせた者である。選挙対

策責任者は、写真家の名前を売るチャンスに注目することで、多くの価値を確保できた。一方、写真家は、ビッグチャンスを逃すまいとするあまり、自分がルーズベルト側にもたらし得る価値は考えもしなかった。

戦略3 独自の価値提案を見極め、活用する

コンサルティング会社や海外委託サービス会社、準汎用品のサプライヤー、建設会社、造園業者など、入札によって事業を受託する企業は、往々にして弱い立場にある。彼らに共通する不満は、つぎのようなものだ。「この業界では、何をするにも入札です。顧客は入札を実施して、最安値を提示した企業に発注します。複数の論点を導入して、価値を創造する機会はありません。顧客からは価格をもっと下げろ、さもないと他社に発注する、と言われます」。

こうした交渉者は、たったひとつの論点（たいてい価格）をめぐって、その論点で強みを持つ競争相手と戦う場合は手も足も出ない。こうした状況は、「弱い立場からの交渉」の一例にすぎないのだが、ここで特に注目したのは、学生やクライアントが直面する問題のなかで、もっとも一般的だからである。

相手（ふつうは顧客）の関心がもっぱら価格にしかないとき、価値を創造し、要求するにはどうすればいいだろうか。こうした状況では、戦うよう強いられたゲームを変えることによって、見通しを改善できる場合が少なくない。交渉において正当に価値を要求する能力は、価値を創造する能力に応じて決まってくることを考えるべきだ。相手がほかでは手に入れられないものを提供できなければ、こちらのオファーは、相手にとってBATNAより優れてはいない。言い換えれば、ZOPAはごく小さいか、存在しない。それでは相手にとって取引をする意味がない。

幸い、あなたはたいていの場合、交渉のテーブルに何かしらもたらすことができ、それによって競争相手と自分とを差別化できる。これがあなたにとっての「独自の価値提案」（distinct value proposition:DVP）だが、それは価格の安さである必要はない。製品の良さや質の高いサービス、評判、強力なブランドなど、顧客が重視し、競合他社よりも効率的あるいは

安価に提供できるものがDVPとなり得る。あなたのDVPとは、顧客が重視しているはずとあなたが考えるものでなく、顧客が実際に重視しているものであることに注意すべきだ。そうした付加価値を取引に持ち込めばそれを活用して、高い利益率や取引の継続など、自分が望むものを手に入れられる可能性がある。そこでカギになるのが、あなたのDVPを交渉に組み入れる方法を見極めることだ。それが難しいのは、相手が価格だけの入札を押しつけ、価格以外の点の話し合いに応じようとしないときや、複数の論点を交渉することによる価値創造の原則をわかっていないときである。幸い、これらの壁はどれも突破できる。以下の4つの戦略は、DVPを次回の交渉や入札に持ち込むのに役立つはずである。

複数の提案を提出する。顧客が価格の安さ以外に関心がないかどうかをオファーをする前に十分に見極めるのは、つねに可能なわけではない。このため、可能な限り安い価格で入札すべきなのか、若干高めの価格にして品質の高さや付加サービスなどほかの特徴を出すべきか、入札者はしばしば悩む。次回の入札では、両方を試すべきだ。ひとつの案だけではなく、同時に2つか3つの案を提出することを検討すべきだ。これは第3章で最初に述べた戦略である。たとえば、1案では価格を安くし、サービスも抑えるが、2案では価格を高めにして、その分、サービスを付加するのである。顧客がサービスを重視していれば、追加コストで付加サービスを受けられることを知り、高く評価するだろう。こうした戦略をとれば、落札の確率も高まる。顧客が価格だけを重視していれば、低価格の提案が有利になり、価格以外の点も重視していれば、価格を高めにした提案が有利になる。

2回戦に進める程度に価格を下げる。多くの企業が価格のみの入札を実施する理由のひとつは、候補となる企業が多すぎるからだ。だが、すべての入札で落札者が決まるわけではない。たいてい、入札は「戦場を狭める」ことを目的に設計されている。たとえば、あるプロジェクトで10社あまりを入札に参加させ、そこから価格の安い2、3社に絞り込む。そして、残った企業と相対の交渉をする。ハーバード大学の同僚のグーハン・スブラ

マニアンとリチャード・ゼックハウザーは、この2段階のプロセスを「交渉入札」(negotiauction) と名づけた[1]。こうした状況では、最安値で応札する必要はなく、最初のハードルを越えられる程度の価格で応札し、その後、顧客と複数の論点について交渉する段階で、価値を創造するよう努めるべきである。

注意すべきなのは、顧客は必ずしも事前に交渉入札であると「公表」したり、ルールを説明したりするわけではないという点だ（そもそも、交渉入札という言葉を知らないだろう）。だが、あらかじめ決まっていたかのように交渉を進めることもある。さらに、「十分な安値」で応札していれば、入札が終わった後でも、複数の点を網羅した提案について話し合う意志がある顧客が多いことも覚えておいたほうがいい。このため、入札で「敗れた」としても、顧客と接触して、顧客が重視する包括提案ができる立場にないかどうかを確認するのが得策である。

受講者のひとりから最近、この戦略で痛い目にあった話を聞いた。彼の会社は、ほかの5社と大事な顧客を争っていた。入札が実施され、交渉の最終段階に進める2社のなかに残った。こう振り返る。「とても興奮しました。勝ち残った競争相手に対してどうポジショニングすべきかわかっていて、勝ったも同然だと思っていました。でも、負けてしまいました。しかも、最初の入札で残らなかった会社に」。受講者と同僚が喜んでいる間に、第3の会社の営業チームが顧客の下を訪れ、入札の結果と関係なく、最善の包括提案ができると売り込んだのだ。

代理人(エージェント)をゲームから締め出す。 価格だけの勝負を余儀なくされる交渉者は、揃ってつぎのような不満を口にする。「われわれには、顧客に高い価値を提供できるパートナーであるという自負があります。残念ながら、顧客は取引条件の交渉に購買代理人を使っていて、代理人はもっぱら価格を引き下げることで報酬を得ています。誰が最安値で商品を提供できるかだけが問題になる入札では、手も足も出ません。われわれは負け、顧客も負けます。購買代理人の一人勝ちなのです」

購買代理人などの仲介人のインセンティブは、必ずしも雇い主のインセ

ンティブと一致していないため、こうした仲介人が効率的な取引の大きな障害になっている。だが、仲介人によって交渉がかき回されないための方法はある。われわれが企業幹部やクライアントの成功体験から引き出した2つの戦略を紹介しよう。

- **●顧客に提案書のコピーを送付する。** 数ヶ月前、受講者のひとりが購買代理人に2つの提案書を提出する作戦を試すことにした。価格が高めで価値の高い提案と、価格を抑えて価値もそれなりの提案を用意して提出した。低価格の提案が通った。数週間後、顧客と話しているうちに、価格が高いほうの提案書が顧客の目にふれていないことがわかった。つまり、代理人が顧客に提出する「ショート・リスト」から都合よく削除していたのだ。この経験から、この受講者は購買代理人に提出する提案書のコピーを「ご参考」として、顧客に直接送付するようになった。受講者はこう説明する。「送った提案書に顧客が目を通さないとしても、雇い主の机の上にそれがあるという事実だけで、購買代理人は、われわれの高い価値提案を排除する前に、もう一度考えるはずです」。
- **●合意ができた後に顧客と交渉する。** 企業幹部やクライアントは、価格を下げるために、独自の価値提案を削るように代理人から圧力を受けるとこぼすことがあるが、あまり心配する必要はない、一般に、購買代理人は、サプライヤーを選ぶという目的を達成すれば（自分の利益を追求する形で達成する）、交渉には関わらなくなる。そうなれば、こちらの主張に「耳を貸す」ことで利益を得られる立場にある顧客と直接交渉できる。価格引き下げ以外の点で顧客のために価値を創造する能力が本当にあるなら、自らの主張を売り込む強い立場に立つわけだ。つまり、非効率な合意で手も足も出ないと諦めるべきではない。双方にプラスになるのであれば、受注を獲得した後に、いつでも合意内容を見直すことができるのだから。

取引のないときに顧客を教育する。取引の予定がないとき、顧客（および潜在顧客）とどれだけ頻繁に接触しているだろうか。年に一度、クリスマスカードなら送っているかもしれないが、新たな価値の源泉を提供できる能力があることを、どの程度の頻度で顧客に伝えようとしているだろうか。交渉者の大多数は、ほとんど時間をとっていないのが実情だが、顧客が独自の価値提案を理解していないとすれば、しっかりと理解させるべきである。顧客に話を聞く余裕があるとき、コスト引き下げについては心配していないとき、何らかの取引をするプレッシャーを受けていないとき、あなたがもたらす情報や知見を高く評価してくれるのは意外なことではない。こうした状況になる可能性が高いのは、具体的な案件がないとき、つまり相手を操作する意図を持った発言だとして無視される可能性が低いときである。入札の最中では、時間的なプレッシャー、コストの心配、最終的な判断をしなければならない重圧が、すべてマイナスに作用する。だが、入札がないときに顧客（や潜在顧客）と接しておけば、信頼関係を築き、顧客の利害を把握することができるし、何よりも次回の交渉や入札で、こちらの価値提案を要件に採り入れてもらいやすくなる。顧客の大半はこうしたことをざっくばらんに話し合う意志があり、ニーズを汲み取ろうとするこちらの姿勢を高く評価するはずである。われわれが知っている範囲でも、入札なしにつぎの案件を受注できている例がいくつかある。顧客のニーズを理解し、それに応えようとする姿勢を示し、同時に複数の論点を交渉することによって、入札なしで契約を獲得できたのである。これは、それほど意外ではない。価格以外の点を交渉の対象にすることで、双方がプラスになるからである。ときには、わずかばかり刺激を与えるか教育するだけで、顧客はみずからの利益となる方向に動き出すものだ。

戦略4　立場が極端に弱ければ、なけなしの力を放棄する

かなり前のことになるが、筆者のひとり、ディーパック・マルホトラは大学4年のとき、あるコンサルティング会社からオファーをもらった。オファーは嬉しかったが、気に入らない点がひとつあった。給与が希望よりも低かったのだ。人事部長に電話をかけ、給与に関して交渉の余地がある

かどうか尋ねた。交渉の余地はないとのことだったが、関心のある点を相談できるよう、マネージング・パートナーとのランチを設定してくれたランチでは1時間ほど歓談した後、初任給の話になった。マネージング・パートナーによれば、初任給は出身大学と専攻、前職での経験を基にした単純な公式で決まる。ディーパックについて、これらの要素はすべて検討済みなので、給与を上げることはできないと言う。

　ディーパックは、この交渉で自分に力がないことを悟った。他社からのオファーを引き合いに出せるわけでもないし、「粘って」もほとんど給与は上がらないだろう。そこで、まったく別の作戦を採ることにした。
「おっしゃることはよくわかります。この会社が好きなので是非とも働かせていただきたい」とディーパックは言った。そのうえで、給与に関する話を続けてもいいかどうかを尋ねた。パートナーの同意を得たので、具体例を挙げながら、自分は単純な公式以上に会社に貢献できる力があると力説した。そして、この会社で働けることにわくわくしていて入社を決めたのであって、給与を最重視しているわけではないと強調した。ただ、社会に一歩踏み出す若者にとっては、給与も大事な問題のひとつなので、会社として考えていただければありがたいと話した。

　パートナーはディーパックの話に好感を持ち、多少は検討すると言ってくれた。翌日、パートナーから初任給を10%引き上げるという連絡が入った。「夏の就業体験を検討した結果、もっと評価しておくべきだという結論に至った」とのことだった。

　本当に、それが理由で初任給が引き上げられたのだろうか。そうは考えにくい。それより考えられるのは、力に関する単純だが重要な知見が役立ったというものである。まったくと言っていいほど力がないなら、力の行使を全面的に放棄するほうが上手くいくのである。言い換えれば、交渉で相手をねじ伏せられないのであれば、腕力を使うのをやめて、力を貸してくださいと頼めばいいのだ。腕力に頼ろうとすると、相手も反撃してくる。力が弱ければ、悲惨な結果になりかねない。だが、争うつもりや、強気に出るつもりがないことをはっきりさせれば、相手も態度を軟化させるだろう。マネージング・パートナーはディーパックの力になろうと決めた

ら、あとはその決定を正当化する方法を見つけさえすればよかった。それが見つかったので、ディーパックは望んでいたものを得られたのである。

戦略5　交渉ポートフォリオの全体に基づいて戦略を練る

　筆者のひとりであるマックス・ベイザーマンが最近、相談を受けたある企業は、粗利益率が過去10年で約20％から5％を切る水準まで低下していた。新規参入が相次ぎ、顧客の間で競合他社に乗り換えられるとの認識が広がったためだ。業界とこの会社のことを知るため、粗利益率が10％を切るのを拒否したことがどれだけあったか経営幹部に尋ねた。つまり、利幅の確保を目指して、取引を打ち切られるリスクを冒したことがどれだけあるかを聞いたわけだ。それほど強い姿勢に出られたのはかなり昔の話で、今はとにかく売上の確保に必死だという答えだった。つぎに、あくまで10％の粗利益率を要求した場合、売上の何％を失うと予想しているかと尋ねたところ、少なくとも25％を失うという。そこでマックスは、単純な計算をするよう勧めた。「利益率を5％から10％に倍に高めれば、売上の49％を失ったとしても利益の総額では上回る」

　この単純な分析の結果は、幹部にとって意外だった。だが、実は意外でもなんでもない。目の前の交渉を追うあまり、交渉ポートフォリオの全体にとっては効果的でない戦略を採用する場合が多すぎるのである。ひとつの案件についてだけ交渉するのであれば、受注を確保するために、できる限り粗利益率を下げるのは理解できる。何も手に入らないよりも、いくらかでも売上がたつほうが望ましいのだから（BATNAでは何も手に入らないとする）。だが、ほぼつねに交渉する案件は複数あるのだから、交渉のポートフォリオ全体にとって意味のある戦略を立てる必要がある。多くの顧客と多くの案件を交渉するのであれば、ある案件では高い利益率を譲らず、受注できないことで売上をいくらか失っても、別の案件で高い利益率を維持したうえで受注することで、それ以上の売上を確保することを考える。また、高い利益率を呑む相手と、呑まない相手を選別できるのであれば、そして顧客ごとに価格に差をつけるのを正当化できるのであれば、利幅の拡大を呑める顧客にだけ高い粗利益率を課すことで、利益を拡大する

ことすらできるので、さらによい。

　カギとなるのは、交渉の戦略を立案するにあたって無意識のうちに設けている仮定を検証することだ。すべての交渉で強気に出ても取引を失わないことが強さだと考えていれば、自分自身は「弱い」と思えるだろう。だが、交渉のポートフォリオ全体の価値を最大化し、いくつかの取引を失っても耐える能力があることを考えるようになれば、実際にはきわめて「強い」と思えるかもしれない。ポートフォリオ全体を考えると、大きなリスクをとり、価値をとくに付加できる顧客を維持し、利益率を高めようと考えるのがはるかに容易になる。

力関係を覆す

　自分が弱いのは不快なものだが、相手がこちらの生み出す価値を認めていながら、規模の大きさや強さを盾に圧力をかけてくるときほど、不快に感じるときはない。最大の取引先は、最後の最後に無理難題を押し付けたり、契約上の義務の一部を無視したりするのを権利だと思っているふしがある。あるいは、ライバル会社から特許権の侵害で訴えられることもある訴えにはほとんど根拠がないが、相手は資金力にまかせて最後まで戦い抜ける。事業を続けたいなら言うことを聞け、というわけだ。小規模の企業の経営者が従業員にいいようにされる場合もある。トップセールスマンが横暴で、プロ意識に欠け、給料が高すぎても、ライバル会社に移籍されたら売上の半分を失う、といった場合だ。

　どの状況でも、見通しが暗いと思える理由が2つある。第1に、そもそも弱い立場にある。第2に、相手はこちらのニーズなど目もくれず、もっぱら自己の利益だけを追求する個人や組織だ。こうした状況で、どんな交渉ができるというのか。まず、「弱い立場で交渉する」の項で述べたさまざまな戦略を検討する。それでも足りなければ、強力になり得る別の選択肢を考える。自分に有利になるように、力関係を覆すのだ。これから述べていくが、交渉のなかには、これまで論じてきたようにゲームを戦う能力を磨くのではなく、ゲームの性格そのものを変えなければならないものも

ある。以下の戦略は、横暴な相手との力関係を逆転し、予想よりはるかに優れた成果を手に入れるのに役立つはずだ。

戦略1 ほかの弱者と連携して強みを強化する

マックス・ベイザーマンとマーガレット・ニールの共著『マネジャーのための交渉の認知心理学（Negotiating Rationally）』では、クライスラーのCEOだったリー・アイアコッカが、弱い立場にあったアメリカの競合他社と連携して、弱さを克服する方法を見い出した逸話が紹介されている[(2)]。1986年当時、GM（ゼネラル・モーターズ）、フォード、クライスラーの3社は、リベートを使ってシェアを奪い合う、不健全な消耗戦を演じていた。1社がリベートを発表するたびに、残りの2社がリベートの額を引き上げた。メーカーは、平均すると1台売るごとに赤字に陥った。際限のないリベート競争のために、自動車メーカーは顧客に対して極端に弱い立場に置かれていることにアイアコッカは気がついた。そこで、クライスラーはリベート・プログラムを打ち切るが、1社でも続けるのであればそれに対抗すると発表した。クライスラーのこの行動がきっかけとなり、リベート競争に終止符が打たれた。赤字の垂れ流しに歯止めがかかり、3社揃って黒字を回復した。

アイアコッカの戦略はなぜ効果的だったのか。力を消費者からメーカーに取り戻したからである。1社が他社と同じ行動をとって対抗すると宣言したことによって、消費者にとっては悪い結果になった。競合他社が消費者を引き付けるために価格を下げる（あるいはリベートを提示する）インセンティブがなくなったからだ。この結果、価格だけの競争ができなくなった自動車メーカーは、交渉力を取り戻した。

交渉において、これと同じ戦略をとり、弱い者同士が組む方法がある。競合他社がひしめき、顧客はどこからでも買えるとすれば、1社では弱い立場だが、どの会社も同じように弱い。採用や解雇の権限を持っている上司に対して、部下の立場は弱いが、弱いのは同僚も同じだ。小国は多国間交渉で発言権が弱いが、数多くの小国が同じように弱い。幸い、交渉において力を持たない者同士が連携することによって、力関係を逆転できる場

合がある。

　たとえば、従業員が経営陣と交渉する際には、組合という形で結束するのがつねだ。従業員がひとりずつ会社と交渉する場合、要求が行きすぎていると判断されれば、解雇して別の人間を雇うと脅される。だが、団体で交渉すると、従業員同士の競争は避けられる。その結果、全従業員が市場平均を上回る賃金を手にできる。このプロセスでは、力とカネが事実上、株主から従業員に移転する。同様の論理に基づいて、アメリカの多くの中小企業は結束して、保険会社と医療保険の保険料の引き下げを交渉してきた。また発展途上国では多くの小規模農家が「協同組合」をつくって、農産物価格の引き上げ交渉をしている。

　国際関係の分野で連携の力をはっきり示したのが、2003年にメキシコのカンクンで開催されたWTO（世界貿易機関）の交渉である。農産物の関税や農業補助金の引き下げなど、途上国にとって重要な問題がたな晒しにされてきたことに業を煮やした21の「弱小」国が、結束してグループ21を結成した。今では、単独の場合よりもはるかに強力な立場で、参加国の利益を代弁している。

　いずれの例でも、弱小グループが連携することによって、強者のBATNAを弱めることになった。弱い者同士が連携し、その関係を維持できれば、強者が弱い者同士を戦わせたり、取引を打ち切ると脅したりするのは難しくなる。

戦略2　極端な弱さを武器にする
　　　　　——相手にとっては生かしておくことが必要なのかもしれない

　1919年、第一次世界大戦終結後、勝利した連合国（アメリカ、イギリス、フランスなど）の首脳がパリに集まり、ヨーロッパと世界の命運を決めることになる交渉を数ヶ月にわたって続けた。戦争の影響を受けた各国が会議に招かれ、連合国側に自国の考えを訴えた。主張の大半は、国境の見直しに関するものであった。この交渉でいくつかの小国が生まれた。既存の国境が見直され、領土が拡大した国もあれば、縮小した国もある。領土が拡大した国の大半は、強い立場の戦勝国であり、「戦利品」の獲得を正当

化することができた。だが、この交渉で領土が拡大した国のなかに、戦争中、連合国側に貢献しなかった弱小国があった。ルーマニアである。講和会議の後、ルーマニアの国土は2倍になっていた。どうして、そんなことが起こりえたのか。価値創造にはほとんど貢献していないのに、これほどの価値を確保できたのか。

ルーマニアの力の源泉は、強さではなく弱さにあった。その理由を示そう。戦争が終結した時点で、イギリスやアメリカを中心とする連合国が最大の脅威と考えたのは、敗戦国の復活ではなく、1917年のロシアの10月革命で政権を握る勢力になった共産主義であった。共産主義が西側に拡大する脅威が大きかったことから、ロシアの西隣のルーマニアがにわかに注目を集めた。ルーマニアが陥落すれば、共産主義がヨーロッパにもうひとつ強力な橋頭堡を築くことになる。ルーマニアの指導者はこれを望んでいなかった。さらに重要な点として、連合国側がそれを望んでいないことを知っていた。だからこそ、終戦後の講和会議で、「戦争での功績」以上の価値を引き出すことができたのだ。ルーマニアの主張を要約するとこうなる。自分たちの要求を呑んでもらいたい。さもなければ、わが国は弱小国のままである。いずれわが国が崩壊すれば、困るのはあなた方である。

同様の力学はビジネスの現場でも働いている。合弁事業で契約を締結した2社が激しく反目し合うことになったケースがある。合弁相手が競合する市場でプレゼンスを高めることに危機感を抱いた側が、特許権侵害で提訴すると相手を脅したのだ。訴えられた側は根拠薄弱な主張だとわかっていたが、相手の規模が大きく、自社を破綻させるまで裁判を続ける資金力があることもわかっていた。危うい状況だったが、訴えられた側は合弁相手に提訴を取り下げさせ、和解に持ち込むことができた。こう主張したのだ。「裁判に持ち込めば、当社を破綻させるだけの力をお持ちです。当社ではもちろん、それを望んでいません。ですが、御社にとっての意味も考えてみてはいかがでしょうか。御社は貴重なパートナーを失うことになるのです。ここは特許権侵害訴訟を中止し、問題になっている技術を双方が使い続けるとともに、御社が市場における盤石な地位をさらに固め、双方が相乗効果を生かして価値を創造する関係を続ける方法を見つけることが

ベストなのではないでしょうか」。

　この戦略を支える原則とは何か。相手のために価値を創造しているのなら、相手がそれに報いる意志があるかどうかは別にして、少なくとも自分自身のために価値を要求できる力はある、ということだ。極端なケースでは、強気に出すぎた相手が自滅する場合もある。当人はこの点を認識していないのかもしれないが、だからこそ、強さを測る尺度は、「相手に何かを強制したり」、「相手の生殺与奪を思いのままにしたり」するといったことではなく、「相手のためにどんな価値を生み出せるか」であるべきだと当人に認識させることに意味がある。このため交渉では、力を誇示しすぎる「弱い者いじめ」は逆効果になると指摘することが往々にして有効なのである。「当社を追い込みすぎると、当社は破滅し、御社は価値を創造するパートナーを失う」と。

戦略3　相手の力の源泉は何かを理解し、攻撃する

　全米各地の「家族計画協会」のクリニックでは長年、悩まされている問題があった。中絶に反対する団体がクリニック前にピケを張り、女性を入らせないようにする事件がたびたび起きていたのだ。この作戦はいかにも効果的だった。クリニックの前でプラカードを掲げ、口汚い言葉で罵る大勢の人々の間を通らなければならないかと思うと、恐れをなして来られない女性が多いのだ。この問題の道徳的、政治的側面はさておき、クリニックは、患者を脅す反対派の人数をどうやって減らすのかという戦略上の問題に、どう対処したのだろうか。

　「家族計画協会」の多数のクリニックが、実によく工夫した戦略で反撃に出た。この戦略は一般に「ピケへの寄付」と呼ばれている。仕組みはこうだ。クリニックは、ピケに参加する人数に基づく寄付を支持者に要請する。クリニック前でピケを張る反対派が増えるほど、クリニックに寄付が集まるのだ。たとえば、反対派ひとりあたり50セント寄付すると決めた人は、クリニック前に100人が集まれば、50ドルを寄付することになる。多くのクリニックは、この戦略を活用して、クリニック前でピケを張る反対派のインセンティブを減らした。なかには多額の寄付金を集めたクリニッ

クもある。テキサス州ウェーコのテキサス家族計画センター（PPCT）は、クリニックの前に、「当クリニックに反対の方々も家族計画を支えてくれています」と書いたポスターまで貼り出した。

「ピケへの寄付」の逸話で明らかなように、互いの強みや弱みを認識するだけでは十分ではない。互いの強みや弱みの源泉を理解することもまた重要なのだ。家族計画協会は、中絶反対派の力の源泉が、クリニック前に大勢の人を集める能力にあると突き止めたことで、大量の動員のメリットを減らす斬新な方法を思いつくことができた。

ディーパックの受講者に海外の不動産開発で大成功している会社経営者がいる。彼が最近、この戦略を使って、多くのアメリカ人には理解できない問題に対処した。彼の会社がある国では、アメリカとは比べものにならないほどあからさまな政治の不正が横行している。このケースでは、高収益の建設プロジェクトの契約を終え、政府の認可を待っていた。すべてが順調にいっていたが、突如として認可プロセスが止まってしまった。数日後、許認可の権限を持つ有力政治家の息子からの電話で理由が明らかになった。自分も一枚噛みたいというのだ。合弁事業にしてくれるなら、すぐにも認可が出るという。裁判に持ち込むか、もっと有力な政治家と話をして、この息子（と父親）を遠ざけることはできるが、それには時間がかかる。残念ながら時間を無駄にできない。この会社は上場を計画していて、3ヶ月後に株式公開を予定しているのだ。プロジェクトが認可されていないことがわかれば、株価は安くなるだろう。さらに厄介なのは、噂が出るタイミングだ。政治家の息子を袖にすれば、上場直前に許認可の問題を公表されて仕返しされかねない。どうするべきか。

不動産業者はディーパックの助言に従い、問題を見事に解決した。ディーパックの助言は、認可が遅れる可能性があると公表し、ただちに上場すべきである、というものだった。つまり、プロジェクトは進行中だが、最終的な認可が下りるのは、上場から数ヶ月後の見通しだと発表するのだ。あわせてプロジェクトの内容についてまとめた文書と、問題の政治家が認可が下りるよう支援すると明記した以前の手紙を公表する。こうすれば、投資家の信認を維持できる、というわけだ。

この戦略には、明らかなメリットが少なくとも3つある。第1に、噂に先んじることで、報道と解釈のされ方を管理できる。第2に、株式公開の2ヶ月前にこの情報を開示することで、公開時には投資家にさほど重視されなくなる。第3に、これがとくに重要な点だが、報道されることで、政治家の息子は唯一の力の源泉を失う。息子の力の源泉は、不動産業者がいちばん弱いとき（株式公開時）に打撃を与えられる力にあり、それが標的とされることになる。「ピケへの寄付」の戦略と同様、この戦略も、相手の力の源泉を把握したうえで、そこを攻撃した。

　同じ原理は、あらゆる種類の交渉にあてはまる。もしあなたが自社の傍若無人な営業マンに正面きって意見できず、法外な昇給の要求を断りにくいのなら、営業マンの力の源泉を考えてみるといい。この場合は、あなたよりもその営業マンの方が顧客との関係が強い点かもしれない。その点がわかったら、どのような戦略を採るべきか。数週間、数ヶ月かけて、主要顧客と関係を築いていく。魅力的な複数年契約で、顧客を囲い込むこともできるかもしれない。そうなれば営業マンの要求を突っぱねても、彼がこちらを脅せる材料はない。会社を辞めて、ライバル会社に移籍するかもしれないが、顧客も連れていく力は著しく弱っている。

交渉の達人の力

　この章で述べてきた戦略と知見はすべて、ひとつのきわめて重要な知見に基づいている。それは、時に弱い立場に立たされるのは避けられないが体系的な準備と慎重な戦略の立案という基本原則を活用することによって効果的に交渉できる、ということだ。残念ながら、多くの交渉者は、自分の弱みに注目しすぎて、問題を悪化させている。自分の弱みを無視せよ、というのではない。ただ、弱みを無視することは危険だが、自分の強みを見逃すこと、あるいは強みなどないと思い込むことも同様に悲惨な結果をもたらし得るのである。

「弱気に考える」と、必ず「弱気に行動する」。自分の弱さばかりを気に病んでいると、適切な高い目標を掲げ、自信を持って情報を求め、譲歩に

見返りを求め、自分の価値提案を検討するよう相手に求めることができなくなる。影響力戦術と脅しに屈しやすくもなる。

　交渉の達人は、自分の弱さを自覚したうえで、それを克服しようと努力している。それができた後は、自分の強みに焦点をあて、体系的に準備し、地位の改善を目指して交渉に臨む。それによって「勝てる」保証はないが、与えられた状況のなかでできるだけのことを行ったことは間違いない。実は、交渉の達人の力がもっとも重宝されるのは、諦めるしかない状況、直感に頼るほかない状況と思えるときなのである。

第12章

交渉が荒れたとき
——不合理、不信、怒り、脅し、エゴに対処する

　大方の専門家の見方では、後にも先にも、キューバ危機のときほど、核による人類滅亡の危機に近づいたことはない。1962年10月16日から10月28日にかけて、アメリカとソ連の対立が極度に高まった。2つの文明国を相互破壊の瀬戸際に追い詰めたのは何だったのか。それ以上に重要な点として、両国はどのような交渉で、安全かつ相互に容認できる和平を実現できたのだろうか。

　ロバート・ケネディは、著書の『13日間』のなかで、危機に至るまでの状況——人類史上もっとも危険な2週間であったともいえる時期の出来事を描いている[1]。対立のきっかけは、ソ連がアメリカ本土を核攻撃する能力を持つミサイルをキューバに配備し始めたのを、アメリカの偵察機が察知したことであった。キューバは目と鼻の先にあることから、アメリカ政府の緊張は一気に高まった。悪いことに、そのわずか数週間前、ソ連のアナトリー・ドブルイニン駐米大使は、そのようなミサイルをキューバに配備することはないと、アメリカ側に明言したばかりだった。

　アメリカがミサイルを発見してからの数日間、敵対する両国は脅しをか

け合った。対立が激化するにつれて、両者は感情的になり、不信感が高まった。どちらか一方が攻撃を仕掛ければ報復は必至なため、戦争につながりかねない一歩を踏み出すのがどちらにとっても不合理きわまりないことは、双方とも認識していた。だが、不合理な対応をとらざるを得ない可能性も双方は認識していた。危機のさなか、ソ連のニキータ・フルシチョフ書記長がジョン・F・ケネディ大統領に宛てた書簡には、こう記されていた。「万が一、戦争が勃発した場合、それを止める力はわが国にはない。それが戦争の論理なのだから」。

ケネディ大統領の側近の間では、キューバに厳しい軍事行動をとるのが最善策であるとの見方が強まっていたが、双方が核武装し、発射準備を整えていることを認識していた大統領は、そこまで強硬な策をとらず、海上を封鎖することにした。側近らには、「この件でもっとも危険でリスクが高いのは、判断ミスである」と説明した。これ以上強硬な措置をとれば、対立は後戻りできない点にまでエスカレートするだろう。「わたしが心配なのは最初の一歩ではない。双方が第4、第5のステップにエスカレートすることだ。そして、第6ステップにいくことはない。その前に誰もいなくなっている」。ロバート・ケネディはこう指摘する。「大統領は最初から、フルシチョフ書記長が理性的で、賢明であり、十分な時間を与え、われわれが決意を示せば、姿勢を変えるはずだと考えていた。だが、間違いや判断ミス、誤解が生じる可能性はつねに存在した。そのため大統領は、あらゆる手段を講じて、そうした可能性を極力抑えようとしたのである」。

だが、明確な意思疎通や厳密な分析だけでは、この危機は解決できなかっただろう。個人のエゴや国の威信の問題もあった。全世界が注視するなか、ケネディもフルシチョフも、国民や政敵、メディアの専門家、国際社会から弱腰のレッテルを張られるわけにいかない。ロバート・ケネディは、ある夜の大統領と側近の議論の内容をこう回想する。「どちらもキューバをめぐって戦争をしたくはない。この点は同意する。だが、どちらかが踏み出した一歩のために、相手側が『安全保障』や『威信』『体面』を理由に報復せざるを得なくなり、それによって、他方も『安全保障』や『威信』『体面』という同様の理由で報復せざるを得なくなって、軍事的対立にま

でエスカレートすることはあり得る」。

　状況がスパイラル的に悪化し、制御不能になり得る理由は十分すぎるほどあった。では、両国はどのように平和的解決に至ることができたのか。ロバート・ケネディによれば、世界を核戦争から救ったのは、交渉の達人である兄のジョン・F・ケネディ大統領であった。大統領は、相手の利害、ニーズ、制約、視点を可能な限り理解することを最優先課題とした。ロバート・ケネディは、つぎのように記している。「キューバのミサイル危機の最終的な教訓は、相手の立場に立って考えることがいかに重要かということだ。危機のなか、ケネディ大統領は何よりも、ある行動がフルシチョフやソ連国民に及ぼす影響を見極めるのに時間を割いた。意思決定の指針となったのは、フルシチョフの体面を汚さず、ソ連という国を侮辱することなく、国の安全保障や国益を守るために対応をエスカレートさせざるを得ないとソ連に感じさせないよう努めることだった」。

　裏ルートを通じて、双方の体面を保つために交渉を重ねた結果、つぎのような取り決めがまとまった。ソ連はキューバからミサイルを撤去する。それと引き換えに、アメリカはキューバへの侵攻はせず、ソ連にとって脅威になっていたトルコからミサイルを撤去することを確約する。世論の評価を懸念して、トルコからのミサイル撤去がキューバからのミサイル撤去に対する見返りだと見なされるようなことはできないと、ロバート・ケネディはソ連のドブルイニン大使に主張した。このため、この部分に関しては、何年も公表が差し控えられた。

　振り返ってみると、この危機はたいしたことではなかったように思える。双方が相手にとって脅威になっていたミサイルを撤去し、対立は終息したのだから。だが、ケネディ大統領がフルシチョフの利害とニーズではなく軍関係者の声に耳を傾けていたらどうなっていたかを考えてみるのは意義がある。軍関係者の多くは、穏当な海上封鎖ではなく、キューバへの空爆を強硬に主張していた。キューバ危機の最中にCIAがまとめた報告書ではキューバには核弾頭を装備できるミサイルがあるが、核弾頭そのものはないと結論づけられていた。当時、キューバとソ連だけが知っていて、後年明らかにされた真実は違っていた。当時、キューバには、アメリカの東海

幹を破壊し尽すのに十分な核弾頭があり、攻撃を受けた場合に発射できる権限と意志を持っていた。言い換えれば、当たり前に思えたキューバ危機の結末は、まったく保証のないものだったのだ。ケネディ大統領が、敵と交渉するのではなく、強硬な姿勢を貫き、武力を行使し、側近の助言に従っていたら、多くのアメリカ国民の命が犠牲になっていただろう。

　本書ではこれまで、全体を通して、交渉相手の利害やニーズ、制約、関心を理解し、交渉相手とともに価値を創造する努力を促してきた。だが、それがほぼ不可能だと思えるときはどうなるのか。相手が「敵」で、相互に合意可能な成果を出すことに前向きではないか、不可能なときはどうなるのか。こういうとき、ケネディ大統領が直面した点を思い出すことは価値がある。不合理と不信、怒り、脅し、エゴによって交渉が荒れたとき、これ以上はないほど最悪の結果が起こり得る状況に直面しながら、最終的には上手くいったときのことを。以下では、5つの要素をひとつずつ検討し、読者の交渉が荒れたときに使える原則と戦略を伝授していこう。

不合理に対処する

　最近、企業幹部から苛立ちをぶつけられた。「先生のおっしゃる戦略はすべて、道理がわかる相手なら通用するのです。ですが、わたしが相手にしているのは、まったく道理が通じない人たちです。道理がわからない人と、どうして交渉できるのでしょう？」。この幹部の質問からわかる通り、交渉者は往々にして、向こうみずな行動をし、お粗末な戦略を立て、自分の利益に反するような行動をとる人たちと交渉するという仕事に悪戦苦闘している。交渉の達人になるには、こうした障害の扱い方を心得なくてはならない。

　われわれのアドバイスはこうだ。誰かを「不合理」だとレッテルを張るのは、よほど慎重でなければならない。学生やクライアントが、相手を「不合理」だとか「クレイジー」だと言ってきたときには、つねに、本当に不合理なのか慎重に検討するようにしている。検討した結果は、ほぼつねにノーである。不合理に見える行動も、隠されてはいるが合理的な目的

がある場合がほとんどだ。ここで、交渉者が相手を不合理だと誤解する主な理由を3つ紹介しよう[(2)]。あわせて、不合理だと誤解することの危険性を示し、そうした間違いを避ける方法についても説明していこう。

誤解1　相手は不合理なのではなく、情報を知らされていない

　ディーパックに相談に訪れた企業経営者（学生のひとりでもある）は、元従業員との紛争に巻き込まれた。従業員は、数ヶ月前に解雇されるまでの未払いの歩合給が13万ドルあると主張していた。一方、経営者は、従業員に対する未払い金はなく、逆に2万5,000ドルの過払い金があると主張した。

　両者の食い違いの原因は何だったのか。従業員が解雇された時点で、会社の経理はめちゃめちゃな状態で、杜撰な記録しかなかった。それ以降、会社は新たに会計士を雇い、すべての記録を更新した。この記録によって従業員の主張がまったく不当なものであることが明らかになった。請求する権利があるのは会社の側だった。経営者は、過払いの2万5,000ドルを取り戻すために裁判に訴える気はなかったので、一切不問にしたかった。

　経営者は従業員に電話で経理記録の内容を伝えるとともに、コピーを送った。そして、従業員の主張が荒唐無稽であることを明確にし、根拠のない提訴を取り下げることに同意すれば、2万5,000ドルの過払いについては不問に付そうと申し出た。これに対して従業員は、「とんでもない。記録など見る必要もない。裁判で会おう」と捨てゼリフを吐いた。

　経営者は混乱した。裁判で勝てるはずがないのに、従業員はどうしてここまで理屈に合わない行動をとるのだろうか。

　ディーパックは経営者に、問題は従業員が不合理なことではなく、信頼できる情報を持っていないことではないか、と示唆した。経営者は従業員の敗訴を確信していたが、従業員は経営者も経理も信用していないのだから、まだ自分は勝てると思っている可能性はあった。裁判で勝てる見通しについて、経営者が従業員に教えることはできるのだろうか。ディーパックは、客観的な第三者、具体的には監査法人に関係書類の監査を依頼しその結果を元従業員に送付するよう助言した（裁判で争うより、はるかに

少ない費用で済む)。この情報があれば、従業員にとって、勝訴の見込みが低くなり、裁判がそれほど魅力的な選択肢だとは思えなくなるはずだ。結果はどうなったか。元従業員は提訴を取り下げたのである。

ディーパックが大学院時代、経済学の教授が初回の授業でこう言った。「君たちに覚えておいてもらいたいことがある。君たちは愚かなのではない。ただ、無知なだけである。愚かであれば、手の施しようがない。だが、無知であれば、教えることができる」。この卓見は、大学院生のみならず、交渉者にとっても重要である。相手が不合理に見えるとき、実は情報を知らないだけである場合が少なくない。相手の本当の利害や、相手の行動が与える影響、こちらのBATNAの強さを教えたり、情報を提供したりできれば、相手がより良い意思決定をする可能性は高まる。たとえば、相手の利益に適う提案をしているのに、拒否された場合、不合理だと思ってはいけない。その提案がなぜ相手の利益に適うのかを、相手本人が理解できるようにしなくてはならない。相手は決定的に重要な情報を誤解したり、無視したりしているだけかもしれない。

誤解2　相手は不合理なのではなく、隠れた制約がある

2005年、アメリカ議会は、食料が不足する国への支援を強化する法律を可決した。この件については、政治家や活動家からの強い支持があった。だが、意外ではないが、この法案に反対する利益団体もいた。意外なのは、つぎの点だ。途上国への食料支援の強化を目的にロビー活動をしている非営利組織のコンソーシアムが、反対派の一員であったことだ。不合理で自己破壊的とも思えるこの動きを、どう説明すればいいのか。自分たちと同じ目的を掲げた法案に、なぜ反対したのか。

答えは、組織の利益ではなく、制約を理解することにある。途上国への食料支援を増やすため、この団体では、アメリカ国内の農家と組んで、政府に対してロビー活動を行ってきた。なぜ農家が、この運動に加わったのか。政府が食料支援を増やせば、農家からの買い上げが増えるからだ。こうして、農家も非営利組織も望むものを手に入れてきた。

だが、このケースは違っていた。財政赤字の拡大を懸念した議会は、対

外食料援助を増やすには、安い食料を購入する、つまり国内の農家ではなく、途上国から農産物を購入するしかないと判断したのである。途上国に対する食料援助が増えると同時に、途上国の貧しい農家に対する支援を拡大するという、非営利組織にとっては二重の意味の勝利に思えたことが、苦境を生み出していたのだ。法案を支持すれば、長きにわたって共闘してきた国内の農家との連帯を断ち切ることになる。そこで非営利組織は、法案に反対することが長期的な利益に適うと判断したのである。道徳的、倫理的な点で見れば、疑問符のつく決定だが、非営利組織が直面している隠された制約を見落としたために、不合理に見えるのである。

表に出ない制約の問題は、多くの交渉で見られる。たとえば、成績が抜群の従業員から、ライバル会社のオファーに見合う報酬の引き上げを要求され、拒否したために辞められたとする。会社は必ずしも不合理に行動しているわけではない。賃金の著しい格差を抑制する人事方針の制約による可能性もある。

同様に、相手が妥当と思えるごく小さな譲歩をしないために、契約が締結できない場合、相手を愚かだと思うのではなく、価値を最大化する包括的な交渉の権限をどの程度持っているのかを見極めるべきである。交渉相手が手足を縛られているようなら、もっと権限のある人間と交渉するほうがいい。

交渉においては、幅広い制約要因が存在する。相手が縛られているのは弁護士の助言のためかもしれないし、危ない前例をつくることへの懸念や別の当事者に対する約束のため、あるいは時間的制約のためかもしれない。交渉の達人は、相手が不合理だと切り捨てるのではなく、相手の制約を見い出し、相手がそれを克服する手助けをしようと努めるのである。

誤解3　相手は不合理ではなく、隠れた利害がある

数年前、経営陣は事務職員のレスリーを昇進させることにした。レスリーは勤続30年以上で、定年まであと2年だ。一貫してすばらしい仕事をし、業績に合わせて昇給もしていた。報酬の等級ではすでに最上位にあったので、これ以上、報酬を増やすことはできないし、正式な業績評価の予定も

ない。レスリーをなんとか喜ばせたいと考え、予定外に引き上げたのだ。職責は変わらないが、新しい肩書きはステータスが上がり、箔がつく。

レスリーは昇進の知らせを喜んだ。昇給はないし、職責は変わらないと聞かされたが、本人としても納得していた。

だが、昇進後まもなく、同じ肩書きの従業員のなかで報酬が最低であることを知る。「見せかけ」の昇進であることにも落ち着かなくなってきた。仕事が増えるわけではないし、報酬が増えるわけでもない。そこで同僚との比較を意識するようになった。レスリーは昇給を求め、もっと責任がある仕事をしたいと主張したが、言下に否定された。

レスリーは、昇進から数週間も経たないうちに、こんな惨めな扱いを受けるなら辞めたほうがましだと考え、退職することにした。2年分の報酬を失い、退職金も少なくなった。良かれと思ってレスリーを昇進させた経営幹部は、「なぜ彼女は、これほど不合理な行動をとったのか」と悩むことになった。

経営幹部が見落としていたのは、レスリーにとって大事なのはカネと地位だけではなかった、という点である。公正と平等も重要だった。幹部は、必要以上の栄誉をレスリーに与えていると考えていたが、その決定が将来、どんな結果を生み出すか見えていなかった。自分は評価されておらず、昇進は偽りであるとレスリーが感じる状況をつくってしまったのだ。

より一般的に言えば、人は魅力的なオファーをされても、それが不公正に思えるとか、オファーした相手が嫌いであるとか、オファー自体の中身とは関係のない理由で断る場合がある。こうした人たちは不合理なのではない。こちらが十分に評価していないニーズや利益を追求しようとしているだけなのだ。相手が不合理に見えるとき、交渉の達人は、「どうかしている」と言って片付けたりしない。「このような行動をとる動機は何なのか」「どのような利害があるのか」を探るのである。

だが、相手が本当に不合理ならどうするか？

相手が本当に不合理であれば、つまり、自分の利益に反する動きをしようと決意しているのであれば、選択肢はほとんどなくなる。相手が不合理

であっても、合意を推し進めようとすることもできるし、相手を「迂回」して、上司や同僚など、権限があり、道理を理解しようとする人と交渉することもできる。あるいは、相手の不合理によって、価値を創造するという望みが断たれてしまったのだから、BTANAを追求する道もある。また第4章から第6章までで論じたさまざまな戦略を活用して、相手のバイアスを正すこともあるだろう。

　だが、いま一度、自分の評価を考え直すことを提案する。「不合理」だと相手にレッテルを張りたがる交渉者は、それによって自分自身が大きなコストを負担することになりかねない。「不合理」のレッテルを貼ると自分自身の選択肢を狭めることになる。あなたが相手のことを、論理的に考えられず、自分自身の利益を追求することに関心がなく、効果的な交渉ができないと本気で思っているとすれば、それについてあなたができることはないからである。相手は不合理なのではなく、情報がないか、制約を受けているか、こちらが予想もしない利益を重視しているかだと気づけば選択肢は大きく広がる。そして、選択肢が広がれば、より効果的な交渉ができるのは言うまでもない。

不信に対処する

　数年前、アメリカの電子機器メーカーと、海外の流通業者の間で紛争が持ち上がった。双方とも、相手が義務を怠ったと考えており、決着をつけるために裁判に持ち込む構えだった。当然ながら、こうした事態に至った理由について、双方の見解はかけ離れていた。

　メーカー側は、主要製品について流通業者が最低購入量を守らず、契約上の義務を履行するのに十分な販売チャネルを持っていなかったと主張した。そして、すでに納入済みの機器についての支払いと契約の解除を求めた。これ以上、流通業者を信頼することはできないので、取引関係を打ち切るほかない、というのが言い分だった。

　一方、流通業者には別の言い分があった。販売契約を結んで数ヶ月も経たないうちに、メーカーは同じ製品を改良した新型モデルを市場に投入し

たが、その販売権の提供を拒否した。あらゆる事実から見て、販売契約は陳腐化した旧型モデルを押し付けるためのものである。それによって、メーカーは流通業者を騙したというのだ。流通業者は、多額の損害賠償を要求した。不信感が根強いので、関係の修復は到底不可能だと考えていた。

ところが、最終的には円満に解決した。両者は、訴訟ではなく調停を選択した。調停人の尽力で、互いに納得できる合意に至り、長期にわたる泥仕合を避けることができた。

いったい、どのような合意がなされたのか。関係を打ち切り、どちらが違約金を支払うかを争うのではなく、既存の合意を見直し、関係を継続することで合意したのだ。メーカーは、新製品の販売権を流通業者に付与することに同意し（一部の地域では独占販売も認めた）、両者は金銭的な要求を放棄した。

この事例を企業幹部に紹介すると、両者がこうした内容で合意したことに驚く人が少なくない。いかなる関係でも、もっとも重要なのは信頼であり、両者は相互不信に陥ったのだから、関係を続けるのは賢明とは思えないというのだ。もう少し掘り下げた説明を求めると、つぎのような言葉が返ってくる。

- 信頼がなければ、何もできません。
- 信頼していない人間と、なぜ取引をするのですか？ リスクをとる価値はありません。
- 一度、信頼を裏切った人間は、いつかまた、同じことをします。

これらの発言に込められた思いには、われわれも同意する。確かに信頼は、人間関係において重要な要素であり、したがって交渉でも重要な要素である。だが、信頼は回復できないという見方には同意できない。もっと基本的なことを言えば、相手に不信感を抱いた途端に交渉（あるいは関係）を打ち切るべきであるとの見方には同意できないのである。交渉の達人は、不信が交渉の大きな妨げだと考えている。だが、失われた信頼を取り戻すという希望を捨てる前に、信頼の回復に動いているのである。

信頼の回復の第一歩は、現に存在する不信感を診断することである。交渉者は、信頼を一面的に捉え、相手は「信頼できるか」「信頼できないか」どちらかしかないと考えがちである。だが、信頼には数多くの種類があることを考えてほしい[3]。たとえば、外科医を信頼するかどうかは、もっぱら手術の腕で決めるが、配偶者を信頼するかどうかは、自分に嘘をつかないかどうかで決める。同様に、ビジネス・パートナー、弁護士、従業員、子ども、友人を信頼するかどうかは一面的に捉えられない。ひとりの人間を、ある面では信頼できでも、別の面では信頼できない場合もある（たとえば、「うちの弁護士はきわめて有能だが、不誠実なことがある」という場合がそうだ）。こうした場合、相手との関係で、どの面が重要かを判断しなくてはならない。決定的に重要な面で、相手を信頼できないのであれば、信頼という問題の解決の努力をするか、別の選択肢を検討するしかない。

　交渉に関わる不信は、大きく２つに分けられる。相手の「性格」に対する不信と、「能力」に関する不信である[4]。前述の電子機器メーカーと流通業者の論争で、両者は互いに不信感を抱いていたが、理由が違っていた点を考えよう。メーカー側は、流通業者が無能であり、販売権を与えた製品を売るためのインフラもノウハウもないと考えていた。一方、流通業者がメーカーに抱いた不信感は、性格に関わるものだった。不誠実で倫理観の欠如した会社だからこそ、当初の交渉の際に、新製品に関する情報を隠し、陳腐化した旧型製品を押し付けたというわけだ。

　不信感の源がわかれば、信頼を回復するのに必要な対処法が見極められる。流通業者とメーカーはお互いにどうやって信頼を取り戻すことができるのか。両者が抱いている不信感は種類が異なるので、信頼回復のプロセスも違ってくる。流通業者の場合は、自社に能力があることをメーカー側に示す必要がある。具体的にどのような方法をとればいいのか。メーカーを招き、じかに流通網を見てもらう。十分な売上を達成する能力があることを裏付ける受注データを見せる。あるいは、初回の発注が契約上の最低購入量を下回った理由について、納得できる説明をする。

　一方、メーカー側は流通業者の信頼を取り戻すために、誠実で高い倫理観を持つことを示さなければならない。たとえば、開発中の製品について

の情報を明かさないのはアメリカでは一般的な慣行だが、国によってはマイナスに受け止められることがわかったと説明する。また、意図せぬこととはいえ不愉快な思いをさせたことへのお詫びとして、和解の印に金銭面などの補償を申し出る。最後に、新製品の販売を流通業者に認めること自体が、搾取するつもりだったという見方を払拭するのに役立つ。

　どの交渉でもそうだが、双方が不信の原因を突き止め、解消することができれば、信頼は見事に回復できる。残念ながら、交渉者は往々にしてこの可能性を排除する。いったん相手が「信用できない」と思うと、それを裏付ける情報だけを探すようになる。さらに、自分が不信感を持たれる場合は、筋道を立てて、そうした不信感を払拭する努力をするのではなく、自己弁護に終始するか、相手に憤る。交渉の達人は、相手が「信用できない」と言ったとき（あるいは示唆したとき）、「なぜ、そう思うのか？不信感を払拭するには、何が必要か？」を問うべきであることを心得ている。

怒りに対処する

　数年前、ディーパックは友人ひとりと初対面の2人の客と、プール・バーでビリヤードに興じていた。そこに、8人の大学生がどかどかと入ってきた。テーブルにスティックを放り投げ、ゲームを台無しにし、わめき散らした。もちろん、ディーパックと友人は驚いた。一緒にビリヤードをしていた2人の客は、学生グループのリーダーに食ってかかった。ビリヤードの和やかな試合が、たちまち小競り合いになった。今にも殴り合いになりそうだったが、どうしてこんなことになったのかは、さっぱりわからない。

　喧嘩をやめさせようと、ディーパックと友人は、リーダー格の男たちの間に割って入った。すぐにわかったことだが、学生が怒っているのは、ディーパックのグループの誰かが少し前に彼らのゲームを台無しにしたと思い込んでいたからだった。それが事実ではないことをディーパックは知っていたが、非難すれば双方の怒りに火をつけるだけになる。誤解を解きた

かったが、一触即発のこの状況では無理だ。学生たちと2人の客との争いなので、さっさと立ち去るのは簡単だったが、それが適切な行動だとは思えなかった。

学生が自分たちの思い違いを認めたくはないことがはっきりしたので、ディーパックは違うアプローチをとることにした。学生のリーダーに向かってこう言った。「『台無しにされた』と君たちが思っているのはわかったが、いま喧嘩を避けるには、どうすればいいと思う？」

リーダーはディーパックをじっと見てこう言った。「わからないが、あんたたちがゲームを台無しにしたんだ。謝るのが遅いんだよ」。そう言うと再び喧嘩に加わった。

ディーパックはもう一度、説得を試みた。「言いたいことはわかったが君たちもわれわれのゲームを台無しにしたんだから、お互い様だ」。
「違う。お互い様なんかじゃない。あんたたちが、きっかけをつくったんだろう」。学生は叫んだ。
「わかった。この部屋の誰かがきっかけをつくったとしよう。今、喧嘩よりもましなことを思いつかないだろうか？　それはどんなことだろう？君がしたいことは何？」

リーダーは信じられないという面持ちだったが、少し考えて答えた。「そう、ビリヤードがしたいんだ。でも、最初からやり直しだ」。
「いくらかかる？」と聞くと、「1ドルだ」という。

ディーパックは財布から1ドル札を取り出し、学生に差し出した。「つぎのゲームは、わたしが持つよ」。

リーダーはにやりと笑って、そろりと1ドル札に手を伸ばした。「あんた、話がわかるね。感謝するよ」。その後、リーダーは学生たちを宥めて部屋を出て行った。殴り合いは避けられた。血が流れることも、骨が折れることもなかった。必要なのは1ドルだった。

この逸話が示す通り、交渉者は怒ったり、苛立ったりしている相手と対峙することが少なくない。相手がそうした感情を抱くのはおよそ理不尽だと思うかもしれないが、怒れる本人が正当な理由があると思っている事実を変えることはできない。

一般に、こうした状況にどう対処するか。人が怒っていると、自分も怒りたくなるかもしれないが、それが感情を爆発させている相手に対応するときの最善の方法でないことは広く認識されている。代わりに、相手の目を怒りからそらし、実質的な議題に向けさせることには、明らかにメリットがある。しかし、相手の怒りを和らげるのは、言うほど簡単ではないことが多い。たいていの交渉者は、怒っている交渉相手に対するしっかりした対処法を持っていない。さらに、理不尽に思える怒りは、思いもかけないときに爆発するものだ。そんなときに、どうすべきか。以下の戦略によって、取引や関係を損なわないように、怒れる交渉相手に対処する能力が向上するはずだ。

戦略1　相手が怒っている理由を理解しようとする

　交渉相手が怒っているとき、まずは、その理由を突き止めなければならない。答えがわかれば、その状況での適切な戦略が見えてくる。たとえば、情報を伝えられていなかったために怒っているのであれば、情報を伝えることが解決策になるし、ないがしろにされたと言って怒っているのであれば、尊重することが解決策になる。こちらの発言を誤解して怒っているのであれば、改めて意図を説明する。相手が苛立つ理由はどこにもないことが、こちらにはわかっていても、本人はわかっていない。たとえば、プール・バーでの言い争いのように、自分たちが最初にやられたと学生が思っていることがわかると、(過剰反応ではあるが)、学生が怒る理由は理解しやすくなった。本書全体を通して強調してきた点とも一致するが、自分が完全には理解できない感情に対処するには、その源を探るのが最善の方法なのである。

戦略2　相手に怒りを表明してもらう

　ほとんどの交渉者は、怒りがほぼつねに非生産的であることを認識している。その結果、怒っている人に対処する際には、相手の怒りを抑えるために何であれ、できることをしようとする。「怒っても何にもなりません」とか、「ここでじっくり、あなたが怒鳴るのを聞くつもりはありません」

とか、「あなたが落ち着いてくださることが、みなのためになります」などと言う。

　これらはどれも、もっともな発言だが、重要な事実を見落としている。怒れる交渉相手に、不満をぶちまける機会を与えなければ、もっと怒るか少なくとも不満を溜める可能性が高いのだ。本人に怒りを思う存分ぶちまけてもらい、その怒りの源は何なのかを教えてもらうほうが、はるかに優れたやり方だ。たとえば、こう言えばいい。「ご立腹のようですが、何が原因なのでしょう。思ったことをお話しください」。カギは、相手の感情がもっともだと認める点にある。相手が考えていることが正当かどうかについては争うことができる（そして、争うべきだ）が、相手が考えていることが正しいとしたときに、怒りの正当性を争うのは時間の無駄である。

戦略3　感情の標的にならないようにする

　数年間、ディーパックは武術の師匠から、キックやパンチを避ける際の貴重なアドバイスをもらった。「最大の防御は、その場にいないことだ」。要はこういうことだ。相手の身体的な攻撃を自分の身体的な動き（ブロック）で止めようとすると、力と力のぶつかり合いになるので、強い者が有利になる。だが、攻撃されても、それを避ければ、パンチを食らうことはなく、バランスを保ち、態勢を維持できる。

　交渉における感情についても、同じことが言える。相手が怒っているとき、個人として受け止めて、怒りの標的になってはいけない。相手が怒っているのは、本人の考えからして当然の結果だと理解する。考えが変われば、怒りはしないはずだ。そこで、こちらがすべきことは、気持ちを整え相手が考えを変える手助けをすることだ。感情の標的にならないようにするのが簡単でないのは確かであり、相手が個人攻撃を仕掛け、挑発しようとする場合は、とくにそう言える。そこで、感情の標的にならないようにするため、つぎのような自問をしよう。

●自分だったら、相手と同じような行動をとるだろうか？
●心底怒っているのか、こちらを怖気づかせるための戦術として、怒っているふりをしているだけなのか？
●誰に対しても、こうした態度をとるのだろうか？

相手の立場に立てば怒るのはもっともだと思えるとき、威嚇するために演技しているだけだと思えるとき、誰に対しても同じ態度をとると思えるときは、攻撃を避け、自分自身の感情を抑制するのが容易になる。

戦略4　相手が真の利害に目を向ける手助けをする

ディーパックのプール・バーでの交渉で、もっとも難しかったのは、相手の真の利害（ビリヤードをすることであり、顔をつぶさないこと）を見極める点ではなく、相手に自分の真の利害わからせることであった。人は怒りによって、とくに重視している実質的な問題に焦点を合わせることができなくなる。ここですべきことは、怒れる交渉者が、怒りを煽っている点から目をそらし、利益を追求できるように手助けすることである。以下のような質問を投げかけよう。

●今、ここで何が起こればよいのか？
●どうするのがよいか？
●これを終わらせるには、何が役立つか？
●前に強調していた実質的な議論に戻る前に、議論しておきたいこと、明確にしておきたいことが他にあるだろうか？

これらの質問はどれも、怒りから利害へと関心を移す手段になる。

脅しや最後通告に対処する

　ディーパックのクライアントである大手農業関連会社のCEOは、最近数百万ドルの融資枠について、大手商業銀行と交渉していた。銀行の取締役と個人的なコネがあったことから、わざわざほかの銀行と条件を競わせることはしなかった。数ヶ月にわたる交渉の末、合意内容が詰められ、あとは署名を残すばかりとなった。だが、ここに至るまでの間に、CEOは業界の専門家との会話から、リスク調整後の金利が、ほかの銀行に比べてかなり高いことを知った。CEOは驚き、苛立った。銀行の「友人」に利用されたのだろうか。たとえそうだとしても、ほかの銀行に乗り換えると言って圧力をかけられるのかどうかはよくわからない。数ヵ月前なら、それもできただろうが、今は何としても早く融資枠がほしい。別の銀行と一から交渉するのは、コストがかかりすぎる。

　そこでCEOは銀行の取締役に電話をかけ、自分が聞いた話を伝えるとともに、契約条件の見直しを提案した。これを聞いた取締役は、怒り心頭だった。CEOが口頭での合意を「破棄したい」と言ったことで、取締役は「態度を硬化させた」。電話の後、送られてきた長文の電子メールは、「金利に関して、一切譲れません」という一文から始まっていた。それが受け容れ難いのであれば、CEOがほかの銀行へ開示してはならない当行の企業秘密について、「真剣にお話しする必要が生じます」。はっきりとは書いていないが、脅しているのは明らかだ。「この問題については、一切譲れません。ご不満でしたら、どうぞほかの銀行に行ってください」と

　このメールにどう返信したものか、CEOはディーパックに助言を求めた。CEOは聞きたいことが色々とあった。これは「最後通告」なのか、交渉の単なる「戦術」なのか。あくまで粘って金利を下げてもらうべきかそれとも角が立たない点で小幅な譲歩を求めるべきなのか。強面で行くべきか、愛想よくすべきか、まだ怒っていると見せるべきなのか、冷静さを取り戻したように振る舞うべきなのか。ディーパックは、交渉における脅しや最後通告に対処する際に、3つの戦略を活用するよう助言した。以下

で戦略をひとつずつ見ていこう。

戦略1　脅しは無視する

　ディーパックはまず、最後通告（「金利に関して、一切譲れません」）は一切無視して、その発言がなかったかのように振る舞うよう助言した。その代わり、「市場レートへの依拠」や「他に劣らない金利」、「市場の標準を反映した手数料」など、それほど厳しい書き方ではなく、実質的な中身について書かれた部分に反応する。具体的には、市場の実勢レートと矛盾しないものにするという観点から、この取引を検討すると同意したことに感謝の意を示し、金利は動かせないという発言にはふれない。なぜなのか。取締役が、苛立ちや無知から、あるいは体面を保つために最後通告を突きつけたのだとしたら、それに注意を向けさせるのは最悪であり、将来、撤回するのを難しくするだけだからだ。最後通告は無視して、今後数日から数週間の間に撤回できる余地を与えるほうが、はるかに望ましい。最後通告が本物だとしても、つまり、これ以上譲歩する意志や能力を相手が持っていなかったとしても、この助言が役立つことは指摘しておくべきだろう。紛れもない最後通告を無視したとすれば、相手はもう一度、同じことを言ってくるはずだ。

　ケネディ大統領は、キューバ危機でこれに似た戦略を活用した。危機が最高潮に達したとき、大統領はフルシチョフから、24時間のうちに2つの異なるメッセージ、矛盾しているともとれるメッセージを受け取った。「強硬」なメッセージのほうは、きわめて強気で、ソ連がキューバからミサイルを撤去するのと引き換えに、アメリカがトルコからミサイルを撤去するよう求めていた。「柔軟」なメッセージのほうは、はるかに穏やかで、アメリカが海上封鎖を解き、キューバを攻撃しないと約束するなら、ミサイルを撤去しようという内容だった。大統領の側近たちは、2つのメッセージに含まれたすべての問題に答える回答を用意しようと議論したが、ロバート・ケネディは、「強硬」なメッセージを無視する方法を提案した。ロバート・ケネディらは、「強硬」なメッセージ（公開書簡として送られた唯一のもの）の狙いが、実質的な議論を進めることではなく、国際社会

でのフルシチョフの体面を保つことにあると踏んでいたからだ。アメリカがすぐには呑めない条件である「強硬」なメッセージは無視し、「柔軟」なメッセージの条件に同意するほうがはるかに生産的な戦略だと、ロバート・ケネディは主張した。

より一般的に言えば、柔軟なメッセージがないときですら、最後通告を無視することはできる。「これが、われわれの最終提案です。呑むか呑まないか、二つに一つです」と迫られたとき、どうすれば、これに答えながら、最後通告が無視できるだろうか。以下のあり得る回答を検討してみるべきだろう。

- ●これまで議論してきた点で、御社がこれ以上譲歩するのは難しいのは明白なようです。まず、ほかの点を話し合い、すべての条件が出揃った後で、もう一度この点に戻ってくることを提案したいと思います。
- ●この契約をまとめるために必要な譲歩はし尽くしたとお考えなのは、よくわかります。ただ、われわれも、まったく同じように感じています。だとすれば、合意は近いのではないでしょうか。引き続き話し合いましょう。
- ●ご不満なのはよくわかります。契約をまとめなければならないのに、合意に至っていないのですから。御社の考え方を、わかりやすくご教示いただけますか。どうして合意に至っていないとお考えですか。

これらの発言はすべて、「呑むか呑まないか、二つに一つ」という最後通告を無視している点に注意してもらいたい。実は相手に譲歩の余地があった場合、将来この通告が妨げにならないように、和らげておくのが目的だ。

戦略2　相手のさらなる脅しを制する

銀行との交渉に話を戻すと、ディーパックはCEOに、取締役が仕掛けたくなる可能性のあるさらなる脅しを、できる限り未然に防ぐよう助言し

た。具体的には、メールの返信に対する脅しや反論を予想し、それらのすべてにあらかじめ答えておくよう手助けをした。たとえば取締役は、交渉が長引けばCEOのほうが折れざるを得なくなることを承知で、わざと長引かせると暗に脅しをかけてくるかもしれない。こう予想して、返信にはつぎのような一文を入れるよう助言した。「これらの点を新たに検討すると、最終的な契約書の作成や実行が遅れる可能性があります。貴殿もこうした遅れを予想されるのであれば、最初からほかの経営幹部に加わってもらうのはいかがでしょうか」。なぜこれが、取締役の脅しを制することになるのか。ほかの経営幹部に加わってもらうことは、銀行内での自分の権威を落とすことになるので、取締役はそうした事態は何としても避けようとすることがわかっているからだ。

相手の機先を制することは、脅しだけでなく、もっともな不満や懸念に対処する際にも有効である。たとえば、取締役は、交渉の最終段階で取引条件を見直すことになれば、以前の予想よりも収入が少なくなると上司に報告しなければならなくなるため、自分の立場が悪くなると心底、心配しているのかもしれない。こうした場合、相手が不満を抱いたり、心配になったりするのはもっともだが、それを本人が口にする前に、代弁することができれば、強い立場に立てる。たとえば、つぎのように言う。「これほど終盤になれば、どれほど妥当な変更でも、社内政治や手続き上の問題で難しくなるのはわかっています。ですが、私どもは、実現する方法を一緒に考えていきたいと思います。また、もっとも重要な点は、市場の実勢レートに見合った合意に達することだとの考えは変わらないので、この点については同意いただけるよう願っております」。相手が懸念していることを、先回りして代弁すると、相手が抱く敵意を緩和することになる。それでも反論してくるかもしれないが、自分の利益しか考えていないとか、こちらの立場がわかっていないとは言えなくなる。

戦略3 相手の脅しが信用できなければ、本人にそれをわからせる

取締役の脅しが信用できるのであれば、つまり、金利を変更するくらいなら「交渉打ち切り」を本気で望んでいるとすれば、CEOがつけいる隙

はない。だが、脅しは往々にして信用できないものであり、最後まで貫き通さないことはわかっている。とはいえ、完全に無視したり、未然に防いだりすることはできない。では、どう答えるべきか。できるだけ前向きなトーンで、相手の制約や利害は理解しているので、その脅しは信用できないというシグナルを送るべきである。交渉を打ち切るという銀行の取締役の脅しに、CEOがどう対処できるか考えてみよう。

シグナル1 制約要因から考えると、その脅しを実行に移すことはできないはずである。

「最後に、金利に関してですが、貴殿がいつも通り、銀行の方針に従い、市場の標準を基にリスクを勘案して金利を決めてくださることがわかり、安心しました。これで、数字やデータをご覧いただければ、金利を下げる方法が見つかるはずだと、自信を持って言えます。貴殿が前におっしゃったように、この点が、御社のような大手銀行と取引させていただくメリットのひとつです。結局のところ、何が公正かを議論する必要はありません。市場を見さえすればいいのですから」

シグナル2 利害から考えて、その脅しを実行に移すことはできないはずである。

「このケースでは、リスクの計算方法に違いがあるのは明らかです。ですが、われわれ同様、御社も何ヶ月もこの案件に取り組んできたわけですから、この点だけで交渉を打ち切ることは望まれていないと思います。全員が合意できる形で決着できるよう、刷り合わせをしていきましょう」

どちらの回答も友好的で丁寧だが、暗黙の脅しであれ、あからさまな脅しであれ、脅しを額面通りに受け止めていないことを明確に伝えている。

体面を保つ必要性に対処する

　相手の脅しには信憑性がなく、怒りや不信感には根拠がないという事実を明らかにできたときは、相手が間違っていて、自分は正しいのだから祝杯を挙げる理由は十分にある。だが、それで問題が解決するわけではない。相手の体面を保てなければ、つまり相手が当惑したり、屈辱的な思いをしたりしないようにできなければ、相手は考え方や行動を変えようとはしないだろう。自分の権威や体面を保つために、価値を破壊する行動に出る可能性がある。

　交渉の達人は、相手に体面を保つ機会を与えるだけではなく、体面を保つ手助けをする。ケネディ大統領は、キューバ危機の直後に行われたアメリカの大学の講演で、つぎのようなスピーチをした。「わが国の重要な国益を守る一方で、核保有国としては、敵対する国が屈辱的な敗北か核戦争かの二者択一を迫られるような対立を避けなければならない」[5]。一般の交渉では、問題はここまで大きくならない。だが、ケネディ大統領が、屈辱を避けるために核戦争に突入する国があることを懸念していたとすれば、一般のビジネスで体面を保つために多額の取引をご破算にする可能性ははるかに高いのではないだろうか。

　製品やサービスを購入する際に、売り手から「これ以上価格を下げることはできません。これが最終オファーです」と言われたが、その後、価格を下げてもらわなければ購入できないことが双方にわかったとする。売り手が体面を保てる言い方をいくつか紹介しよう。

- ●価格を下げてくださった分を埋め合わせる方法が見つかって嬉しく思います。そうでなければ、価格を下げていただけなかったことは承知していますので。
- ●通常の範囲を上回る幅で値引きしていただいたことは承知しており、大変感謝しています。
- ●価格以外の点をお話しできることになり光栄です。価格については、

> これまでに十分譲歩していただきました。これで双方が満足できる包括取引について話し合えます。

　これらの言い方は、いずれも相手が体面を保ちながら、方針変更の判断が正当だとする理由を持ち出せるようにするので、相手が最後通告にこだわる可能性は低くなる。交渉相手は往々にして、自分の当初の主張を撤回するもっともらしい理由を探してくるものだ。相手が見つけられないとすれば、相手自身や、相手の判断に疑問を呈する第三者が、撤回したのは正当だったと納得できる理由を、あなたの側から提供できれば役に立つ。だが、最初から相手の最後通告を無視する戦略に従っていれば、こうした言い方をする必要性が低くなることを指摘しておいたほうがいいだろう。

　どうしても体面を保たなければいけないのは、相手ばかりではないことも覚えておいたほうがいい。自分自身も顔がつぶれそうなら、同じように利益の追求を怠る可能性がある。このため、対立や論争に巻き込まれたら自分のエゴを持ち出してはいけない。つまり、空虚な脅しや最後通告はしてはいけない。また、相手を嘘つきよばわりしたり、怒りに任せたり、いつか捨てざるを得なくなるような主張を強硬に主張すべきではない。交渉の達人は、こうした行動を回避し、目的は同じでもリスクの少ない選択肢を選ぶ。相手を嘘つきよばわりするのではなく、主張の根拠を問いただす怒りをぶつけるのではなく、なぜ怒っているのかを相手に説明する。そして、絶対に後退しないと誓うのではなく、強気のアンカーを設定し、アンカーの正当性を示す。

見栄えが良いこと　対　上手くいくこと

　難しい交渉の局面で使う戦略や戦術として、われわれが示したものの多くは、ハリウッド映画で目にする類のものではない。映画では（残念ながら交渉の教科書の一部もそうだが）、主人公が相手と同じ手段を使い、テーブルを叩き、戦いを避けることがない。映画館の大画面では、こうした戦術がよく見えるものだが、現実には上手くいかないことがほとんどだ。交

渉の達人は、「醜い」交渉にも、「美しい」交渉と同様のアプローチ、つまり双方の隠れた利害に焦点をあてる調査手法をとる。再びディーパックの武術の師匠の金言を引用して、この章を締めくくろう。「危険な状況にあるとき、相手の顔に回し蹴りを仕掛けてはならない。膝頭を狙え。顔を狙うと見栄えが良いが、膝を狙うと命が助かる」。この鉄則は交渉にもあてはまる。大袈裟な芝居は舞台のためにとっておき、交渉のテーブルには交渉の達人を連れて行こう。

第13章

交渉してはならないとき

　これからする話は、2005年4月1日の出来事である。エイプリル・フールだからこその奇想天外な話に思えるかもしれないが、すべて事実に基づいている。ハーバードの経済学の教授が、牛糞を入手しようしたのが始まりだ。この教授（本書の筆者ではない）は、庭の堆肥として使うため、長年にわたって、自宅の豪邸から10マイルほど離れた農地に通い、牛糞をトラックに積み、持ち帰っていた。当然ながら、他人の土地から許可なく、代金も払わずに何かを持ってくるのは違法である。たとえ持ち出すものが牛糞だとしても。件の教授がこの間、法を犯しているという意識がなかったことを示唆する証拠がいくらかある。にもかかわらず、2005年4月1日の夜、教授は大きなトラブルに巻き込まれたことがはっきりした。牛糞をトラックに積み込み農地を出ようとしたところを農夫に取り押さえられ、トラックで出口を塞がれたのだ。地主の甥でもある農夫は、見るからに興奮していた。警察を呼ぶと息巻く相手に、教授はどうすべきか素早く頭をめぐらせた。明確な選択肢が2つあった。社会人としての常識に頼る（謝って許しを請い、償いはすると約束することなど）か、経済学者としての

訓練に頼るかだ。教授は後者を選んだ。

　トラックに積んだ牛糞は20ドルにならないと考え、20ドル払うと申し出た。すると相手は、ますます怒り出した。教授は農夫の留保価値を上回る価格を提示したと思っていたので、相手の反応には驚いただろう。それでも40ドル出そうと申し出た。それでどうなったか。警察を呼ばれたのだ。教授は、不法侵入と窃盗、土地の悪質な破壊行為の容疑で告発された（そう、問題は牛糞だけなのだが）。しかし、すぐに、これらの容疑が小さな問題と思えるほど、話が大きくなった。この事件が公表されるや、地方局、全米ネットワーク、海外メディアがこぞって取り上げた。ジェイ・レノが、「トゥナイト・ショー」で教授の災難を笑いのネタにしたほどだ。

　教授はどこで間違ったのだろうか。牛糞を盗んでいる自覚がなかった点は明らかに間違いだ。もっと悪いのは、トラブルから抜け出すのに交渉できる立場にない、というサインをことごとく見逃していたことだ。教授が自分のBATNAがいかに貧弱で、農夫のBATNAがいかに強力かを考えていれば、駆け引きをしようとは思わなかっただろう（教授のBATNAは「合意が成立しなければ、罪に問われ、笑い者になる」であり、農夫のBATNAは、「合意が成立しなければ、警察を呼ぶ」であった）。さらに、農夫がどれだけ怒っているかがわかっていれば、「交渉」は賄賂だと受け取られ、火に油を注ぐことになるのに気づいたはずだ。最後に、たとえ金銭の支払いで和解するにしても、どうしてこうも少ない額を申し出たのだろうか。教授が失いかねないものの大きさや、農夫のBATNAの強さ、農夫の興奮度合いを考えれば、謝罪して許しを請い、いくらお支払いすれば許していただけるかと農夫に尋ねるほうが、はるかに優れたやり方だった。ところが教授は交渉することにした。それで、正真正銘の雪隠詰めに陥ったわけだ。

　本書は、読者の交渉のスキルを向上し、読者自身や読者が大切にしている人々にとってより良い結果を出すために、必要なツールを伝授することを目指している。この章のタイトルは、「交渉をしてはならないとき」だが、読者の交渉能力の向上を目指していることには変わりない。というのは、どんな分野でも、己の限界をわきまえることが重要なノウハウのひと

つだからだ。本書を読んできた読者は、新たに得た交渉スキルを駆使して相手が自分の思い通りになるか、やたらと試してみたくなるかもしれない。

だが、冷静になってほしい。幅広く使えるのは、本書で学んだことの「ソフト」面（相手の話に耳を傾け、理解し、共感することなど）でありアドレナリンに駆り立てられて行動を起こせば事態を悪くさせるばかりの微妙な状況では、とくに役立つものである。交渉の達人になるとは、交渉のやり方を知ることだけではなく、交渉すべきときを知ることでもある。

とりわけ、交渉が最善の選択肢でない場合がある。交渉のコストが、得られる利得を上回る場合。自分のBATNAがお粗末で、それが周知の事実である場合。交渉が相手に間違ったメッセージを送ることになる場合。交渉によって得られる価値よりも、交渉によって関係が悪くなることによる不利益が上回っている場合。文化的に交渉が不適切である場合。そして自分のBATNAが相手の最善のオファーを上回っている場合である。本章はこうしたそれぞれの状況を理解し、より良い戦略を立てるのに役立つはずである。

時はカネなりの場合

かなり前になるが、筆者のマックス・ベイザーマンは、タイのバンコクで交渉術を教えていた。当然ながら学生は、マックスが現実社会で交渉力があるのか、それとも単に学問的な観点から交渉術を知っているだけなのか興味津々だった。そこで授業のたびに、マックスが前の晩、どこに行きタクシー料金をいくら払って大学の寮に帰ってきたのかを尋ねるのがお決まりになった。当時のタイでは、タクシーに乗る前に、運転手と運賃の交渉をするのが当たり前だった。そこで学生は、マックスが現地人並みの料金を支払ったのか、外国人向け、つまり強い交渉力のない人向けの料金を支払ったのか診断できるわけだ。第1週が終わる頃には、マックスは現地のタクシー事情がよくわかり、かなり交渉力を発揮して学生に感心されるようになっていた。

その頃、マックスの妻のマーラがタイを訪れた。到着した夜、マックス

とマーラは、かなり長い距離を歩いて、しゃれたレストランに出かけた。食事が終わってレストランを出たところで、マックスはタクシーを呼び止め、つたないタイ語で、行き先を告げた。運転手は70バーツ（当時のレートで2・80ドル）でどうかと言ってきた。かなり吹っかけられている。マックスは、30バーツ（1.20ドル）でどうかと返した。現地のタクシー料金としては最低で、数日前、同じくらいの距離を乗ったときに払った金額だ。運転手はすぐに50バーツに下げてきたが、マックスは30バーツと繰り返した。では40バーツでどうかと言われたが、30バーツで譲らない。すると運転手は自分のBATNAを追求することにして、走り去ってしまった。

マックスが別のタクシーを呼びとめ、行き先を告げると、50バーツでどうかと言われた。最初の運転手よりもかなり妥当な金額だ。マックスは30バーツでどうかと返した。では40バーツにしようという運転手に、あくまで30バーツと譲らなかった。またしても、タクシーは走り去ってしまった。

地球の反対側からやって来て疲れきっていたマーラが、いったい何事なのと尋ねた。運転手は1.6ドルだと言うが、交渉で1.2ドルに値切れるのだとマックスは説明した。マーラは感心するどころか、逆に苛立っていた。「40バーツで話がついて家に帰れるのなら、『チップ』だと思えばいいじゃない」と言った。マックスは、翌日、学生を感心させるように値切るのが大事なんだと言いたかったのだが、ぐっとこらえた。代わりに、重要な教訓を学んだ。自分自身の時間だけでなく、もっと大事な妻の時間という価値を無視していたのだ。

交渉者も、「良い条件を引き出し」「勝利する」ことを重視するあまり、公正さや勝利を追求するのにかけた（あるいは無駄にした）時間の価値を考えていないことがよくある。もっと重要な取引に時間をかけたり、ほかの仕事をこなしたり、リラックスしたりできるのに、つまらない交渉で時間を無駄にしていることが多いのだ。自分は超多忙な人間で、いつも時間が足りないと言う交渉者が多いのだが、そう言う人にかぎって、自分の時間に優先順位をつけることがほとんどできていない。自分には自由な時間がないと口にすることが多いなら、時間対効果がもっとも高いのはどの分野なのか、考えてみるべきだ。つぎに、こうした重要な交渉でパフォーマ

ンスを向上することに力を入れる。最初の価格で合意しても問題はないのに、形ばかりの譲歩を引き出すだけといったつまらない交渉には、それほど力を入れるべきではない。

　残念ながら、時間が有限の資源であり、無駄にすべきではないと頭でわかっていても、行動を変えるのはそれほど簡単ではない。多くの点で、こうした間違いを犯すよう条件づけられてきたことを認識し、習慣を変える努力をする必要がある。たとえば、文化を問わず、人間は最善の取引を求め、カネを無駄にせず、罰則や罰金を回避し、夕食でお皿に盛られた料理はすべて平らげるよう条件づけられている。これらのどこが間違っているだろうか。

　こうしたルールに従うのは、たいてい間違いではないが、時に価値を破壊しかねない不合理な決定を促すことがある。ディーパックがこの点に気づいたのは、ある夜、妻のシーカから、前の晩に借りたDVDを返しに行くよう頼まれたときだった。DVDは日付が変わる前に返さないと、延滞料を支払わなくてはならない。問題は、ちょうどそのとき、ディーパックが居間でくつろいでいたことだ。起き上がって、服を着替え、2マイルも運転してDVDを帰しに行く気にはなれない。そこで、翌日、通勤の途中にビデオ店に寄って返す方がましだ、延滞料の3ドルを支払ってもいいと答えた。妻の考えは違った。ディーパックの立場には賛成できず、「無精者」としか映らなかった。

　ディーパックは、状況を別の角度から見ようと提案した。「DVDも延滞料も関係ないとしよう。ビデオ店の前に人が立っていて、立ち寄った人には3ドル渡してくれるとする。君は、その3ドルをもらうために、僕に着替えて2マイルを運転してもらいたいかい？　そんなことはないだろうその状況で、3ドルもらうために行く価値がないとすれば、いま僕が返しに行く理由はどこにもない」。

　シーカはディーパックの意見に賛成はしたが、いつものように、ディーパックの見方をさらに洗練した。「これからは、時間を無駄にするか、お金を無駄にするか二者択一を迫られるような状況にならないように、前もって予定を決めておくべきね」。実は、シーカはこう指摘したのだ。ディ

ーパックが、その日の朝、通勤の途中でビデオ店に立ち寄ってDVDを返しておけば、その夜は居間でくつろぎ、こんな会話をする必要もなかったと。だが、ディーパックに言わせれば、そうしていたとすると、この楽しい会話はなく、何かを学ぶこともなかったはずだ。

この逸話が示す通り、人は往々にして、一見妥当なアドバイス（最善の条件を得る、不公正なものを受け容れない、罰金を回避するなど）を間違って適用して、自分の時間という価値を過小評価している。さらに、DVDの件でのシーカの解決策が示しているように、最初から効果的に準備をしておけば、合理的な判断をしつつ、同時に、不愉快なトレード・オフを回避するのは可能である場合が多い。

自分のBATNAがお粗末で、それが周知の事実である場合

ハーバード・ビジネススクールの教授としての仕事のなかで、MBAの2年次の学生から、就職面接での交渉についてアドバイスを求められることがある。たいてい学生は席に着くなり、どんなにすばらしいオファーをもらったか、良い会社で、良い場所にあり、上司もすばらしく、最初の仕事もやりがいがあるかを語ってくれる。われわれは就職の内定を喜び、どんな役に立てるかを尋ねる。すると学生は、ただ1点、給料だけが希望よりも少ないのが不満だと言う。友達の多くは、ほかの会社からもう少し良い額を提示されているようだ。

この時点で、交渉術の1年次のコースで学んだはずの質問をする。「君のBATNAは何だろうか？　ほかに、どんなオファーをもらっているのか？」。すると、ほかにもオファーをもらっていれば、交渉は簡単だろうし、アドバイスを求める必要もなかったとこぼす。オファーをもらったのは1社だけで、その会社がそれを知っていること（あるいは、学生は嘘をつくつもりがないので、すぐに知るところになること）が問題だと言う。

学生は給与を上げてもらうために、どのように交渉すべきか？　状況に応じて助言の内容を変えるが、共通して言うことがある。第11章で述べた

ディーパックの逸話を基にした助言だが、学生にとっては意外なようだ。学生は将来の雇用主に電話をかけ、その会社がいかに好きで、オファーをどれほど喜んでいるかを伝え、是非、働きたいと伝える。そのうえで、上司となる相手にお願いをする。「ハーバード・ビジネススクールの卒業生の初任給に関するデータを見ていただけませんか？ 初任給を若干引き上げる余地があるのか、その方が公正なのではないかご検討いただけないでしょうか」と。最後に、初任給が変わらなくても、入社する意志は変わらないこと、この交渉は影響しないことを明確に伝える。

学生は、最初に入社の意志を伝えると交渉で力を失う、と口々に不満を述べる。それに対しては、こう答える。「どんな力のことを言っているのか？ 将来の雇用主と交渉しようとしていて、君のBATNAは１社のオファーもなく、就職市場にとどまることであり、君には留保価値を上回るものをすでに与えていることを雇用主が知っているとすれば、君にはそもそも力などない」。こうした状況では、「交渉」ゲームを戦おうなどとしてはいけない。別のゲームを演じたほうがはるかにいい。たとえば「公正」のゲームや、「助けてください」といったゲームだ。より一般的に言えば、適切な分析によれば、交渉ゲームには負けるが、別の種類のゲームには勝てる可能性があることが示されているとき、交渉を回避しようとするはずである。とくに、自分のBATNAが貧弱で、相手のBATNAが強く、そうした情報が周知の事実であるとき、交渉ではただイエスと言い、その後、ゲームを変えたいと思うはずだ。

この助言は役に立つだろうか。ディーパックが、就職を望んでいた会社とどのように交渉したかを振り返ってみよう。交渉に入る前にオファーを受けることを決め、マネージング・パートナーがディーパックを気に入りこいつの力になろう、初任給を上げる方法を見つけようという気になる状況をつくり上げた。その結果、どうなったか。人事部門とマネージング・パートナーの両方から、給料に関して交渉の余地はないと言われた後で、初任給を10％上げてもらえたのだ。

交渉が間違ったシグナルを送る場合

　高収益の会計事務所の上級幹部であるスティーブは、ある朝、社長からの電話に驚いた。「自分に用などあるだろうか」。社長に会ったこともなければ、話したこともないスティーブは訝った。社長の話はつぎのようなものだった。「組織の抜本的な改革を計画している。改革の目玉のひとつが、経営幹部の入れ替えであり、一部の幹部には辞めてもらい、新たな人材を登用する。ついては、この件について、明日、君と話がしたい」。翌日、会話を始めてまもなく、社長はスティーブに経営幹部への抜擢を提示した。一挙に三階級上がることになる。

　こうした機会を提示されたら、感激して一も二もなく引き受ける人がほとんどだろう。だが、そういう状況ではなかった。スティーブは今のポジションで、基本給が高いだけでなく、誰もがうらやむ高いボーナスをもらえる立場にあり、ボーナスは毎年、基本給の3倍に達していた。新しいポジションでは、経営幹部とはいえ、報酬がかなり低くなる可能性がある。社長は報酬について話さなかった。そもそも、新しいポジションの報酬について社長自身が知っているのだろうか。スティーブは、新しい仕事には興奮したが、報酬が半分かそれ以上に減るかもしれないと思うと、ひどく不安になった。どうすべきか。報酬はどの程度になるか尋ねるべきだろうか？　現在の報酬を明らかにして、交渉にアンカーを設定し、反応を待つべきだろうか？　考える時間がほしいと言って、ほかから情報を集めるべきだろうか？　現状でオファーを受けるか、断るか決めるべきだろうか？この状況に、唯一の「正しい」アプローチがあるわけではない。だが、スティーブがどうしたか、もっと重要なのは、なぜそうしたのかを考えていこう。

　社長がいきなり話を切り出した事実、面と向かってこの話をしたという事実から見て、社長は早く決めることを望んでいるとスティーブは考えた。さらに、社長は、あえて報酬を話題にしなかった。これは2通りの解釈が成り立つ。社長は報酬が十分だと思っているか、金銭的な条件を第1に考

えて決断してほしくないので、あえて話題にしなかったかのどちらかだ。「ビジョンを共有する新しいチームをつくる」点を強調したことから考えて、後者であるのはほぼ確実だとスティーブは考えた。だとすれば、報酬の件を持ち出すのは最悪だ。

今は交渉すべきときではない、とスティーブは結論づけた。ひとつには報酬がかなり低かったとしても、新しいポジションで実績を積めば、強い立場で報酬の引き上げを交渉できる。後になって十分な報酬の交渉ができなければ、交渉しないと決めたことを後悔するかもしれないが、リスクには耐えられる。より重要な点として、今の状況で交渉しようとすると、間違ったシグナルを送ることになる。つまり、幹部チームの一員となり、組織の変革に尽力することより、カネに関心があると思われてしまう恐れがあった。

スティーブは社長に、新しい仕事については、まだよくわからない面があるが、ビジョンには共感するし、幹部チームに加われることは嬉しいと伝えた。そして、こう付け加えた。「新たなポジションへの移行が上手くいき、互いのためになるようお力添えいただけるものと、全面的に社長を信頼しています」

後になって、何人かの同僚から、「報酬について交渉すべきだった。社長は君を抜擢したのだから、強い立場で交渉できたはずだ」と言われた。

スティーブは何と答えたか？　「報酬パッケージをすばらしいものにするよう交渉することもできたし、チャンスがあったのに交渉しなかったことを後悔するかもしれない。だが、自信を持って言えるのは、強い権限を持ち、これから長期にわたって密接な関係になると見られる人間に対して、適切なシグナルを送ったということだ。僕はチーム・プレーヤーであり、社長を全面的に信頼しており、カネだけで動く人間ではないというシグナルを」。

結局どうなったのか。昇進後のスティーブの給与は半分になった。だが十分なボーナスとストック・オプションが付与され、年収は事実上、倍になるという将来の見通しが立った。

スティーブの判断の裏にある論理からも明らかなように、交渉するとな

れば、必ず何らかのシグナルを発することになる。一般に、交渉を始めるときに送っているのは、価値が増えないと合意できないというシグナルである。そして、一般には、適切なシグナルである。しかしながら、交渉するとなると、相手を信用していないとか、相手との関係や合意の根拠よりも、合意で自分が得られるものに関心があるというシグナルを送ってしまう場合がある。

　交渉しようとすると、「間違った」シグナルを送ることになる場合、3つの選択肢がある。

　1．とりあえず交渉する。交渉から得られるものが、間違ったシグナルを送るコストを上回ると判断する場合もあるだろう。

　2．シグナルを変更する。交渉するという、こちらの決断についての相手の受け止め方を、積極的に管理する。たとえば、スティーブは、つぎのような言い方で報酬を話題にすることもできた。「昇進のお話に非常に興奮しており、組織改革で役割を果たしていきたいと思います。わたしを信頼してくださることに感謝しています。サインする前に、いくつか質問をさせていただきたいのです。特別なことではありません。わたしの果たすべき役割と責任、そして報酬について、もう少し詳しくお聞かせ願えますか。報酬については、誤解していただきたくないのですが、細かい金額にこだわるわけではありません。ただ、幼い子どもを3人抱える身としては、少なくとも考える必要があります。この点について、議論は可能でしょうか」。このような言い方をすれば、報酬に関する交渉を始めても、社長が苛立ったり、気分を害したりする恐れは少なくなったはずだ。

　3．交渉しないことにする。間違ったシグナルを送るコストが高すぎ、シグナルを変更するのは難しいと思うのであれば、スティーブのように、交渉するタイミングではないと考えたくなるだろう。

交渉が関係を損なう場合

　シャロンとマークは土地を買い、夢のマイホームを建てる計画を進めていた。家を建てるとなると予算は厳しいが、2人はできるだけ安上がりで済む方法を慎重に計画した。幸い、地元の新聞に広告が出ていた「ふさわしい価格を手に入れる」セミナーに参加することができた。講師によると多くの建築業者にあたれば、価格が安くなるという。そこで、2人は設計図を8つの業者に持って行った。ある業者が、2番目に安い業者を10%も下回る価格を出してきたので喜んだ。

　交渉術のセミナーに通った甲斐があったと思えた。建築業者がここまで必死なら、もっと譲歩するだろうと考えた2人は、相対交渉でさらに値引きを要求した。最初は、建築業者も渋っていた。だが、シャロンとマークが、その日に契約しようと申し出、交渉術セミナーで習ったテクニックを使い、頭金の小切手をテーブルに置き、下げてくれなければ他社に頼むと脅すと、業者は値引きを検討せざるを得なくなった。従業員の仕事を確保したいと考えた業者は、さらに3％値引きすることに同意したが、頭を振りながら、これでは利益が出ないかもしれないとぶつぶつ言った。シャロンとマークは交渉で、望める限りの最低価格、建築業者の留保価値の下限を勝ち取ったように思えた。喜びのあまり、建築業者がはめられたと感じ交渉の展開に不愉快な思いをしていた事実には気づかなかった。

　契約にサインした後、建築士がいくつかの変更を提案した。どれもすばらしい提案だと思えた。一見、ささいな「変更注文」を業者に持ち込んだところ、設計変更に伴う追加料金の高さにショックを受けた。シャロンとマークは値引きを迫ったが、今度ばかりは建築業者も受け付けない。最初は格安だったはずの建築費は膨らみ続けた。設計の変更ばかりではなく、木材の高騰も影響していた（契約では、材木コストによって代金を調整することになっていた）。利幅に不満を抱き続けている建築業者と、価格の高騰にイラつくシャロンとマークの間の会話はとげとげしいものになった

　建築業者から3ヶ月後には完成する見通しだと聞いた2人は、コンドミ

ニアムを売却し、引渡し日を自宅の完成予定日に合わせていた。だが、予定通りには完成しなかったため、2人は短期の賃貸住宅に入らざるを得なくなった。建築業者には早く完成させてほしいと何度も文句を言ったが、その度に遅れているのは下請け業者のせいだと責任を転嫁した。シャロンとマークは契約書をチェックしたが、工事の遅れに関する条項はなかった。

賃貸住宅で2ヶ月あまり過ごした後、ついに「夢のマイホーム」になるはずの家に引っ越した。最初は嬉しくて仕方がなかったが、住めば住むほど、問題が出てきた。冬の間に暖房機が1台壊れた。電気設備のうち2つは不安定で、大工仕事も終わっていない部分があった。壁にはひび割れも出てきた。これらは保証がついているものと、ついていないものがあった。保証のついているものでも、建築業者はすぐに修理に来なかった。なんといっても、すでに代金は全額支払われているのだから。シャロンと激しい言い争いになった建築業者は、こう言い放った。「壁のひび割れを修理する義務はあるが、あんたたちの都合に合わせて修理する義務はない」。

ついには、シャロンとマークは、夢のマイホームなど建てるのではなかったと後悔するようになった。コンドミニアムのほうが自分たちの暮らしに合っていたし、面倒なこともずっと少なかった。

マイホーム計画が、これほど悲惨な結果になったのはなぜなのか？　シャロンとマークが格安の価格で手に入れた家は、結局、自分たちが住みたい家にはならなかった。安く上げることばかりに目を奪われ、完工の時期や工事の質など、重要な点を犠牲にした。決定的なのは、価格面で強く出て、望んだ価格は得られたが、建築業者との関係を壊してしまったことだ。建築業者から安い価格を示されたとき、シャロンとマークはそれを受け容れ、その後、変更注文や、若干の遅れに伴うペナルティ、予定通りに完成した際のボーナスなど、「扱いやすい」問題について交渉すべきであった。建築費の面での交渉は首尾よくいったが、建築業者の留保価値まで価格を下げる交渉を避けていれば、全体の結果がはるかによくなる交渉ができただろう。

シャロンとマークは、どのような交渉をするべきだったかを考える際、第1章で紹介したアルベルト・アインシュタインとプリンストン大学の交

渉が参考になる。年間3,000ドルの報酬を要求したアインシュタインに対して、プリンストン大学は1万5,000ドル払おうと申し出た。プリンストンが、アインシュタインが提示した低い額を受け容れるのではなく（値切るのではなく）、妥当な報酬を提示したことは適切な判断だったが、これは相手がアインシュタインだからという理由だけではない。組織は従業員を引き付け、つなぎ止めておくために最低限必要な賃金を支払うか、「より公正な」、あるいはより寛大な賃金を支払うかの選択に直面する。倫理的な問題は別にして、一般に組織（そしてシャロンとマークような消費者）は、公正という評判を築くこと、交渉相手の幸福に貢献することなど、長期的な視点で考えるほうがメリットになる。

交渉が文化的に適切でない場合

　マックスのタイでのタクシーの交渉話に戻り、ボストンに帰ってから、この交渉術が使えるか、使えないかを考えてみよう。たとえば、こういう場面を想定する。アメリカに戻り、空港のターミナルを出て、タクシー待ちの列に加わる。順番が来たとき、運転手にケンブリッジの自宅までの料金はいくらか尋ねる。料金はメーターで決まるが、20ドル前後だろうと答えが返ってくる。ほかの客が後ろで苛立たしげに待っているなかで、マックスは交渉を始め、10ドルでどうかと言う。運転手はマックスに悪態をつき、タクシー乗り場の管理員を呼ぶ。管理員はマックスを脇へ連れ出し後ろの客が待っているのだから、今すぐ乗るか、別の手段で帰るかどちらかにしろと促す。

　この交渉が上手くいかなかったことを、マックスは驚くべきだろうか。もちろん、驚くべきではない。つぎに食料品店に行き、ミネラルウォーターの値引き交渉ができなくても驚くべきではない。タイでは当然のこととして受け容れられた行動でも、アメリカに帰れば笑われるか、人を不快にさせるものもある。ただ、学生がときおり交渉不可能だと思えるもの（たとえば、スターバックスでのコーヒー1杯の値段）の交渉に成功した体験を話してくれることを指摘しておく価値はあるだろう。第3章で紹介した

ように、ディーパックの妻のシーカが、ボストンでタクシー運転手との交渉に成功した例もご記憶だろう。だが、こうした交渉が往々にして上手くいかないのは、文化的に不適切だからだ。

　自国の文化のなかでは、どんな行動が社会規範に合致しているのか、していないのかを知っているものだ。自国文化の行動規範を知っているので、「7時開始」のパーティには何時に出席すればいいのか、食事の後ゲップしたり、靴底を見せたりしていいのかなど、数え切れない規範がわかる。自国の文化を知っているので、交渉していいときと、交渉するべきでないときもわかる。残念ながら、ほかの文化では、こうした規範に違反することが多い。マックスがバンコクで、タクシー運転手の言い値の70バーツを払えば、払いすぎになるだけでなく、外人がいかに無知かという逸話を提供することになり、運転手は友人に面白おかしく話して聞かせるだろう。別の例として、強気のアンカーを設定し、その後、お互い納得できる価格になるまで交渉で下げていくのが容認される文化や状況があり、また最初に正当性を主張したアンカーから撤退すると、嘘をついているか欲深いというシグナルになる文化や状況がある点も考えるべきだ。

　ある文化で、交渉していいかどうか、どうすればわかるだろう。異なる文化で、どのように交渉を始めるべきだろうか。まず、こうした質問に答える第一歩はつねに準備である。現地に赴く前に、その国で仕事をした経験のある人やその国の出身者にアドバイスをもらう。どんな発言や議論が適切なのか、適切でないのか、実質的な議論をいつ、どのような形で始めるべきか、信頼関係をどのように築くか、地位や敬意の問題にどう対処するか、その国の人達はどの程度強気のアンカーを設定すると予想できるかなどについて、できる限り情報を仕入れる。知識が増えるほど、効果的な交渉の準備ができる。

　相手の文化に詳しくなくても、どうにもならないわけではない。海外で交渉しなければならなくなったが、現地の文化や社会的規範をほとんど知らないとする。どうすべきか。教えを請えばいい。世界中のほぼどんな地域でも、つぎのように言われて気分を害する人はほとんどいない。むしろ喜んでくれるだろう。

> ご承知のように、われわれはこの国でビジネスをしたことがありません。だからこそ、こうしてお会いして、お互いに関心がある点を話し合う機会をいただけたことを大変喜んでいます。とはいえ、経験がないということは、考え方を正しく伝える方法を知らないということでもあります。おかしなことを言ったりしたときは、どうかご容赦ください。無礼なふるまいをするつもりは毛頭ありません。ときどきヘマをやらかすかもしれませんが、素早く学ぶとお約束します。おそらく、そちらも同じような不安を感じていらっしゃることと思いますが、善意は理解していますのでご安心ください。全員が安心して、率直に議論し、質問し、忍耐強くあれば、全員にプラスになると思います。この点についてご同意いただければと存じます。ビジネスを行う機会だけでなく、文化を学ぶ機会にもなることにわくわくしています。

交渉相手からこう言われたら、あなたはどんな反応をするだろうか。相手の態度に好感を持ち、自分自身もリラックスして安心できるのではないだろうか。残念ながら、異文化間交渉では、相手の文化を知っているふりをして固定観念に頼るか、文化の要素をまったく無視する人が多い。こうした戦略は、第3章で紹介した調査交渉術のアプローチに反するものだ。知らないことがあれば、知ろうとするべきだ。

自分のBATNAが、相手の最善のオファーを上回る場合

1981年、ロジャー・フィッシャーとウィリアム・ユーリーは、『ハーバード流交渉術(Getting to Yes)』という短い本を書いた。ご存じのようにこの本はベストセラーになり、交渉の慣行を変えた。それまで、交渉をテーマにした本のほとんどは、「自分のもの」を守り、「相手のもの」をできるだけ手に入れることを重視していて、こうしたアプローチは、「一方が勝ち、他方が負ける」交渉だと評されていた。これに対して、『ハーバー

ド流交渉術』は、合意を促し、両者が勝つ「ウィン・ウィン」の取引を追求することを奨励した。

　全体として、『ハーバード流交渉術』は、社会にきわめて良い影響を与えた。だがこの本は、信奉者の一部に、つねに「イエスを引き出す」ことを目指さなければならないという、強いバイアスを生み出したように思える。『ハーバード流交渉術』の異例の成功によって、行き詰まりや「取引の不成立」は、交渉失敗に等しいという見方が強まった。だが、交渉では、イエスを引き出すべきでないときがある。交渉相手が出せるどんなオファーよりも自分のBATNAが上回っていて、2人の交渉者が完全に合理的であれば、「取引の不成立」が最善の結果となる。こうしたケースでは、できるだけ効率的に「ノー」を引き出すのが最善である。では、「取引の不成立」が最善の結果であると、どうすればわかるのか。つぎのサインを探してみよう。

- 別のオファーについて相手に話したが、それに見合うか上回る価値を提供できない。
- こちらのニーズに応えようとせず、こちらの利害は考えているものと違うと説得を試みる。
- 情報交換や関係の構築、合意の形成ではなく、交渉を長引かせることに関心があるように見える。
- こちらが最善の努力をしているにもかかわらず、こちらの質問にまったく答えない。こちらのニーズや利害について質問もしない。

　こうした状況では、交渉のための交渉をする意味はないし、ZOPAが存在しないと気づくのに必要な時間を超えて交渉を続ける意味はない。ZOPAがなければ、合意は成り立つはずがない。こうした状況では、「イエスを引き出す」のではなく、BATNAを行使しよう。

達人といえども何でも交渉できるわけではないのか？

　本書全体を通して強調してきたように、交渉によって代替案を上回る価値を創造できる。だが、人生のあらゆる側面が交渉の対象になるわけではないことは、覚えておく価値がある。交渉の文脈、関係、交渉のテーブルにはない代替案を検討することによって、交渉すべきとき、交渉せずに受け容れるべきとき、ただ立ち去るべきときがわかる。交渉の「専門家」のなかには、「交渉できないものはない」と言う人もいるだろう。おそらく交渉できなくはないだろうが、だからといって交渉すべきだとは限らない交渉よりも優れた方法がある場合が少なくない。交渉の達人は、こうした代替案を認識し、活用できるのである。

第14章

達人への道

　数年前、筆者のひとりが、交渉術の有名教授によるMBAの講義を聴講した。その日は1学期にわたる講義の最終日にあたり、教授は何度も学生に「交渉の専門家」と呼びかけた（「君たちは交渉の専門家になったのだから」といった具合に）。これが、やけに耳障りだった。学生は専門家などではない。少なくとも、まだそうなっていないのは確かだ。交渉の専門家にはならない学生もいるだろう。それでも、最終講義は学習プロセスの最終段階として祝福されていた。筆者らは、この教授と違って、こうした幻想を抱かない。むしろ、本書を読むことは、交渉の達人あるいは専門家への最初の一歩にすぎないと考えている。

　第6章で論じた、経験と知識の違いを思い出していただきたい。経験とは、ある行動（交渉など）を繰り返すことで得られるものである。これに対して専門知識は、経験に、自分の行為の「戦略的な概念化」を加えることで得られる[1]。残念ながら、これらの2つの概念を混同して、交渉の経験さえ積めば専門家と名乗る資格があると誤解している人が少なくない。

　最近、企業幹部の受講者のひとりが、交渉術コースで多くを学べるとは

期待していないと言った。この幹部は、長年の交渉の蓄積があり、「すべてを見てきた」のだと言う。経験が大事だという自説を裏付けるものとして、ベンジャミン・フランクリンの「経験は高価な教師である」という言葉まで引き合いに出してきた。この受講者にとっては（そして、学習の見通しという点で）残念なことだが、彼はフランクリンの言葉を誤解している。フランクリンは、「高価（dear）」という言葉を、「貴重（precious）」ではなく「高くつく（expensive）」という意味で使っている。フランクリンの発言の全体を読めば、この点ははっきりわかる。「経験は高価な教師である。しかし、愚者にとってはそれ以外に学ぶ手段がない」と述べているのである。経験は、交渉の達人になるためのきわめて重要な要素だが、それだけでは十分ではない。

　教授から専門家だと言われた学生にも、20年の交渉の経験を引っさげて受講した企業幹部にも、それ以外の誰にも共通して言えることがひとつある。交渉は、上手くできることもあれば、上手くできないこともあるのだ。もっと効果的な交渉ができるようにするには、つまり交渉の達人になるには、本書でこれまで組み立ててきた枠組みを、より深く、より分析的に考えるのが最善の方法である。経験と知見の両方を生かすことによってのみ本当の意味で技（わざ）が身につく。

どちらの話をするか？

　合意には達したものの、条件がかなり悪かった最近の取引を思い出してみよう。上司や同僚、友人、夫や妻に、結果への不満をこぼすとする。どのように説明しただろうか。よく耳にする説明で、一般的なものを紹介しよう。

- ●他社からもっと良い条件を提示されていると言われた。わたしにできることはなかった。
- ●市場の動きが悪かった。
- ●もっと圧力をかけて、良い条件を引き出したかったが、時間がなか

った。

以下のような説明は滅多に聞かれない。

- 体系的な準備をしていなかった。
- うちのチームの足並みが揃っていなかった。
- 交渉に臨む前に必要な情報を集めていなかった。
- よく考えないで、うっかり条件を提示してしまった。

　2つのリストの違いは重要である。第1のリストは、失敗の原因を外部要因に求めている。失敗の原因は、自分のコントロールのきかない要因にあるとする。問題は状況にあって、自分がしたことや、しなかったことではないと考えている。これに対して、第2のリストは、失敗の原因を内部要因に求めている。違う方法をとっていれば、もっと良い結果になったはずだと考えている。自分の成功の原因について考えるときは、真っ先に自分がコントロールできる範囲の要因を挙げる。だが、自分が失敗した場合は、原因を外に見つける方法を考えるのである。

　こうした外部要因を理由とすることの良い点としては、上司によるあなたの評価が救われるかもしれないことが挙げられる。また、取引の内容が悪いのは自分の責任ではないし、自分は最善を尽くしたという「事実」に安心できる。悪い点としては、お粗末な結果の少なくとも一部には自分に責任があり、自分自身や周囲に対して全面的に誠実だとは言えないことが挙げられる。多くの場合、取引がお粗末なのは、状況が難しかったことに加え、できる限りのことをしなかったからだ。そして、最悪な点は、自分の失敗を外部要因に求めるとき、経験から学び、交渉者として向上するのが著しく困難になることだ。

　読者は、交渉者として選択の分かれ目に直面している。自分自身をよく思いたいのか、それとも学習したいのか。本書の最後の章まで読んできたのだから、後者だろうと思う。だとすれば、目指すべきは、本書で提示した原則と戦略、戦術を実生活に採り入れることだ。そのための方法を提案

して本書を締めくくろう。

完璧は良好の敵

「完璧は良好の敵」とは、多くの分野で自己変革をする際にあてはまる原則だと言われてきた。何事も目標が大きすぎると、早晩、挫折することになる。たとえば、つぎの交渉のあらゆる可能性に備えて、本書で役立つと思えたアイデアや戦略をすべて記憶しようとすると、結局は、期待はずれになり、能力も発揮できない。

急激な進歩ではなく緩やかな進歩の利点を認識することが大切だが、それに加えて、進歩の過程で間違いなくさまざまな障害に直面すると予想しておくべきである。リスクをとりたくないか、現状が快適なために、新しいアイデアや戦略を試すのが難しいことがあるだろう。あるいは、周りから期待されている考え方や行動に縛られ、自分のやり方を変えるのが難しい場合もあるだろう。変化するために使える時間がないということもあるだろう。こうした障害、そして、思いあたるその他の障害があるのは当たり前だと認識すべきである。こうした障害に直面するからといって、あなたが効果的に変化できないわけではない。人間であるというだけにすぎない。そう思えばいくぶん安心するだろうが、問題が解決するわけではない変化を阻む一般的な障害を克服し、本書で紹介したアイデアを効果的に利用するには、どうすればいいのか。

交渉の重要なアイデアや戦略を、本で読む段階から、実際の交渉のやり方を変える段階に移行するのに、実際的な対処法をいくつか紹介しよう。

1. 本書（あるいは、本書を読みながら取ったメモ）を読み返し、自分が交渉で試してみたい戦略や戦術をすべてリストにする。リストが完成したら、さらに検討が必要なものがどれで、すぐに使えるものはどれかを見極める。
2. さらに検討したいアイデアのうち、つぎの1週間で考える重要なコンセプトを見極める。時間をとって、そのアイデアについて、自

分の交渉にどのように適用するか、強みは何か、弱みは何か、この原則を考え方に採り入れるにはどうすればよいかなど、深く考える。ほかのアイデアについても同様に、1週間にひとつずつ検討していく。また、時間がとれる週があるなら、その週に検討するアイデアを増やす。

3．友人や同僚など、個別の交渉戦略について議論したい相手を選ぶ。自分が提案する戦略のどこに問題があるかを指摘する反対役になってもらい、ゲーム・プランを批判してもらう。友人や同僚を相手に、新たな交渉戦略を試すと、自信を持って重要な交渉に新たなスキルを使えるようになるだけでなく、自分が見落としていた間違いに気づく可能性がある。

4．ただちに実行できる戦略については、現在（あるいは次回の）交渉で実践することを考える。それぞれの交渉で、具体的にどの戦略や戦術を使うかを書き出す。交渉のテーブルについたとき、「思いつきで行動する」のを避けるため、こうした戦略をどのように実行に移すのかも計画しておく。

5．交渉を終えた後、使えたのに使わなかった戦略について考える。将来、その戦略をどう使うか考える。

6．現在および将来の交渉に関連するアイデアや戦略、戦術がないか、頻繁に本書を読み返す。

交渉の達人のために適切な環境をつくる

ディーパックが担当する交渉術コースを受講した中規模企業の経営者が、1年後に訪ねてきた。この経営者は、授業の内容にいたく感銘を受け、授業で議論された戦略を全従業員に学び、身につけてもらおうと考えた。本人によれば、過去1年間、苦心して従業員を教育した。だが、残念ながら、両極端の結果が出た。本人は、問題をつぎのように語る。

当社には、「オープナー」と「クローザー」の2つの部門があります。オープナーは、見込み客を呼び込むのが仕事です。見込み客が当社のサービスに十分な関心を示せば、クローザーに引き継ぎます、取引をまとめるのがクローザーの役割です。わたしが従業員に、調査交渉術や価値を創造し、要求する方法を教えようとすると、奇妙なことが起きました。オープナーは、呑みこみが早く、見込み客との交渉に新しいアイデアを活用することに興奮していました。ところがクローザーには、通じません。まったくのたわ言といった目で、わたしを見るのです。仕事に戻っても、何ひとつ変えようとはしませんでした。価値を要求することはほとんどなく、契約をまとめることだけを考えて闇雲に行動します。価値創造や価値要求の可能性のメリットを理解していないようです。

　経営者は、オープナーに頭が柔らかい人材を採用し、クローザーには頭が固い人材を自ら採用したのが問題だったのではないかと疑問を口にしていた。ディーパックが、2つの部門を実際に「オープナー」と「クローザー」と呼んでいるのかどうか尋ねたところ、呼んでいると言う。「だとすれば、クローザーが、契約をまとめる（クローズ）のを、なぜそれほど驚いているのですか」とディーパックは尋ねた。質問の意図がわからないようなので、違う質問をしてみた。「クローザーが仕事でいちばん恐れているのは何だと思いますか？」。経営者は少し考えて、「契約を逃すこと」だと答えた。クローザーに報いるインセンティブ制度があるかと聞くと、あると言う。クローザーのボーナスは、成約件数と連動しているという。

　ここに問題がある。クローザーは、文字通り、契約をまとめるのが仕事だと指示されている。金銭的報酬も、どれだけの契約をまとめたかに基づいている。だが経営者は、できる限りの価値を要求すべきという自分の提案をクローザーが無視したと言って驚いている。クローザーにとって、契約を逃すリスクのあることを、する理由などあるだろうか。

　こうした問題は珍しいものではない。従業員や同僚は、新たなスキルを

学ぶために必要な分析能力と、行動を変える意欲を兼ね備えているが、組織の文化やインセンティブ制度によって制約を受けている場合が多いのだ。本書のアイデアを現実社会で実践するには、こうした制約を取り除く対応が必要である。あなたが権限のある立場にいるなら、チームや部門、組織を支配している文化やインセンティブ制度を評価するべきだ。こうした制度が、従業員や同僚の交渉行動に根づいてほしい変化の障害になっていると判断した場合は、変化が容易になるよう制度を変える努力をする。あなたに権限はないが、組織の文化やインセンティブ制度が変化を阻む壁になっていると気づいたのであれば、何らかの対策を講じられる立場の人間を教育する役割を引き受けてみよう。

消える集合

　交渉術のコースに初めて参加する企業幹部やMBAの学生は、生活のなかで「交渉可能なこと」についての思い込みがある。たいてい、頭のなかでは、住宅や自動車の売買、企業の取引、露天商との駆け引き、雇用主との給与の交渉など、交渉可能なことの小さな集合ができている。こうした交渉がいかに上手くできるかを学ぶのだと期待している。だが、授業が進むにつれて、そして、さまざまな状況における異なる戦略や戦術について議論するにつれて、交渉可能な集合は大きくなっていく。交渉可能な論点や争いごと、状況が増えていく。学生はよく、力づけられたと言ってくる。だが、終わりはどこなのか。集合の本当の大きさはどれくらいなのか。

　交渉術のコースで提示したアイデアや、本書で提示したアイデアについて深く考えた人々は、コースの後（あるいは本書を読んだ後）、数ヶ月から数年後に、集合が無限に拡大することに気づく。つまり、消えてしまうのだ。もはや「交渉可能なこと」と「交渉不可能なこと」の区別はない。人間関係の基本原則を学んだことに気づく。この原則は、売り買いや契約の策定、合意の形成、バイアスの克服などに関するものではない。これらの活動はあくまで応用であり、その背後には、あなた方と同様、通常は善意を持って接してくれるが、利害と見方が異なる相手と上手く付き合って

いくための基本的な原則がある。

　交渉の達人とは、集合が消えた人のことである。重要なのは、アイデアや原則であって、これらがあらゆる種類の人との関わりに生かされている交渉の達人にとって、ビジネスの複雑な取引で本書のアイデアを活用するのは、配偶者や友人、従業員との会話に活用するのと何ら変わらない。調査交渉術の原則は、法廷闘争にも同僚との喧嘩にも使える。影響力の戦術は、企業のサービス販売だけでなく、子どもとの交渉でも使えるのである

あなたも交渉の達人になれる

　達人についての考察を、本書の締めくくりとしよう。アインシュタインやモーツァルト、マイケル・ジョーダンなど、生まれながらの達人はいるが、自分はそうではない、と考えるのは間違いだ。実は、達人は、才能のうえに努力を重ねている。だが、努力しても自分はマイケル・ジョーダンにもモーツァルトにもアインシュタインにもなれないと言うかもしれないおそらく、それは正しく、彼らの偉業を達成するのに必要な「素質」を手にすることはないだろう。だが、幸い、交渉の達人になるのに必要な素質は、ほぼすべての人々が持っている。交渉の達人とは、人間関係の達人であり、そうなるのに必要な素質は、自分の考え方や想定、視点を変える能力だけである。読者にはこの能力がある。学んだことを実践に移す努力をすれば、交渉の達人になれる。あらゆる種類の交渉でめざましい成果を挙げるのが容易になる。是非この努力をしてもらいたい。本書が、そのきっかけとなり、ガイドになることを願っている。

用語集

アンカー（anchor）：交渉者の関心や期待の中心になり、不確実性の解消の手立てとなる、最初のオファーなどの数値。

インセンティブ両立的（incentive compatible）：相手に合意の精神と一致する行動をとるインセンティブを与える条項。

駆け引き（haggling）：各当事者が最初のオファーをした後に、相互に譲歩し合って合意を目指す過程。

価値創造（value creation）：交渉において獲得できる価値の総額を拡大する行為。たとえば、交渉者が各当事者の優先事項を把握し、ログローリングを行う場合に価値が創造される。

寄生による価値創造（parasitic value creation）：交渉者が、交渉のテーブルにいない第三者から価値を引き出して得をすることで生じる価値創造。

競争的興奮（competitive arousal）：競争意識が極度に高まり、交渉者のなかに、「どれほどコストをかけても勝ちたい」という願望を生む心理状態。

限界効用（marginal utility）：状況の変化の増分に伴う満足度。たとえば、交渉者がすでに獲得したか予想している譲歩に加え、さらなる譲歩を引き出したときの満足度の増分。

合意可能領域（zone of possible agreement[ZOPA]）：交渉において、すべての当事者が受け容れ可能な取引の集合。論点が価格のみの交渉では、売り手の留保価値と買い手の留保価値の間がZOPAになる。

合意後の交渉（post-settlement settlements）：最初の合意がなされた後、より良い合意をめざす交渉。追加的な価値を創造するために行われる。

「こうしたい自分」対「こうすべき自分」（want-self versus should-self）：自分がしたいことをすることと、自分がすべきだと思うことをすることの間の葛藤。

交渉入札（negotiauction）：2段階の入札／交渉プロセスで、最初の入札で有望な候補を絞り込み、その後、相対交渉を行うもの。

後天的楽観主義（learned optimism）：自分が成功する確率を過大評価する傾向は後天的であり、機能的属性であるとする見方。理論的には、非現実的な楽観的見通しを持っているので、拒否されても立場を変えようとしない。

行動意思決定論（behavioral decision research）：合理性から逸脱する、誰もが陥りやすい思考回路に焦点をあてた研究分野。経済学や心理学・金融、法学、医学、マーケティング、交渉の分野において、科学革命を引き起こした。

互恵の原則（norm of reciprocity）：好意に基づく行動や有益な行動をとった相手には、お返しすべきであるとする一般的な期待や理解。交渉においては、互恵の原則によって、双方が交互に譲歩することが期待されている。

コーペティション（co-opetition）：ある面では相手と協力し、別の面では同じ相手と競争するインセンティブを持つ状況。

（コミットメントの）不合理なエスカレーション（nonrational escalation of commitment）：以前の決定や行動の正当性を自分自身に、あるいは周りに示さなければならないという強烈な心理的動機に基づき、上手くいかない行動をとり続けること。

参照点（reference point）：比較の対象になる目立った点。参照点は、ある論点やオファーの価値の判断に影響を与え得る。

自己中心主義（egocentrism）：自分の都合のよいように認識し、期待する傾向。

自信過剰（overconfidence）：交渉者が現実に裏付けられている以上に自分の評価に自信を持つ傾向を示すバイアス。

社会的証明（social proof）：適切な行動に関して不確実性や曖昧さがあるとき、似たような他人の行動を参考にすることを表した心理学の原則。

囚人のジレンマ（prisoners' dilemma）：両者が非競争的な戦略を採れば個々が得をするが、協力的な戦略を採れば全体として得をする競争的環境。

準拠集団の無視（reference group neglect）：競争相手の手ごわさを十分に考慮していないという、交渉者にありがちで有害な失敗。

条件付き契約（contingency contract）：将来、不確実性をもたらす要因が解消されるまで、取引のうち特定の項目について合意を保留する条項。こうした条項によって、交渉の当事者双方が、将来の出来事の確率に関して異なる見方に「賭ける」ことができる。

条件付き譲歩（contingent concessions）：交渉において、相手が具体的な行動をとったときに有効になると明示した譲歩。これらは見返りを明示した形でなされ、相手が見返りを提供した場合にのみ譲歩を行うことを明確にする。

勝者の呪い（winner's curse）：入札者が相手の情報の優位性を考慮していないために、本来の価値以上の価格を支払って落札する状況。

情報の非対称性（information asymmetry）：交渉において各当事者が、相手の知らない事実やデータを知っている状況が不可避であるという事実。

心理的バイアス（psychological biases）：誰もが陥りやすい合理性からの逸脱であり、健全な交渉戦略をご破算にしかねないもの。

ステレオタイピング（stereotyping）：ある集団の一部のメンバーの特徴だと思える点を把握し、それを全メンバーにあてはめ、個々のメンバーの独自性を見落とすこと。

ステレオタイプ税（stereotype tax）：他人について、個々人として見たときの有益な情報ではなく、固定観念に基づいて意思決定する場合に負担するコスト。

ゼロ・サムでない交渉（non-zero-sum negotiation）：一方の当事者の利得が、相手方の損失と表裏の関係になっていない交渉。こうした交渉では、取引の価値総額は、当事者が価値創造戦略をどれだけ上手く駆使できるかにかかっている。

ゼロ・サムの交渉（zero-sum negotiation）：一方が得をすると、相手が同じだけ損をする交渉。「価値一定の交渉」「分配型交渉」とも呼ばれる。

包括的留保価値（package reservation value）：交渉者が「テーブルを離れる」ポイントを、交渉のあらゆる論点を総合して計算したもの。BATNAの追求を見送るとすれば、交渉で獲得が必要な最低限の価値。

包括的な留保価値を計算するには、採点システムの活用が必要となる場合が多い。

損失回避傾向（loss aversion）：利得を求める以上に損失を回避しようとする傾向。

対比効果（contrast effect）：あるものの大きさを、絶対的あるいは客観的な規模に基づくのではなく、ある参照点（おそらく恣意的なもの）と比較してどう見えるかに基づいて判断する傾向。

調査交渉術（investigative negotiation）：往々にして隠された、あるいはガードされている相手の利害や優先事項、ニーズ、制約を見い出すことに焦点を合わせた交渉の考え方や方法論。

ドア・イン・ザ・フェイス戦略（door-in-the-face strategy[DITF]）：最初に拒否されるのが確実な極端な要求に同意するよう迫ることにより、少し譲歩した別の要求に同意したくなるように誘導する手法。

動機のバイアス（motivational biases）：世の中をありのままではなく、こうあってほしいと思うように見る一般的な傾向のゆえに生じる認識の誤り。とくに、自分自身が人より公正で、親切で、能力があり、寛大で価値があり、成功する可能性が高いと考えたがること。

認識の限界（bounded awareness）：意思決定に関係するが、注目していない情報をやすやすと見過ごしてしまう、型通りの失敗。

認知のバイアス（cognitive biases）：交渉者がその思考様式のために、犯す型通りの間違い。

バイアス解消戦略（de-biasing strategies）：交渉者が無意識に陥る意思決定のバイアスを減らすためにとる措置。

パイの大きさは一定であるというバイアス（fixed-pie bias）：交渉者が、「相手にとって良いことは、何であれ自分にとっては悪いこと」であると思い込んでいるため、価値を創造できなくなる傾向。つまり、パイの大きさを拡大できるときですら、価値や資源の「パイの大きさは一定」であると考えているのである。

パレート改善（Pareto improvements）：ひとりも損をすることなく、少なくともひとりが得をするように取引を変更すること。

パレート効率的な合意(Pareto-efficient agreement):ある当事者が、少なくともほかのひとりの当事者を傷つけることなく得をする余地のない合意。

反射的な過小評価(reactive devaluation):敵対していると思える相手が提案したというだけの理由で、譲歩やアイデアの価値を過小評価する傾向。

不合理な楽観主義(irrational optimism):かなりの人々が自分の将来について、他人の将来よりも勝っていて明るいと思う幻想。

非注意性盲目(inattentional blindness):特定の作業に集中しすぎて、その環境において明らかな情報を見落としてしまう現象。

部外者のレンズ(outsider lens):交渉者が意思決定や交渉にみずから関わっていない場合、一般に採用する視点。部外者のレンズは、部内者のレンズに比べてバイアスの影響を受けにくく、直感に頼ることも少ない。部外者のレンズは、交渉者がさまざまな状況を一般化し、関連するパターンや教訓を見い出すのに役立つ。

不調時対策案(best alternative to a negotiated agreement[BATNA]):現在の交渉が不調の場合(袋小路に陥って合意できなかった場合)、交渉者が追求する行動。

フット・イン・ザ・ドア戦略(foot-in-the-door strategy[FITD]):ある要求に同意する意志を示すと、最初の要求から自然に導かれる追加的な要求に同意する意志が強まるという前提に基づいた影響力の戦略。

部内者のレンズ(insider lens):交渉者が意思決定や交渉にみずから関与している際に採用する典型的な見方。部内者のレンズは部外者のレンズに比べてバイアスの影響を受けやすく、直感に頼りがちである。

フレーミング効果(framing effects):交渉者に一般的に見られる傾向で、利得についてのリスクと、損失についてのリスクで扱い方が異なること。

ポジティブな幻想(positive illusions):自分の能力や将来を、あり得ないほど楽観的に考えること。こうした考え方があるからこそ、困難な仕事にぶつかったときに自尊心を守り、耐えることができるので、心理的、物質的な幸福に貢献しているとも言える。

目立つ情報に飛びつくバイアス（vividness bias）：交渉者がオファーの目立つ特徴に目を奪われるあまり、それほど目立たないが、満足度に強い影響を与え得る情報を見落とす傾向。

目標価格（target price）：交渉者が交渉において達成したい成果。交渉者の目標の高さを意味する言葉としても使う。

優位性の幻想（illusion of superiority）：さまざまな望ましい属性について他者より自分のほうが優れていると思い込むバイアス。

利己的な属性（selfserving attributions）：交渉者が自分自身をよく思えるように、原因についての判断を下す傾向。

留保価値（reservation value）：交渉において、交渉者が「テーブルを離れる」ポイント。相手のオファーの価値が交渉者の留保価値と等しければ、交渉者がオファーを受諾することと、拒否してBATNAを追求することに違いはなくなる。

類推（analogical reasoning）：2つの異なる逸話や出来事から導かれる類似の教訓を比較・対照することにより学習するプロセス。

ログローリング（logrolling）：交渉において論点をまたいでトレード・オフを行うこと。とくに、相手がより重視しているものを与える見返りに自分がより重視しているものを得ること。

原注

第1章　交渉において価値を要求する

1 この逸話は1986年のDavid Lax and James Sebelliusの著書The Manager as Negotiator:Bargaining for Cooperation and Competitive Gain (Free Press)で詳述されている。
2 D.Malhotra (2005). Hamilton Real Estate:Confidential Role Information for the Executive VP of Pearl Investments (SELLER). Harvard Business School Exercise 905-053.から転載。「買い手」の情報と教授法と合わせてHarvard Business School Publishingから入手可能。
3 Fisher, R., and Ury, W. (1981). Getting to Yes. Boston:Houghton Mifflin (『ハーバード流交渉術—イエスを言わせる方法』金山宣夫、浅井和子訳、三笠書房)
4 Northcraft, G.B., and Neale, M.A. (1987). Experts,Amateurs,and Real Estate: An Anchoring-and-Adjustment Perspective on Property Pricing Decisions.Organizational Behaviour & Human Decision Processes, 39(1), 84-97.
5 Malhotra,D. (2004). Trust and Reciprocity Decision: The Differing Perspectives of Trustors and Trusted Parties. Organizational Behaviour & Human Decision Processes, 94:61-73.
6 Shell,R.G. (1999). Bargaining for Advantage: Negotiation Strategies for Reasonable People. New York:Viking.(『無理せずに勝てる交渉術』成田博之訳、パンローリング)
7 Galinsky, A.D., Mussweiler,T., and Medvec,V.H. (2002). Disconnecting Outcomes and Evaluations: The Role of Negotiator Focus. Journal of Personality and Social Psychology, 83(5), 1131-1140.

第2章　交渉において価値を創造する

1 2004年10月のハーバード大学におけるパネルディスカッションでのリチャード・ホルブルックの発言
2 A.Tenbrunsel & M.Bazerman (2006). Moms.com Simulation and Teaching Note. (Dispute Resolution and Research Center, Northwestern University.)から転載。
3 Valley, K.L., Neale, M,A., and Mannix, E.A. (1995). Friends, Lovers, Colleagues, Strangers:The Effects of Relationships on the Process and Outcome of Dyadic Negotiations. Research on Negotiation in Organizations, 65-93, eds. R.J. Bies, R.J. Lewicki, B. H. Sheppard. Greenwich, CT: *JAI*.
4 Raiffa,H. (1985). Post-Settlement Settlements.Negotiation Journal, 1, 9-12.

第3章　調査交渉術

1　ABC News(2004, July13). Nader Campaign Accepts Republican Donations. From http://abclocal.go.com/kgo/story?section=News&id=1873814.

2　Brandenburger, A.M., and Nalebuff, B.J.(1996). Co-opetition. New York Doubleday.(『ゲーム理論で勝つ経営——競争と協調のコーペティション戦略』嶋津祐一、東田啓作訳、日本経済新聞出版社)

第4章　合理性が崩れるとき——認知のバイアス

1　Malhotra, D., and Hout, M.(2006). Negotiating on Thin Ice:The 2004-2005 NHL Dispute.Harvard Business School Cases: 906-038 and 906-039.

2　LaPointe, J.(2004, December 27). Bettman's Vision for the NHL Did Not Include Labor Strife. New York Times, Dl;(2005, January 10); Worst Managers: Gary Bettman, National Hockey League, Business Week, 76.

3　LaPointe, Bettman's Vision for the NHL Did Not Include Labor Strife op, cit

4　Cannella, S.(2005, February 17). Shameless and Pointless: Bettman Goodenow Disgrace the NHL More than Ever, Sports Illustrated online.

5　Hahn,A.(2005, July 26). NHL: Players OK Pact. Newday, A86.

6　Farber,M.(2005, February 17). Down with the Ship:With Season Sunk Bettman, Goodenow Should Resign. Sports Illustrated online.

7　元の引用はRoss, L., and Stillinger, C.(1991). Barriers to Conflict Resolution. Negotiation Journal, 7(4), 389-404.

8　Bazerman, M., Baron, J., and Shonk,K.(2001). "You Can't Enlarge the Pie": Six Barriers to Effective Government. New York: Basic Books.

9　Thompson,L.(2001). The Mind and Heart of the Negotiator. Upper Saddle River, NJ: Prentice Hall.

10　Stillinger, C., Epelbaum, M., Keltner, D., and Ross,L.(1990). The Reactive Devaluation Barrier to Conflict Resolution.Unpublished manuscript,Stanford University.

11　Babcock,L., and Laschever, S.(2003). Woman Don't Ask: Negotiation and the Gender Divide. Princeton, NJ: Princeton University Press.

12　Ku,G., Malhotra, D., and・Murnighan, J.K.(2005) Towards a Competitive Arousal Model of Decision Making: A Study of Auction Fever in Live and Internet Auctiolls.Organizational Behavior and Human Decision Process, 96(2), 89-103.

13　Sebenius, J.K., and Wheeler, M.A.(1994,October 30). Sports Strikes: Let the Games Continue. New York Times, 3,9.

14 Tversky, A., & Kahneman,D. (1981). The Framillg of Decisions and the Psychology of Choice, Science, 211(4481), 453-458.

第5章　合理性が崩れるとき――心理的バイアス

1 Homer (R.Lattimore,trans.) (1999). The Odyssey. New York: Harper Collins.
2 Schelling,T.C. (1984). Coice and Consequence: Perspectives of an Errant Economist.Cambridge, MA: Harvard University Press,58.
3 Bazermall, M.H., Gibbons,R., Thompson, L.L., and Valley,K.L (1998). Call Negotiators Outperform Game Theory? Debating Rationally:Nonrational Aspects in Organizational Decision Making. Halpern, J.J., and Stern, R.N., eds. Ithaca, NY: ILR; O'Connor, K.M., DeDreu, C.K.W., Schroth, H., Barry, B., Lituchy, T.R., and Bazerman, M.H.(2002). What We Want to Do Versus What We Thlnk We Should Do: An Empirical Investigation of Intraper-sonal Conflict. Journal of Behavioral Decision Making,15(5), 403-418.
4 Loewenstein,G. (1996).Out of Control: Visceral Influences on Behavior. Organizational Behavior and Human Decision Processes, 65(3)272-292.
5 O'Connor,K.M., De Dreu, C.K.W., Schroth, H., Barry, B., Lituchy, T.R, and Bazerman, M.H,(2002). What We Want to Do Versus What We Think We Should Do: An Empirical Investigation of Intrapersonal Confrict. Journal of Behavioral Decision Making, 15(5), 403-418.
6 U.S. News & World Report (2005, January 30), 52.イギリスなど一部の国で、敗者が勝者の訴訟費用を負担すると法律で規定されているのも興味深い。
7 Bazerman, M.H., and Neale, M.A.(1982). Improving Negotiation Effectiveness Under Final Offer Arbitration:The Role of Selection and Training.Journal of Applied Psychology, 67(5), 543-548; Babcock, L, and Loewenstein, G. (1997). Explaining Bargaining Impasse:The Role of Self:Selving Biases.Journal of Economic Perspectives, 11(1), 109-126.
8 Diekmann,K.A., Samuels, S.M., Ross, L., & Bazerman, M.H.(1997). Self-lnterest and Fairness in Problems of Resource Allocation: Allocators Versus Recipients. Journal of Personality and Social Psychology, 72(5), 1061-1074.
9 Harris, S (1946). Banting's Miracle: The Story of the Discovery of Insulin.Toronto: J.M.Dellt and Sons.
10 Ross, M., and Sicoly, F.(1979). Egocentric Biases in Availability and

11. Rawls, J. (1971). A Theory of Justice. Cambridge, MA: Harvard University Press.(『正義論』矢島鈞次訳、紀伊國屋書店)
12. Taylor, S.E. (1989). Positive Illusions: Creative Self-Deception and the Healthy Mind. New York: Basic Books.
13. Kramer, R.M., Newton, E., and Pommerenke, P.L (1993). SelfEnhancement Biases and Negotiator Judgment: Effects of Self Esteem and Mood Organizational Behavior and Human Decision Prosesses, 56 (1), 110-133 Kramer, R.M. (1994). Self-Enhancing Cognitions and Organized Conflict. 未発表の原稿。
14. Taylor, S.E., and Brown, J.D. (1988). Illusion and Well-Being: A Social Psychological Perspective on Mental Health. Psychologocal Bulletin,103 (2), 193-210; Bazerman, M.H. (2005). Judgment in Managerial Decision Making(6th ed.). New York: John Wiley & Sons.
15. Seligman, M.E.P. (1991). Learned Optimism. New York: Pocket Books (『オプティミストはなぜ成功するか』山村宜子訳、パンローリング)
16. Babcock, L, and Loewenstein, G.F. (1997). Explaining Bargaining Impasse: The Role of Self-Serving Biases. Journal of Economic Perspective, 11 (1), 109-126; Kramer, Self-Enhancing Cognitions and Organized Conflict
17. Brewer, M.B. (1986). Ethnocentrism and Its Role in Intergroup Confrict. In S. Worchel & W.G. Austin (eds.), Psychology of Intergroup Relations Chicago: Nelson Hall; Kramer, Self-Enhancing Cognitions and Organized Conflict
18. Diekmann, K.A., Samuels, S.M., Ross, L, and Bazerman, M.H. (1997). Self-Interest and Fairness in Problems of Resource Allocation: Allocators Versus Recipients. Journal of Personality & Social Psychology, 72 (5), 1061-1074; Tenbrunsel, A.E. (1998). Misrepresentation and Expectations of Misrepresentation in an Ethical Dilemma: The Role of Incentives and Temptation. Academy of Management Journal, 41 (3), 330-339.
19. Sorenson, T.C. (1965). Kennedy, New York: Harper and Row, 322.
20. Kramer, R.M. (1994). Self-Enhancing Cognitions and OrganizedConflict. 未発表の原稿。
21. Salovey, P., and Rodin, J. (1984). Some Antecedents and Consequences of Social-Comparison Jealousy. Journal of Personality and Social Psychology, 47(4), 780-792.
22. Kramer, R.M. (1994). Self-Enhancing Cognitions and Organized Conflict.

未発表の原稿。

23 Malhotra,D.,and Murnighan, J.K.(2002). The Effects of Contracts on Interpersonal Trust.Administrative Science Quarterly, 47(3), 534-559.

24 Medvec, V.H., Madey, S.F., and Gilovich,T.(1995). When Less Is More:Counterfactual Thinkillg and Satisfaction Among Olympic Medalists. Journal of Personality & Social Psychology, 69(4), 603-610.

25 Larrick, R., and Boles,T.L.(1995). Avoiding Regret in Decisions with Feedback: A Negotiation Example.Organizational Behavior and Human Decision Processes,63,87-97; Kahnelnan, D., and Miller, D.T.(1986). Norm Theory: Comparing Reality to Its Alternatives. Psychological Review, 93 (2), 136-153.

26 Spranca, M., Minsk, E., and Baron, J.(1991). Omission and Commission in Judgment and Choice. Journal of Experimental Social Psychology, 27 (1), 76-10S.

第6章 不合理の世界で合理的に交渉する

1 Dawes,R.M.(1988). Rational Choice in an Uncertain World. New York: Harcourt, Brace, and Jovanovich.

2 Neale, M.A., and Northcraft, G.B.(1990). Experience, Expertise, and Decision Bias in Negotiation: The Role of Strategic Conceptualization. In B.H. Sheppard, M.H.Bazerman, and R.J. Lewicki(eds.), Research in Negotiation in Organizations(vol.2). Greenwich, CT: JAI Press.

3 Stanovich, K.E., and West, R.F.(2000). Individual Differences in Reasoning: Implications for the Rationality Debate. Behavioral and brain Sciences, 23, 645-665.

4 Kahneman,D.,and Frederick, S.(2002). Representativeness Revisited: Attribute Substitution in Intuitive Judgment. In T. Gilovich, D. Griffin, and D. Kahneman(eds.), Heuristics and Biases: ThePsychology of Intuitive Judgment. New York: Cambridge University Press, 49-81.

5 Chugh, D.(2004). Why Milliseconds Matter: Societal and Mallagerial Implications of Implicit Social Cognition. Social Justice Research, 17(2), 203-222.

6 Ball, S.B.,Bazerman, M.H., and Carroll, J.S.(1991). An Evaluation of Learning in the Bilateral Winner's Curse. Organizational Behavior and Human Decision Processes, 48(1), 1-22.

7 Loewenstein, J., Thompson, L, and Gentner,D,(2003). Analogical Learning in Negotiation Teams:Comparing Cases Promotes Learning

and Transfer. Academy of Management Learning and Education, 2 (2) 119-127.

8 Kahneman, D.,and Lovallo, D. (1993). Timid Choices and Bold Forecasts A Cognitive Perspective on Risk Taking. Management Science, 39, 17 31.

9 Ibid.

10 Cooper, A., Woo, C., and Dunkelberg, W. (1988). Entrepreneurs' Perceived Chances for Success. Journal of Business Venturing, 97-108.

11 Kahneman,D., and Lovallo, D. (1993). Timid Choices and Bold Forecasts A Cognitive Perspective on Risk Taking.Management Science, 39, 17-31.

12 Lewin,K. (1947). Group Decision and Social Change. In T.M. Newcomb and E.L. Hartley (eds.), Readings in Social Psychology. New York: Holt Rinehart,&Winston.

13 Lewis, M. (2003). Moneyball: The Art of winning an Unfair Game. New York: W.W. Norton.(『マネー・ボール』中山宥訳、ランダムハウス講談社)

14 Thaler,R., and Sunstein,C. (2003,September 1). Who's on First? The New Republic, 229, 27.

15 Bazerman, M.H. (2006). Judgement in Managerial Decision Making (6th ed.). New York: John Wiley&Sons.

第7章　影響力の戦略

1 Cialdini, R (1993). Influence: Science and Practice. New York: Harper Collins.(『影響力の武器——人はなぜ、動かされるのか』社会行動研究会訳、誠信書房)

2 Cialdini,R.(Summer 2003). The Power of Persuasion: Putting the Science of Influence to Work in Fundraising. Stanford Social Innovation Review 18-27.

3 故エイモス・トベルスキーとノーベル経済学賞受賞者ダニエル・カーネマンは、1979年に出版された"Prospect Theory"で、「損失が利得よりも大きく見える」ことに初めて言及した。Kahneman, D. and Tversky A. (March 1979). Prospect Theory: An Analysis of Decision Under Risk Econometrica, 263-292.

4 Kalichman, S.C., and Coley,B. (1995). Context Framing to Enhance HIV Antibody-Testing Messages Targeted to African American Women Health Psychology, 14, 247-254.

5 Rothman, A.J., Salovey, P., Pronin, E., Zullo, J., and Lefell, D. (1996). Prior Health Beliefs Moderate the Persuasiveness of Gain and Loss Framed

Messages.未発表の原データ。

6 Meyerowitz, B.E., and Chaiken, S. (1987). The Effect of Message Framing on Breast Self Examination: Attitudes, Intentions, and Behavior. Journal of Personality and Social Psychology, 52, 500-510.

7 エイモス・トベルスキーとダニエル・カーネマンは予想理論についての影響力ある研究で、こうした選好は、勝敗の見通しを、現状などの目立った参照点を基準に評価する結果だと説明した。とくに、勝利の限界効用は逓減し、敗北の限界非効用は逓減すると論じている。Kahneman, D., and Tversky,A.(March 1979). Prospect Theory: An Analysis of Decision Under Risk. Econometrica, 47, 263-292.

8 Cialdini, R, Vincent, J., Lewis, S., Catalan, J., Wheeler, D., and Darby, B.(1975). Reciprocal Concessions Procedure for Inducing Compliance: The Door-in-the-Face Technique.Journal of Personality and Social Psychology, 31, 206-215.

9 Taylor, T., and Booth-Butterfield,S. (1993). Getting a Foot in the Door with Drinking and Driving: A Field Study of Healthy Influence. Communication Research Reports, 10, 95-101.

10 Burger, J.M., and Guadagno, R.E.(2003). Self Concept Clarity and the Foot-in-the-Door Procedure. Basic and Applied Social Psychology, 25, 79-86.

11 Langer, E.J., Blank, A., and Chanowitz, B.(1978). The Mindlessness of Ostensibly Thoughful Action: The Role of "Placebic" Information in Interpersonal Interaction.Journal of Personality and Social Psychology, 36, 635-642.

12 Cialdini, R.B.(January 2004). Everybody's Doing It. Negotiation, 7.

13 Festinger,L. (1954). ATheory of Social Comparison Processes.Human Relations, 7, 117-140.

14 James, J.M., and Bolstein, R. (Winter 1992). Large Monetary Incentives and Their Effect on Mail Survey Response Rates. Public Opinion Quarterly, 56, 442-453.

15 Malhotra, D.(2004). Trust and Reciprocity Decisions: The Differing Perspectives of Trustors and Trusted Parties. Organizational Behavior and Human Decisions Processes, 94, 61-73.

16 Tversky, A., and Kahneman, D.(1981) The Framillg of Decisions and the Rationality of Choice. Science, 211, 453-458.

17 Thaler,R. (1985). Mental Accoullting and Consulner Choice. Marketing Science, 4, 199-214.

18 Bazerman, M.H. (2005). Judgment in Managerial Decision Making 6th ed. New York: John Wiley & Sons.

第8章　交渉の盲点

1. Feder, B. (2006, January 26). Quiet End to Battle of the Bids. New York Times, C1.
2. Feder, B., and Sorkin, A.R. (2005, November 3). Troubled Maker of Heart Devices May Lose Suitor. New York Times, A1.
3. Feder, B. (2006, January 26). Quiet End to Battle of the Bids. New York Times, C1.
4. Meier, B. (2005, November 10). Guidant Issues Data on Faulty Heart Devices. New York Times, C5.
5. Bajaj, V. (2005, December 28). F.D.A. Puts Restrictiolls on Guidant. New York Times, C1.
6. Feder, B., and Sorkin, A.R. (2006, January 18). Boston Scielltific, with Abbott's Help, Raises Bid for Guidant. New York Times, C1.
7. Saul, S. (2006, January 25). J & J passes on Raising Guidant Bid. New York Times, C1; Feder, B. (2006, January 26). Quiet End to Battle of the Bids. New York Times, C1.
8. Harris, G., and Feder, B. (2006, January 27). F.D.A. Warns Device Maker over Safety. New York Times, C1.
9. Tully, S. (2006, 0ctober 16). The (Second) Worst Deal Ever. Fortune, 154 (8).
10. Bazerman, M.H., and Chugh, D. (2006). Decisiolls Without Blinders. Harvard Business Review, 84(1).
11. (1995, November 10). American Won't Make First Bid on USAir. Charleston Daily Mail, C4.
12. Akerlof, G. (1970). The Market for Lemons: Qualitative Uncertainty and the Market Mechanism. Quartery Journal of Economics, 89, 488-500.
13. Ball, S.B., Bazerman, M.H., and Carroll J.S. (1991). An Evaluation of Learning in the Bilateral Winner's Curse. Organizational Behavior and Human Decision Processes, 48(1), 1-22.
14. Bereby-Meyer, Y., and Grosskopf, B. (2002). Overcoming the Winner's Curse: An Adaptive Learning Perspective. AOM Conflict Management Division 2002 meetings, No.13496. http://ssrn.com/abstract=324201
15. Moore, D.A, and Kim, T.G. (2003). Myopic Social Prediction and the Solo Comparison Effect. Journal of Personality and Social Psychology, 85(6).

1121-1135.
16　Camerer, C., and Lovallo, D. (1999). Overconfidence and Excess Entry: An Experimental Approach. American Economic Review, 306-318.
17　Fox,C.R., and Tversky, A. (1998). A Belief-Based Account of Decision Under Uncertainty. Management Science, 44(7), 879-895.
18　ブラヒミの発言は、2002年10月、ハーバード・ビジネススクールのパネルディスカッションの時のもの。
19　Simons,D.J. (2003). Surprising Studies of Visual Awareness. [DVD]. Champaign, IL: VisCog Productions, http://www.viscog.com.
20　Neisser, U. (1979). The Concept of Intelligence. Intelligence, 3(3), 217-227.

第9章　嘘とごまかしに対峙する

1　Gladwell, M. (2005). Blink: The Power of Thinking Without Thinking. New York:Little, Brown. (『第1感「最初の2秒」の「なんとなく」が正しい』、沢田博、阿部尚美訳、光文社)
2　Ekman, P. (2002). Telling Lies:Clues to Deceit in the Marketplace, Marriage, and Politics. New York: W.W. Norton.
3　Malhotra, D. (2004). Smart Alternatives to Lying in Negotiation. Negotiation, 7(5)

第10章　倫理的なジレンマを認識し、解決する

1　Banaji, M.R., Bazerman, M.H., and Chugh, D. (December 2003). How (Un)Ethical Are You? Harvard Business Review
2　実際、ほとんどの州では、売り手側の不動産エージェントは、売り手に対して忠実義務を負うと法律で定められている。
3　Cain, D., Loewenstein, G., and Moore, D. (2005). The Dirt on Coming Clean: Perverse Effects of Disclosing Conflicts of Interest. Journal of Legal Studies, 34, 1-25.
4　Greenwald, A.G., McGhee, D.E., and Schwartz, J.L.K. (1998). Measuring Individual Differences in Implicit Cognition: The Implicit Association Test. Journal of Personality and Social Psychology, 74(6), 1464-1480.
5　Chugh, D. (2004). Why Milliseconds Matter: Societal and Managerial Implications of Implicit Social Cognition. Sotial Justice Research, 17(2), 203-222.
6　Gillespie, J.J., and Bazerman,M.H. (1997). Parasitic Integration: Win-Win Agreements Containing Losers. Negotiation Journal, 13(3), 271-282. われ

われは、「寄生による価値創造」という用語を、ギレスピーとベイザーマンが名づけた「寄生による統合」と同じ意味で使っている。
7 行政法審判官は製薬会社に有利な決定を下した。連邦取引委員会（FTC）の超党派の委員会は、5対0で審判官の決定を覆した。この決定は上訴審で覆された、合衆国最高裁はFTCの上告を審理に入ることなく棄却し、製薬業界で寄生による価値創造がさらに一般化する一因になった.
8 Murnighan, J.K. (1994). Game Theory and Organizational Behavior In B.M. Staw and L.L. Cummings (eds.), Research in Organizational Behavior.Greenwich, CT: JAI Press.
9 キム・ウェイド―ベンゾーニ、アン・テンブランセル、マックス・ベイザーマンは、この問題に基づいたシミュレーションを開発した。参加者は漁業関係者や趣味の釣り人など、さまざまな団体の代表の役割を与えられて危機について議論する。この実験により、何が公正なのかについて自分に都合のよい解釈をすることが明らかになり、こうしたバイアスのかかった解釈から、乱獲が起こり得ると予想できた。
10 Caruso, E., Epley, N., and Bazerman, M.H. (2006). The Good, the Bad and the Ugly of Perspective Taking in Groups. In E.A. Mannix, M.A. Neale and A.E. Tenbrunsel (eds.), Research on Managing Groups and Teams Ethics and Groups (vol.8). London: Elsevier.
11 Chugh, D. (2004). Why Milliseconds Matter: Societal and Managerial Implications of Implicit Social Cognition. Social Justice Research, 17(2) 203-222.

第11章　弱い立場からの交渉

1 Subramanian,G., and Zeckhauser,R. (February 2005). "Negotiauctions" Taking a Hybrid Approach to the Sale of High-Value Assets Negotiation.
2 Bazerman, M.H., and Neale, M.A. (1992). Negotiating Rationally. New York: Free Press.(『マネジャーのための交渉の認知心理学』奥村哲史訳、白桃書房)

第12章　交渉が荒れたとき――不合理、不信、怒り、脅し、エゴに対処する

1 Kelmedy, R. (1971). Thirteen Days: A Memoir of the Cuban Missile Crisis. New York: W.W. Norton.(『13日間――キューバ危機回顧録』毎日新聞外信部訳、中公文庫)
2 Malhotra, D. (2006). Is Your Counterpart Irrational…Really? Negotiation,

(3).
3 Mayer, R.C., Davis, J.H., and Schoorlnan,F.D.(1995). An Integrative Model of Organizational Trust.Academy of Management Review,20,709-734.
4 Dirks, K.T., and Ferrin, D.L.(2001). The Role of Interpersonal Trust in Organizational Settings. Organization Science, 12, 450-467.
5 Thirteen Days, 97.(『13日間――キューバ危機回顧録』毎日新聞外信部訳、中公文庫)

第14章　達人への道

1 Neale, M.A., and Northcraft, G.B.(1990). Experience, Expertise, and Decision Bias in Negotiation: The Role of Strategic Conceptualization. In B.H. Sheppard, M.H.Bazerman, and R.J. Lewicki(eds.), Research in Negotiation in Organizations(vol.2). Greenwich, CT: JAI Press.

謝　辞

　著者、そして本書のアイデアは、同僚の影響を強く受けている。われわれは、同僚としてすばらしい人々を見つけるのが得意である。同僚の多くは、ノースウェスタン大学とハーバード大学という2つのすばらしい組織の学部や博士課程に所属しているか、過去に所属したことがあり、そのほとんどがケロッグ校かハーバード・ビジネススクールに集中している。両校とも、交渉術の研究と教育をリードする総本山であり、本書のアイデアの多くは、われわれがこれらの組織に所属していた間に交流した優れた研究者によって開発ないし共同開発されたものである。ケロッグ時代からは以下の方々の知見に感謝したい。サリー・ブラウント、ジーン・ブレット、ティナ・ディークマン、クレイグ・フォックス、アダム・ガリンスキー、ラウラ・クレイ、ギリアン・クー、テリー・クルツバーグ、リック・ラリック、ベータ・マニックス、ダグ・メディン、ヴィクトリア・メドウェック、デヴィッド・メシック、ドン・ムーア、キース・マーニガン、マギー・ニール、奥村哲史、ホリー・シュロス、プリ・プラダーン・シャー、ハリス・ソンダック、アン・テンブランセル、リー・トンプソン、キャシー・ティンスリー、トム・トリップ、キンバリー・ウェイド—ベンゾーニ、マーク・ウェバー、ローリー・ウェインガート。

　ハーバード大学では、幸運にも2人とも、ハーバード・ビジネススクールの交渉術・組織・市場ユニットの教授を務めており、われわれの研究の質を高めてくれる、以下のすばらしい同僚に囲まれている。ナヴァ・アシュラフ、ジョージ・ベイカー、グレゴリー・バロン、ヨラ・バービーマイヤー、ピーター・コールス、フランチェスカ・ジノ、ジェリー・グリーン、ブリット・グロスコフ、ブライアン・ホール、ロレーヌ・イドソン、キャスリーン・マギン、シモーヌ・モラン、アル・ロス、ジム・セベニウス、ラヴィ・シン、ウィリアム・シンプソン、グハーン・サブラマニアン、アンディ・ウェジンチャク、マイケル・ワトキンス、トニ

ー・ウエグナー、マイケル・ウィーラー。

　われわれ2人は、ハーバード・ロースクールの「交渉プログラム」にも関わっており、同プログラムが社会的、知的支援の大いなる源泉となってきた。ハーバードにおいて交渉プログラムやさまざまな博士課程のプログラムと関わってきたこと、その他の大学院や学部と関わってきたことで、以下の多くの方々のアイデアや知見を学ぶことができた。モドゥープ・アキノラ、マザリン・バナジ、ジョン・ベシャーズ、アイリス・ボーネット、ハナ・ライリー・ボウルズ、デイリアン・ケイン、ユージン・カルソ、ヘザー・カルソ、ドリー・チュー、ルーク・コフマン、ニック・エプリー、スティーブ・ガルシア、ダン・ギルバート、ジョシュア・グリーン、フィオナ・グリーグ、スーザン・ハックリー、カリム・カサーム、デビッド・ライブソン、ジョリー・マーティン、メアリー・キャロル・マッザ、ウェンディ・メンデス、ケイティ・ミルクマン、ジェイソン・ミッチェル、ボブ・ムヌーキン、センディル・ムライネイサン、ネルー・パーリア、ジェフ・ポルツァー、トッド・ロジャーズ、ベン・シェノイ、ラリー・サスキンド、カルミット・タッドモア、マイク・タスマン、ダン・ウェグナー。

　以下の方々からも大いに学ばせてもらった。ジョン・バロン、リンダ・バブコック、アート・ブリーフ、ジェン・ラーナー、ジョージ・ローウェンスタイン、ブライアン・マグラス、メイデン・ピルトゥラ、フィル・テトロック。そして、今は名前が出てこないが、後から思い出して申し訳なく思う多くの同僚や友人である。

　われわれのコースの受講者やクライアントであった世界中の多くの企業幹部に感謝したい。本書のなかに、ご自分の経験が収められている方もいるだろう。あなた方の多くが抱える問題や疑問、逸話に触発されて、本書の中身ができた。そして、すべての方々から刺激を受けて、本書を執筆することになった。

　実際の執筆作業に関しては、すばらしい編集の助けを得ることができて幸運だった。長年にわたってマックスのリサーチ・アシスタントを務めるケイティ・ションクは、膨大な時間を使ってすべての章を一言一句読み込み、編集し、コメントしてくれた。彼女がどれだけ助けになったことか。

学部の優秀なアシスタントであるアリッサ・ラズックとエリザベス・スウィーニーは、草稿を読み、事実をチェックし、本書の細々としたことをまとめてくれた。バンタムのエディター、トーニ・バーバンクは、われわれをいつ急かし、われわれの判断をいつ信頼すればいいのか、実によく心得ていた。彼女の強い主張、情熱、仲間意識のおかげで、執筆のプロセスが大いに改善された。

　最後に、それぞれの家族の支援に感謝したい。ディーパックの両親のシャンデールとスーデシュ・マルホトラ、弟のマヌ・マルホトラは、草稿を何度も読み、貴重な助言をくれた。ディーパックの妻のシーカは、全ページを読み、編集してくれただけでなく、励まし、支えてくれたおかげで完走できた。マックスのパートナー、マーラ・フェルチャーは、つねにマックスの意見を批評し、議論を洗練させてくれた。シーカとマーラは生活の一部となり、人生で最高の状態では交渉の必要がないことを明確にしてくれた点にも感謝したい。

索　引

アルファベット

BATNA（不調時対策案）　20
　100ドル札の入札　122-124,126,191
　相手と話す際、避けるべき言い方　249
　相手の〜を見極める　21-22,250
　駆け引き（ハグリング）　43-44
　自分の弱い立場を隠す　248-249
　署名された合意、PSS（合意後の交渉）のための〜　82
　シンジケーションの事例　57
　力がないため、交渉しないことにする
　　　　　　　　　　　　　291,295-296
　見極める際の3段階　20
　弱い立場　247,248
　ルーズベルトの大統領選での交渉
　　　　　　　　　22,248-249,250-251
　〜を最善策だと考えるべきとき　304-305
NHL労使紛争　111-113,120-121,124-125,126,131
　アメリカの高速列車の紛争と〜の回避　125
　回避する方法　126-127
　競争的興奮　124
　実社会、〜　124
　当初の戦略、正当化する必要性　122-124
　不合理なエスカレーション　114,122-127
R.F.ウェスト　149
USエア　190-191
USニュース＆ワールド・リポート紙の調査　137
ZOPA（合意可能領域）　23,23-24
　アンカーの設定　34
　交渉してはならないとき　305
　最初のオファーと　30-31
　自分の取引を見極める　25-27
　譲歩幅縮小　46-47
　シンジケーションの事例、最初のオファー　60
　シンジケーションの事例、論点を増やす　64-65
　高めだが、現実的な目標を設定する　37-38
　取引をしない　98
　両者のBATNAが貧弱で、〜が大きい　250

あ　行

相手を攻める　7,17,38-43
アダム・ブランデンバーガー　93
アナトリー・ドブルイニン　268
アフンヤー・スミス　238-239
アプトン・シンクレア　230
アムトラック　125
アメリカ高速列車の欠陥ブレーキに絡む紛争　125
アメリカン航空　190
アル・ゴア　90-92
アルベルト・アインシュタイン　49,302
アン・テンプランセル　142
アンカー（anchor）/アンカーを設定する　29-31
　ZOPA全体を交渉対象とする　35
　相手のアンカーをじっくり検討するのを避ける　33
　シンジケーションの事例、最初の条件提示　60
　複数の提案を同時に行う　105-106
　〜の影響　31
意思決定ルール　192-193
インフォマーシャル　177-178
ヴィキ・メドヴェック　144
ウィリアム・ハワード・タフト　15
ウィリアム・ユーリー　304
ウィン・ウィンの原則　6,66,304-305
嘘とごまかし　9,10,204-227
　相手が嘘をつきたくなる気持ちを取り除く　207-211
　あからさまな嘘　204-205
　意図的な　218
　嘘をつきたくなる制約を取り除く　226-227
　嘘をつくのを避けるための準備　222-223,225
　お返しと〜　104
　〜から守るための条件付き契約
　　　　　　　　　42-43,70,72,216-217

期待される謝罪と譲歩	219-220
警戒されにくい、間接的な質問をする	210
警告	219-220
警告シナリオ対対決シナリオ	219-220
交渉で嘘をつく理由	206-207
察知する	212-217
自分自身に嘘をつくのを拒否する	210-211,227
準備しているように見せる	207-209
情報収集力があることを示す	209
真実を三角測量する	213-214
席を立つ（テーブルを離れる）ポイント	219
代替案	221-227
特定の質問に答えるのを避ける	224
文化的背景	218
別の質問に答える	224
見抜くのが遅すぎた嘘	205
見抜けない嘘	205-206
罠を仕掛ける	213
～を避けるために現実を変える	225-226
～を突き止めたとき、どうするか	217-220
売り込みの口上	167
cf「影響力の戦略」も見よ	
契約に至るまでの時間、平均	154
自動車のセールスマン	173
自分の提案や要求が妥当に見える参照点を使う	180-181
社会的証明を利用した戦術	177-178
ウルリック・ナイサー	201
影響力と説得力の心理学	167-168
cf「影響力の戦略」も見よ	
影響力の戦略	9,167-184
相手の利得は分解し、損失はまとめる	170-171
～から自分自身を守る	182-184
形式的に一方的に譲歩する	179-180
自分の提案や要求が妥当に見える参照点を使う	180-181
社会的証明の力を利用する	177-178
譲歩の見返り	172-173
正当化の力を利用する	175-177
損失回避の原則	168-170
損失フレームを利用した警告	170-171
ドア・イン・ザ・フェイス（DITF）戦略	172-173
～の限界	184
フット・イン・ザ・ドア（FITD）戦略	173-175
予想される利得ではなく、予想される損失を強調する	168-170
エージェント/代理人	
代理人（エージェント）を締め出す	253-25
不動産（業者）	105-10
利害の対立	231-23
エイモス・トベルスキー	113,127,18
エリオット・スピッツァー	18
エレン・ランガー	17
オークランド・アスレチックス	156-15
お返し　→見返り/互恵	
『オデュッセイア』（ホメロス）	134-13
脅しと最後通告	282-28
あり得る回答	28
脅しを無視する戦略	283-28
信用できない場合の対応	285-28
制する	284-28
オファー/提案/条件提示	
cf「駆け引き（ハグリング）」、「影響力の戦略」も見よ	
相手のアンカーをじっくり検討するのを避ける	3
アンカー/アンカーを設定する	28-31,30,3
アンカーを無視する	3
いつ～すべきか	
影響力の戦略から自分自身を守る	182-18
脅しと最後通告に対処する	282-28
感情的な反応	134-13
拒否	97-9
警戒すべき、出来すぎた提案	49-5
「最終オファー」のジレンマ、回避	221-222,287-288
最初の～を相手が提示する	3
最初の～を組み立てる	7,30-3
最初の～をする	28-3
失敗で終わったときに聞くべき質問	9
失敗の理由	308-310
自分自身の満足度を管理する	50-5
状況と関係を検討する	3
条件引き下げ	3
条件を引き下げる時間的猶予を与える	3
勝者の呪いの問題	196-197
情報と影響力を分離する	32,121-122
シンジケーションの事例	58-59,60
正当化の力を利用する	175-177
損失フレームの言い換え	18

対案を示し、アンカーを設定する	33
対比効果（contrast effect）	172-173
高めだが、現実的な目標を設定する	37,44
強気の程度	35-37
適切な場合、極端な〜	36
ドア・イン・ザ・フェイス（DITF）戦略	172-173
同意を取り付けるための文言	175-176
同時に複数の提案をする	105-106
〜に対する反応	6-7,18,31-34,47-50
〜の際の3つの対処法	41
〜の評価の採点システム	76
低すぎる〜	30
フット・イン・ザ・ドア（FITD）戦略	173-175
オリンピックのメダル受賞者	144

か 行

ガイダント社	185-187
価格交渉	7
2回戦に進めるだけ価格を下げる	252-253
PRV（包括的留保価値）の計算	76-77
あからさまな嘘、例	204-205
アンカー/アンカーを設定する	28-31,30
意見の分かれる	66
価格引き下げ交渉のせりふ	209
価値創造	66-67,75
契約やDVPの入札	251-254
交渉可能な論点のリスト	67
交渉入札	252-253
交渉の事後分析	25-27
交渉の準備	19-24
採点システムをつくる	76
ゼロ・サムの交渉	62,115
代理人（エージェント）を締め出す	253-254
取引をまとめる	24-25
複数の提案を提示する	252
複数の利害を把握する	75
不動産取引の事例	17-19
弱い立場からの	246
論点を増やすことによって価値を創造する	67-68
駆け引き（ハグリング）	7,17,43-47
相手のBATNAと留保価値に注目する	44
一方的な譲歩を避ける	44
互恵の原則	44
自分が譲歩したことを明確にしておく	45
条件付きの譲歩をする	46
譲歩幅縮小の影響を認識しておく	46
タイのタクシー料金	292-293
沈黙に動じない	45
見返りの意味をはっきりさせる	45-46
露天商	36
家族計画協会の「ピケへの寄付」	262
価値創造（value creation）	7,55-86,56,57
BATNAとシンジケーションの事例	57
NHLの労使紛争	120-121
あらゆる種類の違いを利用して価値を創造する	80-82
偉大な交渉者と最大化	64-65
価格だけの交渉	67
カネを無駄にするのを避ける	68
関係を利用する	96
寄生による価値創造	237-241
競争相手や敵との交渉	93
極端な弱さを武器にする	260-262
交渉後の戦略	82-85
交渉の事後分析、シンジケーションの事例事例	60-61
実行戦略	78-82
準備ができていない交渉者、問題に対処する	159
準備戦略	74-77
条件付き契約	69-74,70,71,72
条件付き契約による警告	73-74
シンジケーションの事例、質問して提案を組み立てる	102-103
親密な関係	66
手の内を見せない交渉者から情報を引き出す戦略	100-107
取引をまとめる	58-59
トレード・オフ	80,115
〜の達人	85-86
パイの大きさを拡大する	114-115,118
パレート改善	68-69
複数の論点を同時に交渉する	78-79,105
複数の論点をまたいで交渉する	63
包括的な提案をする	65-66,79-80
要求をチャンスと解釈する	94-95
ログローリング	61,61-64,63,72
論点を増やす	64-68,72
価値の要求	16,78-82
相手の最初の条件提示に対する反応	31-35

相手の留保価値(RV)を計算する	38-43	不合理に対処する	269-274
駆け引き(ハグリング)	43-47	米ソSLAT条約	117-118
価値創造を無視する間違い	115	競争的興奮(competitive arousal)	123-124
関係を交渉する	47-50	共同アパートの係争	32-133,136
交渉に先立つ仮定	40	後悔の回避	145
交渉の事後分析	25-27,308-310	提訴の代替案	136
交渉の事前準備	19-24	グーハン・スブラマニアン	253
最初の条件提示	28-31,30	クノール社	126
最初の条件提示の組み立て	35-38	クリスティナ・ディークマン	142
自分自身の満足度を管理する	50-51	グレッグ・ノースクラフト	29,148
自分の仮定を疑う質問をする	41-42	ゲアリー・ベットマン	111-112
条件付き契約、〜を利用した	42-43	コーペティション(co-opetition)	93
取引をまとめる	24-25	コーリン・カメラー	198
不動産取引の事例	17-19	合意可能領域 →ZOPA	23,23-24
枠組み	6-7,17	後悔の回避	144-146
価値を確保する →価値を要求する		貢献を過大に主張する	241-243,244
カネを無駄にする	63,68,85	交渉後の戦略	7,82-85
関係を交渉する	17,47-50	己の限界をわきまえる	291-292
交渉してはならないとき	300-302	大原則	83
信頼	102	代理人を締め出す	253-254
取引のないときに顧客を教育する	255	提案の仕方	84-85
配偶者	66	〜によるパレート改善	82
評判と関係のコストを考えて行動する	222	包括的な提案	253
魅力的な提案への反応	47-50	交渉してはならないとき	11,290-306
倫理的な検討	228-245	関係を損なう場合	300-302
キース・スタノヴィッチ	149	交渉が間違ったシグナルを送る場合	
消える集合	313-314		297-299
寄生による価値創造(parasitic value creation)		自分のBATNAが、相手の最善のオファーを上回る場合	304-305
	237-241	「取引の不成立」を待つ	305
FTCの訴訟	238-240	〜による時間の無駄	292-295
回避	244	ハーバード大学教授の牛糞の逸話	290-291
聞くべき質問	240-241	貧弱なBATNA	291,295-296
キャサリーン・ションク	116	文化的背景	302-304
求職者 →将来の雇用主との交渉		交渉において価値を要求する →価値を要求する	
キューバのミサイル危機	266-269,283,287-288	交渉における感情	
競争相手、敵対者との交渉	9	相手が真の利害に注目する手助けをする	
cf「コーペティション」も見よ			281
怒りに対処する	274-277,277-281	怒りに対処する	277-281
大袈裟な芝居	288-289	共同アパートの係争	132-133,136
脅しと最後通告	282-286	「こうしたい自分」(want-self)対「こうすべき自分」(should-self)	135-136
価値創造の機会	93		
考えにくい相手と共同戦線を張る	92-94	自問すべき問い	281
キューバのミサイル危機	266-269	代理人をたてる	136-137
競争上の罠	127	調停と〜	136
コーペティション	93	動機のバイアス	132-146
体面を保つ必要性に対処する	287-289	パイの大きさは一定であるとするバイア	
手ごわさに関する盲点	198-199		
反射的な過小評価と〜	117-118		

ス	115-117
標的にならないようにする	280-281
フレーミング効果	128-130
〜を予想し、準備する	127,135-137
不合理なエスカレーション	122-127
交渉における間違い	8
相手の意思決定のルールを見落とす	188,192-193
相手の情報の優位性を見落とす	188,193-197
相手の負け＝自分の勝ち	78
型通りで予想可能な	14,147
カネを無駄にする	68,85-86
競争相手の手ごわさを見落とす	188,198-199
共通する〜を回避する	17
共通する間違いのリスト	27
交渉に先立つ仮定	87-88
交渉のテーブルにいない当事者の役割を見落とす	188-191
最初の条件提示をする	28-31
自信過剰	140,153-156,158
「システム1」思考	149-150,157
実質的な議論の前の〜	19
勝者の呪いの問題	196-197
将来の情報を見落とす	188,199-201
直感を使った	147,149,163
敵対者を低く見る	142
動機のバイアス	8
認識の限界	188
認知のバイアス	8,111-131
パイの大きさは一定であるというバイアス	114-118
非注意性盲目	202
不合理なエスカレーション	122-127
不合理な楽観論	140-142
フレーミング	127-131
目立つ情報に飛びつくバイアス	119-122
盲点	185-203
優位性の幻想	142
交渉に先立つ、自分自身の仮定	40-41
仮定を疑う質問	41
袋小路	87-88
交渉入札（negotiauction）	253
交渉の再開	83-85
交渉の準備	6,17
PRV（包括的留保価値）を計算する	76-77
ZOPAを計算する	23-24,75
相手のBATNAを見極める	21-22
相手の留保価値（RV）を計算する	23
あらかじめ出口戦略を用意する	126
異文化間交渉のための	200-201,218-219,236,303-304
影響力の戦略から自分を守る	182
価値創造戦略	74-77
価値要求の5段階の枠組み	19-24
感情的な反応を予想し、準備する	127,135-137
交渉に先立ってあらゆる情報源にあたる	38-40
採点システムをつくる	76
「システム2」思考のリスト	150
自分のBATNAを見極める	20,75
自分の複数の利害を把握する	75
自分の留保価値（RV）を計算する	20-21,75
準備ができていない交渉者、問題に対処する	159-160
準備ができているように見せる、すべき事のリスト	208
準備しているように見せ、嘘をつかれないようにする	207-208
反対役を指名する	126-127
フレーミングと参照点を予想し、準備する	130
万一の場合を考える	199-201
予想される難しい質問に対する答え	222-223
交渉を打ち切るポイント	38,219,260,274
cf「交渉してはならないとき」も見よ	
膠着状態　→袋小路	
合弁事業の解消	124
合理的な交渉	147-163
相手がバイアスを減らす手助けをする	158-160
相手から提供された情報を検証する	160-161
相手のバイアス	160-161
完璧は良好の敵	310
既存の意思決定プロセスを「分解」する	155
経験の価値対知識	147-148,307-308
交渉の達人にとって適切な環境をつくる	311-313
交渉の達人になる	314
交渉を複数の会議に分ける	151

時間的プレッシャーの下での交渉を避ける	150-151
「システム1」思考	149-150
「システム2」思考	149-151,156
実行するための実際的な対処法	310-311
自分自身のバイアスに向き合う	149-156
準備ができていない交渉者を助ける	159-160
条件付き契約を利用する	162
専門知識と戦略の概念化	148
他人のバイアスに対峙する	156-162
直感と経験	147-149
適切であれば、スケジュールを変更する	150-151
〜の枠組み	148
部外者の視点を採り入れる	155
部外者のレンズを採用する	153-156
部外者を引き入れる	152-153,155
複数の交渉の報告を同時に受ける	153
類推を活用する	151-153
レビューの際に原則に注目する	153
国連とアメリカの係争	2-3,52-53,89,97
互恵 →見返り/互恵	
互恵の原則（norm of reciprocity）	44,103
固定観念	233-237
潜在的連想テスト（IAT）	234-235
予防的	243-244
コリーン・ショット	177
コンサルタントや専門家の活用	152,155,197,232-233

さ　行

最初の条件提示 →オファー	
採点システム	
影響力の戦略から自分を守る	182
求職活動での〜	76,120
交渉可能な論点についての	76
提案を評価し、対案を組み立てる	76
目立つ情報に飛びつくバイアスを克服するための	121
裁判　→訴訟/裁判	
参照点（reference point）	50-51,129-131
オリンピックのメダル受賞者	144
検討する際の3つの方法	130-131
〜を使って提案を妥当に見せる	180-181
シーカ・マルホトラ	90,294-295,303
ジェイムズ・ギレスピー	238
ジェイムズ・セベニウス	125-126
ジェフリー・ローウェンシュタイン	152
シェリー・タイラー	140
シェリル・ボール	196
シェリング・プラウ	238-240
時間的プレッシャー	
自信過剰な交渉者	158
「システム1」思考	149
〜の下での交渉を拒む	183
〜の下での交渉を避ける	150
不意を突かれるよりは答えを回避する	223
思考様式	11
相手の負け＝自分の勝ち	78,99
調査交渉術の	203
調査交渉術のための	88,99
パイの大きさは一定であるというバイアス	115,117
弱気に考えると弱気に行動する	265
自己中心主義	137-139
インシュリンの発見、論争	138
貢献を過大に主張する	241
配偶者	138
「無知のベール」を被って	139
模擬交渉	138
自信過剰	140,153-156,158-161,198
「システム2」思考	149-151,156
社会的証明（social proof）	177-178
『13日間』ロバート・ケネディ）	266
準拠集団の無視（reference group neglect）	198
条件付き契約（contingency contract）	42-43
相手が自分よりも情報を多く持っている場合の危険性	73
相手のインセンティブの効果を認識する	74
相手の情報の優位性の影響を抑える	197
相手のバイアスに対処する	162
意外だとか疑わしいと思ったときはとくに質問する	102-103
嘘とこかましから自分を守る	42,43,69,70,216-217
疑わしい主張	216
建設会社と完工日の事例	94
交渉の論点に関する客観的な尺度の必要性	74
異なる将来予想	81
出版社の事例	73
〜で価値を創造する	69-74,70,71,72

デニス・ロッドマンの契約の事例	73
パレート改善	72
紛争を解決する	69-74
弁護士を起用する	72
予想価値（expected value）	72
労働条件の契約	74

条件提示　→オファー

勝者の呪いの問題	196-197
譲歩	3,7
NHLの労使紛争	112
一方的な〜を避ける	44
嘘とごまかしを察知する	219-220
価値創造と〜	83
形式的な〜の事例	179-180
形式的に一方的に譲歩して、見返りを引き出す	179
効果的でない〜	2
参照点と〜	129-131
自分が譲歩したことを明確にしておく	45
条件付き〜	46
対比効果	172-173
パイの大きさは一定であるというバイアスと、〜の欠如	114
〜幅の縮小	46
反射的な過小評価と〜	117
フレーミング効果と利得と損失の認識	128-129
見返りと〜	174,220
要求をチャンスと解釈する	94-95
利己的な属性	143

情報と影響力を区別する
影響力の戦略に対する	182-183
求職の事例	150-151
自問すべき質問	183
提案を評価する	32-33
目立つ情報に飛びつくバイアス	121-122
条件付き契約を使った	197
勝者の呪いの問題	196-197

情報の非対称性　　　　　　　　　　　193-197
専門家の助言	197
〜のための嘘とごまかし	212
買収シナリオ	193-195

将来の雇用主との交渉
嘘とごまかしを回避する	222-223
間接的な質問をする	42
給与を交渉する際のせりふ	176-177
現実を変える	225-226
交渉すべきでないとき	295-296

交渉に先立ってあらゆる情報源にあたる	38-39
採点システム	76,121
自分の複数の利害を把握する	75
複数のソースから情報を収集する	212-213
見抜くのが遅すぎた嘘	205
目立つ情報に飛びつくバイアス	119-121
要求ではなく利害を調整する	92
弱い立場	246-247
弱い立場からの給与の交渉	255-256
将来の情報	199-201
ジョージ・W・ブッシュ	90-94
ジョージ・アカロフ	195
ジョージ・ローウェンスタイン	135,232
ジョナサン・バロン	116
ジョン・F・ケネディ	143,266-269,283,287
ジョン・キャロル	196
ジョン・ケリー	93-94
ジョン・マクリード	138
ジョン・ロールズ	139
ジョンソン＆ジョンソン（J&J）社	185-187,188
親権争い	124

信頼
嘘をつくのを拒む	210-211
数多くの種類の〜	276-277
信頼の表明	211
信頼を構築し、利己的な属性を回避する	142
〜の欠如、交渉の問題	167-168,274-277
〜を失った後に回復する	275-277

信頼の構築　　　　　　　　　　　　100-102
相手の言葉を理解し、相手の言葉で話す	101
絆を強化する	101
交渉していないときに関係を維持し、強化する	102
謝罪か譲歩か	277
信頼のさまざまな面	275-277
和解の印	277
〜を失った後に回復する	275-277

心理的なバイアス
相手の負け=自分の勝ち	78-79,99-100
相手の倫理の限界を利用する	245
感情のエスカレーションを回避する戦略	136-137
共同アパートの係争と訴訟	132-133
貢献を過大に主張する	241-243

「こうしたい自分」対「こうすべき自分」
　　　　　　　　　　　　　　　　135-136
　　自己中心主義　　　　　　　　137-139
　　自信過剰、不合理な楽観論、優位性の幻
　　　想　　　　　　140-142,153-156,160-161
　　「システム1」思考　　　　149-150,157
　　自分自身のバイアスに向き合う　149-156
　　損失回避傾向　　　　　　　　144-146
　　他人のバイアスに対処する　　156-162
　　動機のバイアス　　　　　　8,132-146
　　認知のバイアス　　　　　　8,111-131
　　バイアスの利用　　　　　　　　8,78
　　パイの大きさは一定であるというバイア
　　　ス　　　　　　　　　　　　114,158
　　部外者のレンズを採用する　　153-156
　　不合理なエスカレーション　　　　114
　　フレーミングの影響　　　　　　　114
　　目立つ情報に飛びつくバイアス
　　　　　　　　　　　　　　119-122,157
　　利己的な属性　　　　　　　　142-144
　　倫理の限界　　　　　　　　　229-230
スコット・マディ　　　　　　　　　　144
世界貿易機関（WTO）　　　　　　　　260
席を立つ（テーブルを離れる）ポイント
　　　　　　　　　　　　　　　　38,219
　　cf「交渉してはならないとき」も見よ
　　　　　　　　　　　　　　　260,274
ゼロ・サムでない交渉　　　　　　　62,79
ゼロ・サムの交渉（zero-sum negotiation）
　　　　　　　　　　　　　　　54,62,79
　　価値や資源のパイの大きさが一定　　115
　　競争相手や敵と交渉する　　　　92-93
　　条件付き契約　　　　　　　　　　72
　　ゼロ・サムでない交渉に変える　　107
潜在的連想テスト（IAT）　　　　234-235
ソクラテス　　　　　　　　　　　　　40
訴訟（lawsuits）　　　　　　　　　　124
訴訟／裁判（litigation）
　　共同アパートの係争　　132-133,136-137
　　極端な弱さを武器にする　　　　　261
　　従業員との訴訟、第三者による調停
　　　　　　　　　　　　　　　270-271
　　代替案　　　　　　　　　　　　136
　　～の脅しに対処する　　　　　　247
　　不合理な楽観論　　　　　　140-142
　　不信に対処する　　　　　　274-275
損失回避　　　　　　　　　　　168-170
　　損失フレームを用いた言い換え　　183

損失フレームを利用した警告　　　　17

た　行

『第1感「最初の2秒」の「なんとなく」が1
　しい』（マルコム・グラッドウェル）
　　　　　　　　　　　　　　　　　21
第三者による調停　　　　　　　　　15
　　従業員との係争　　　　　　270-27
　　流通業者とメーカーの係争　　274-27
大統領選挙（2004年）　　　　　　92-9
対比効果（contrast effect）　172-173,17
妥協
　　なぜかを問う　　　　　　　89-90,95-9
　　パイの大きさは一定であるというバイア
　　　ス　　　　　　　　　　　　　　11
　　紛争の解決　　　　　　　　　　　7
　　ミズーリの妥協　　　　　　　　　6
　　ログローリング　　　　　　　　　6
ダニエル・カーネマン　113,127,154,18
ダン・ロバロ　　　　　　　　　154,19
違いがなくなる点　　　　　　　　　2
力関係　　　　　　　　　　　258-26
　　連携　　　　　　　　　　　259-26
調査交渉術（investigative negotiation）
　　　　　　　　　　　　　　　7,87-10
　　7つの原則　　　　　　　　　89-10
　　相手にとって重要な論点を見極めるサ
　　　ン　　　　　　　　　　　　　10
　　「相手の問題」として片付けない　95-9
　　相手の利害、ニーズ、優先事項、制約に
　　　注目する　　　　　　　　　　　9
　　意外だとか疑わしいと思ったときはとく
　　　に質問する　　　　　　　102-10
　　嘘とごまかしを防ぐ　　　　212-21
　　「売る」対「交渉」　　　　　99-10
　　過去の交渉を見直す　　　　　　20
　　考えにくい相手との共同戦線を張る　93-9
　　間接的な質問で留保価値を突き止める　10
　　警戒されにくい、間接的な質問をする　21
　　交渉に先立つ仮定　　　　　　88,9
　　答えになっていない答えに注意する
　　　　　　　　　　　　　　214-21
　　時間的プレッシャーに対処する　　22
　　思考様式　　　　　　　　　99-10
　　自分の提案が拒否されたところで交渉を
　　　終わらせない　　　　　　　97-9
　　情報収集力があることを示す　　20

情報戦としての交渉	107
情報の一部を提供する	103-104
真実を三角測量する	213-214
信頼を築築し、情報を共有する	101
大統領選挙（2000年）	90-92
力になってくれそうな人をリストアップする	203
手の内を見せない交渉者から情報を引き出す戦略	100-107
〜で盲点を防ぐ	203
独占販売権をめぐる問題の事例	2,87-88
なぜという質問をする	89-90,95-97
〜の視点を採り入れる	203
複数のソースから情報を収集する	212-213
複数の提案を同時に行う	105-106
複数の論点を同時に交渉する	104-105
文化に関する教育	303
明確で、的を絞った質問	215-216
要求をチャンスと解釈する	94-95
利害を調整する	90-92
調停	136
直感	147,149,163
嘘を察知する	212
誰かの〜を信用しない	233
提案→オファー	
ディーパック・マルホトラ	
怒りに対処する	277-279
脅しと最後通告に対処する	282-288
競争的興奮状態に関する研究	124
効果的な反応対演技	288-289
攻撃をかわす	280
交渉の達人のために適切な環境をつくる	311-313
資源としての時間	294-295
住宅購入の交渉	77
大学院の教授の格言	271
ナイサーの実験	201
買収交渉、弱い立場	249-250
不当な要求に対処する	263-264
弱い立場からの給与の交渉	255-257
デイリアン・ケイン	232
出口戦略をあらかじめ用意する	126
テッド・ターナー	54-55,97
デドレ・ゲントナー	152
デニス・ロッドマン	73
テレビ番組のシンジケーションの事例	55-86
トーマス・シェリング	134
ドア・イン・ザ・フェイス（DITF）戦略	172-173
独自の価値提案	251-255
契約を獲得するための入札	251-255
取引がないときに顧客を教育する	255
トム・ギロヴィッチ	144
ドリー・チュー	188,229,236
ドン・ムーア	198,232

な 行

ニキータ・フルシチョフ	267-268
ニック・エプレイ	242
入札（買収）合戦	122-124,188-189
認識の限界（bounded awareness）	188,202-203,229
認知のバイアス	8,111-131
NHL労使紛争とロックアウト	111-113

は 行

『ハーバード流交渉術』（フィッシャー＆ユーリー）	304
パイの大きさは一定であるというバイアス	114,158
NHLの労使紛争	118
核廃絶に関する条約	115
譲歩の過小評価	117-118
森林所有者、ベンジャミン・コーン・ジュニア	116-117
反射的な過小評価と〜	117-118
ハグリング（haggling）→駆け引き	7,17,43-47
バリー・ネイルバフ	93
パレート改善	68-69
交渉後の戦略	82-85
条件付き契約	72
反射的な過小評価	117
反対役を利用する	126,183,311
ピーター・カメロ	93
非注意性盲目（inattentional blindness）	202
ビリー・ビーン	156-157
複雑な交渉	7
PRV（包括的留保価値）の計算	76-77
あらゆる種類の違いを利用して価値を創造する	80-82
意見の分かれる問題	67
国連とアメリカの係争	52-55
ゼロ・サムでない交渉	62

相対的な優先順位に基づいて情報の一部を提供する	103-104	取引の事例	17-19
トレード・オフ	80,115	フレーミング（framing）	114,127-131
パイの大きさは一定であるというバイアス	114	フレデリック・バンティン	138
		フロイド・スペンス	115

- 相対的な優先順位に基づいて情報の一部を提供する　103-104
- トレード・オフ　80,115
- パイの大きさは一定であるというバイアス　114
- 複数の交渉の報告を同時に受ける　153
- 複数の利害を把握する　75
- 複数の論点がある交渉　55-86
- 複数の論点を同時に交渉する　78-79,105
- 複数の論点をまたいだ取引　63
- 包括的な提案をする　79-80
- 論点を増やすことによって価値を創造する　64,64-68

複数の論点の交渉　→複雑な交渉

袋小路
- 「相手の問題」と片付けずに克服する　95-97
- 参照点と〜のリスク　129-131
- 強気の対案　33-34
- 独占販売の問題の事例　87-88,114-115
- なぜという質問をして〜を打開する　89-90
- 利害を調整する　90-92
- 〜を打開するための条件付き契約　72-73

不合理な相手　8,11,266-274
- 怒りに対処する　277-281
- cf「交渉における感情」も見よ
- 隠れた制約による　271-272
- 隠れた利害による　272-274
- 情報不足による　270-271
- 席を立つポイント　274
- 不合理な当事者を「迂回」する　274

「不合理」を再検証する　269-274
不合理な楽観論　140-142
不信　→信用
不調時対策案　→BATNA　20
フット・イン・ザ・ドア（FITD）戦略　173-175
不動産
- 新たな住宅契約　154
- アンカー／アンカーとなる価格　28-31,30
- 開示資料　232
- 業者（仲介人）を起用する　105-106,160-161,231-232
- 後悔の回避と価格への拘泥　145
- 交渉すべきでないとき　300-301
- 社会的証明の力を利用した戦術　177-178
- 住宅購入の交渉　77
- 正当化の力を利用する　175

- 取引の事例　17-19
- フレーミング（framing）　114,127-131
- フレデリック・バンティン　138
- フロイド・スペンス　115

紛争解決
- あらゆる種類の違いを利用して価値創造をする　80-82
- 価値創造の機会のための、違いを探す　81
- 共同調査をしたり、第三者を活用する　69
- 条件付き契約　69-74
- 〜のための妥協　70
- 袋小路を打開する　72-73

ベンジャミン・コーン・ジュニア　116-117
ベンジャミン・フランクリン　308
ポール・エックマン　212
ポール・デポデスタ　157
包括的な取引　66
- cf「複雑な交渉」も見よ
- PRV（包括的留保価値）の計算　76-77
- 準備ができてない交渉者、問題に対処する　159-160
- 入札に負けた後の提案　253
- 包括的な提案をする　79-80

包括的留保価値（PRV）　76-77
ボストン・サイエンティフィック　186-187,188
ボンバルディア　125

ま 行

マーガレット・ニール　29,148,259
マーティン・セリグ　140
マンマイク・レクラーク　112
マイケル・ウィーラー　125-126
マイケル・ルイス　157
マザリン・バナジム　229,234
マックス・ベイザーマン
- 企業幹部向けコース　199-201
- 寄生による価値創造　237
- 自己中心主義に関する模擬交渉　138
- 勝者の呪いの問題　196-197
- タイのタクシーの価格交渉　292-293
- ナイサーの実験　201
- 認識の限界　188
- パイの大きさは一定であるとの仮定　114
- 『マネジャーのための交渉の認知心理学』　259
- 倫理の限界　229-230

「マネー・ボール」（マイケル・ルイス）

	157,158
『マネジャーのための交渉の認知心理学』	
（ベイザーマン&ニール）	259
マルコム・グラッドウェル	212
見返り　互恵	
PRV（包括的留保価値）の計算	76-77
相手が重視するものを与える	63-64
影響力と説得の心理	172-173
形式的に一方的に譲歩する	179-180
情報の一部を渡す	103-104
〜の原則	44,45,103
複数の論点をまたいだ	63
弱い立場の	256
〜を好む傾向	104
ミズーリの妥協	67
「無理せずに勝てる交渉術」（リチャード・シェル）	48
目立つ情報に飛びつくバイアス	119-122
企業の売却	157-158
研究開発費の配分	120
情報と影響力を分離する	121-122
将来の雇用主のオファー	119-120
〜を克服するための採点システム	121
盲点	9
100ドル札の入札の演習	191
ABC社の交渉の演習	188-190
J&Jとボストン・サイエンティフィック社の買収合戦	185-187
USエアの買収交渉	190-191
相手の意思決定のルールの見落とし	192-193
相手の情報優位性の見落とし	193-197
エージェント問題	231-233
競争相手の手ごわさの見落とし	198-199
交渉のテーブルにいない当事者の役割	188-191
将来の情報の見落とし	199-201
調査交渉術の視点で〜を防ぐ	203
認識の拡大	202-203
認識の限界	188,202-203
非注意性盲目	202
明白な要素	201

や　行

優位性の幻想（illusion of superiority）	142
ユージン・カルソー	242
ユナイテッド航空	190-191

弱い立場	9,10,246-265
BATNA	247,248
BATNA、交渉で避けるべき言葉	249
相手の力の源泉は何かを理解し、攻撃する	262-264
相手の弱点を利用する	249-251
逸話	246-247
価格だけの入札	251-254
家族計画協会の「ピケへの寄付」	262
極端な弱さを武器にする	260,262
原則を利用する	264
自社の独自提案を見極め、利用する	251-254
力のない者の交渉戦略	248-258
力を放棄し、助けを請う	255-257
取引のないときに顧客を教育する	255
不当な要求に対処す	263-264
ポートフォリオ全体に基づく戦略	257-258
見返り、〜を利用した	256-257
弱気に考える人は弱気に行動する	265

ら　行

ラクダール・ブラヒミ	200
ラルフ・ウォルド・エマーソン	12
ラルフ・ネーダー	91-94
リー・アイアコッカ	259
リー・トンプソン	117,152-153
利益相反	230-233
エージェント問題	231-233
回避する	243-244
離婚	138,241
リスク	
参照点と〜	129-130
条件付き契約	42-43,69-74,94-95
対立を回避し、〜	288
不合理な楽観論	140-141
フレーミング効果と利得と損失の認識	128-129
リスク選好度の違いと価値創造	80-81
リチャード・シェル	48
リチャード・ゼックハウザー	253
リチャード・テイラー	181
リチャード・ホルブルック	3,52-55,63,89,97
留保価値（reservation value）	20-21,23-24
PRV（包括的留保価値）	76-77
相手の〜を計算する	23,38,43
相手の〜を計算する3つの対処法	41

「あらゆる論点」対「ひとつの論点」	76-77
駆け引き（ハグリング）	43-47
間接的な質問をする	102,210
最初の条件提示	31
自分自身の満足を管理する	50-51
自分のアンカーの設定と〜	34
自分の取引を評価する	25-27
譲歩幅縮小	46-47
真実を三角測量する	213-214
相対的な優先事項に基づいて情報を提供し、影響力を失わない	103-104
違いがなくなる点	21
特定の質問については答えを拒む	224

倫理的な要素　9,10,228-245
cf「嘘とごまかし」も見よ
意図しない	243-244,245
嘘とごまかしの代替案	221-227
嘘を拒否する	210-211,227
嘘をつきたくなる制約を取り除く	226-227
感情をコントロールするためのアドバイス	243-244
寄生による価値創造	237-241
貢献を過大に主張する	241-243
交渉相手の倫理の限界を利用する	244-245
自己中心主義	131-132,242
信頼を構築する	100-102
潜在的連想と固定観念	233-237
評判と関係のコストを考えて行動する	224,300-302
不当な要求に対処する	263,264
文化的背景	218
利益相反	230-233
利益団体	241
利己的な属性	142-144,241-242
倫理の限界	229-230,242

倫理の限界（bounded ethicality）
　　　　　　　　　229-230,231,243-245
ルーズベルトの大統領選での交渉
　　　　　　　4,15-16,22,44,248-251
ルーマニア　260-261
類推（analogical reasoning）　151-153
連携
WTO加盟21ヶ国	260
国際（的）	247,260
自動車業界	259-260
力の均衡を乱す	259-260
労働組合	259-260

労使交渉	35-36
従業員との紛争、第三者による調停	270-271
スポーツの論争、セベニウスとウィーラーの戦略	125
不合理なエスカレーション	124
付帯条項	73

ログローリング（logrolling）　61,61-64,63
〜のための合意後の交渉	83-84
異なる優先事項	81
妥協対〜	66
手の内を見せない交渉者から情報を引き出す戦略	100-107
複数の論点を同時に交渉する	105
部品購入、納入の事例	95-96
優先順位に基づいて情報の一部を提供する	103-104

ロジャー・フィッシャー	304
ロバート・クランドール	191
ロバート・ケネディ	266-269,283
ロバート・チャルディーニ	168,172-173,174

論点を増やすことによって価値を創造する
　　　　　　　　　　　　　64,64-68
入札で	251-258
ミズーリの妥協	67

著者について

ディーパック・マルホトラ

ハーバード・ビジネススクールの経営管理のエリ・ゴールドストン教授。MBA課程と企業幹部向けのさまざまなプログラムで交渉術を教えている。

主な研究テーマは、交渉戦略、信頼構築、国際紛争・民族間紛争の解決、競争のエスカレーションの力学である。研究の成果は、経営学、心理学、紛争解決の各分野を代表する専門誌で発表されている。教育、研究両面で数々の受賞歴がある。

学外の活動では、世界中の企業の研修とコンサルティングを行っている。対象とする業界は、銀行、教育、エネルギー、監査法人、ヘルスケア、ホスピタリティ、情報技術、製造、メディア、新聞、非営利組織、製薬、印刷、不動産、小売、通信など多岐にわたっている。

ディーパックに関するさらに詳しい情報については、以下を参照。
www.DeepakMalhotra.com

マックス・H・ベイザーマン

ハーバード・ビジネススクールの経営管理のジェシー・イシドール・ストラウス教授。さらに、ケネディ行政大学院、ハーバード大学心理学部、定量社会科学研究所、ハーバード大学環境センター、交渉プログラムにも所属している。

主な研究テーマは、交渉における意思決定、組織、国家、社会における意思決定の向上である。180本の研究論文と章を執筆し、著者、共著者、共編者として15冊の書籍を出版している。代表的な著書に、Judgement in Managerial Decision Making（2005,Wiley第6版）、Predictable Surprise（2004,Harvard Business SchoolPress,マイケル・ワトキンスとの共著）、You can't Enlarge the Pie:Six Barriers to Effective Goverment（2001, Basic Books,ジョン・バロン、ケイティ・ションクとの共著）がある。American Behavior Scientist, Perspective on Psychological Science, Journal of Management and Governance, Negotiations and Conlict Management Research, The Journal of Behavioral Finance 各誌の編集委員を務めている。また、Negotiation Journalの国際アドバイザリー委員会の委員でもある。

2002年から2005年にかけて、エグゼクティブ・エクセレンスが選出する経営学の著者、講演者、教師の上位40人の1人に連続して選ばれた。ノースウェスタン大学ケロッグ校時代は、エグゼクティブ・マスターズ・プログラムにより「年間最優秀教授」に選ばれている。2003年には、ハーバード人文・自然科学大学院からメンタリングで、エベレット・メンデルスゾーン・エクセレンス賞を授与された。2006年には、ロンドン大学（ロンドン・ビジネススクール）から名誉博士号を授与された。同年、マイケル・ワトキンスとの共著Predictable Surpriseに対して、全米リスク保険協会からカルプーライト図書賞を授与され、アスペン研究所の企業社会プログラムのライフ・アチーブメント賞を授賞した。

博士課程の教え子は、全米各地の主要なビジネススクールで教鞭をとっている。ノースウェスタン大学ケロッグ校、デューク大学フューカア校、コーネル大学ジョンソン校、カーネギー・メロン大学、ニューヨーク大学スターン校、スタンフォード大学、シカゴ大学、ノートルダム大学、コロンビア大学、ハーバード・ビジネススクールなどである。

　学外の活動では、以下の企業、組織とプロジェクトを行ってきた。アボット、エトナ、アルカー、アルコア、オールステート、アメリテック、アムジェン、アペックス・パートナーズ、アジア開発銀行、アストラ・ゼネカ、AT&T、アヴェンティス、BASF、バイエル、ベクトン・ディッキンソン、バイオジェン、ボストン・サイエンティフィック、BP、ブリストル・マイヤーズ・スクイブ、ビジネス・ウィーク、セルティック・インシュアランス、シェブロン　シカゴ・トリビューン、シカゴ市、デロイト&トウシュ、ダイアル、アーンスト&ヤング、ファースト・シカゴ、ジェミニ・コンサルティング、ゼネラル・モーターズ、ハリス・バンク、ホームデポ、ハイアット・ホテルズ、IBM、ジョン・バンコック、ジョンソン&ジョンソン、コーラー、KPMG、ルーセントメイ・カンパニー、マッキンゼー、メリルリンチ、モニター、モトローラ、全米放送協会、ネイチャー・コンサーヴァンシー、プライスウォーターハウス・クーパース、R.P.シーラー、サラ・リー、シーメンス、スプリント、サルザーメディア、ウニクレディート、UBS、ウィルソン・スポーティング・グッズ、世界銀行、ゼロックス、ヤング・プレジデント・オーガニゼーション、チューリッヒ保険。コンサルティング、教育、講演を行った国は25ヶ国以上にのぼる。

　マックスについてのさらに詳しい情報は以下を参照。
　　http://people.hbs.edu/mbazerman/

監訳者
森下哲朗（もりした・てつお）
上智大学法科大学院教授。1989年東京大学法学部卒。同年株式会社住友銀行入行（法務部等に在籍）。1999年より上智大学。専門は、国際取引法、交渉学、金融法。インターカレッジ・ネゴシエーション・コンペティション運営委員。交渉に関する論文として、「法曹養成における交渉教育―ハーバード・ロースクールでの教育を参考に―」『筑波ロー・ジャーナル』6号（2009）がある。

訳者
高遠裕子（たかとお・ゆうこ）
翻訳者。主な訳書に、ティナ・シーリグ「20歳のときに知っておきたかったこと　スタンフォード大学集中講義」「夢をかなえる集中講義」、リチャード・コッチ「新版　人生を変える80対20の法則」共訳（以上、CCCメディアハウス）などがある。

2016年11月3日 初版第1刷発行
2021年8月2日　　第2刷発行

フェニックスシリーズ㊹

交渉の達人
──ハーバード流を学ぶ

著　者	ディーパック・マルホトラ、マックス・H・ベイザーマン
監訳者	森下哲朗
訳　者	高遠裕子
発行者	後藤康徳
発行所	パンローリング株式会社
	〒160-0023　東京都新宿区西新宿7-9-18-6F
	TEL 03-5386-7391　FAX 03-5386-7393
	http://www.panrolling.com/
	E-mail　info@panrolling.com
装　丁	パンローリング装丁室
印刷・製本	株式会社シナノ

ISBN978-4-7759-4163-8
落丁・乱丁本はお取り替えします。
また、本書の全部、または一部を複写・複製・転訳載、および磁気・光記録媒体に
入力することなどは、著作権法上の例外を除き禁じられています。

©Yuko Takato　2016 Printed in Japan